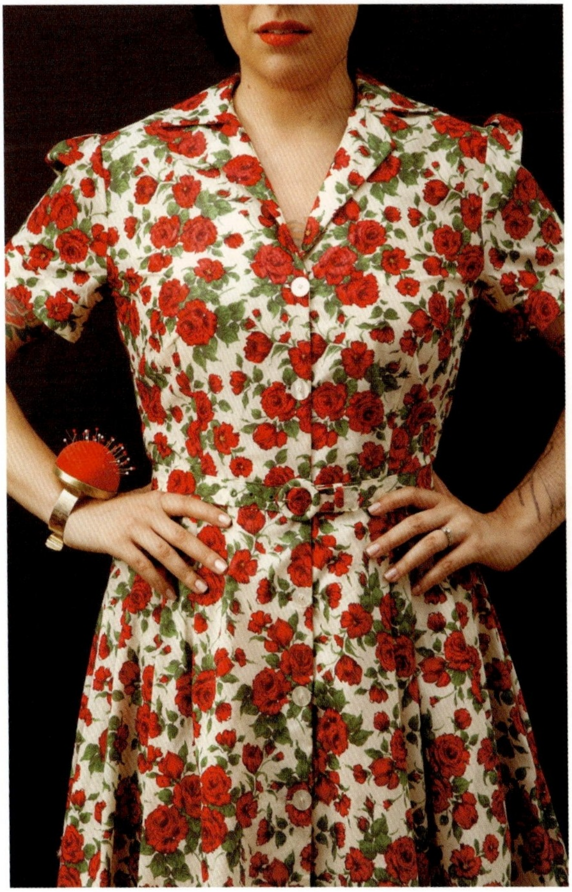

ROCK 'A' BELLA

Schnitt für Schnitt
zur selbst genähten Kollektion

mit schnittmustern
VOGUE 1952
in Originalgröße

GRETCHEN HIRSCH

Fotos von
JODY ROGAC

Illustrationen von
SUN YOUNG PARK

EDITION FISCHER

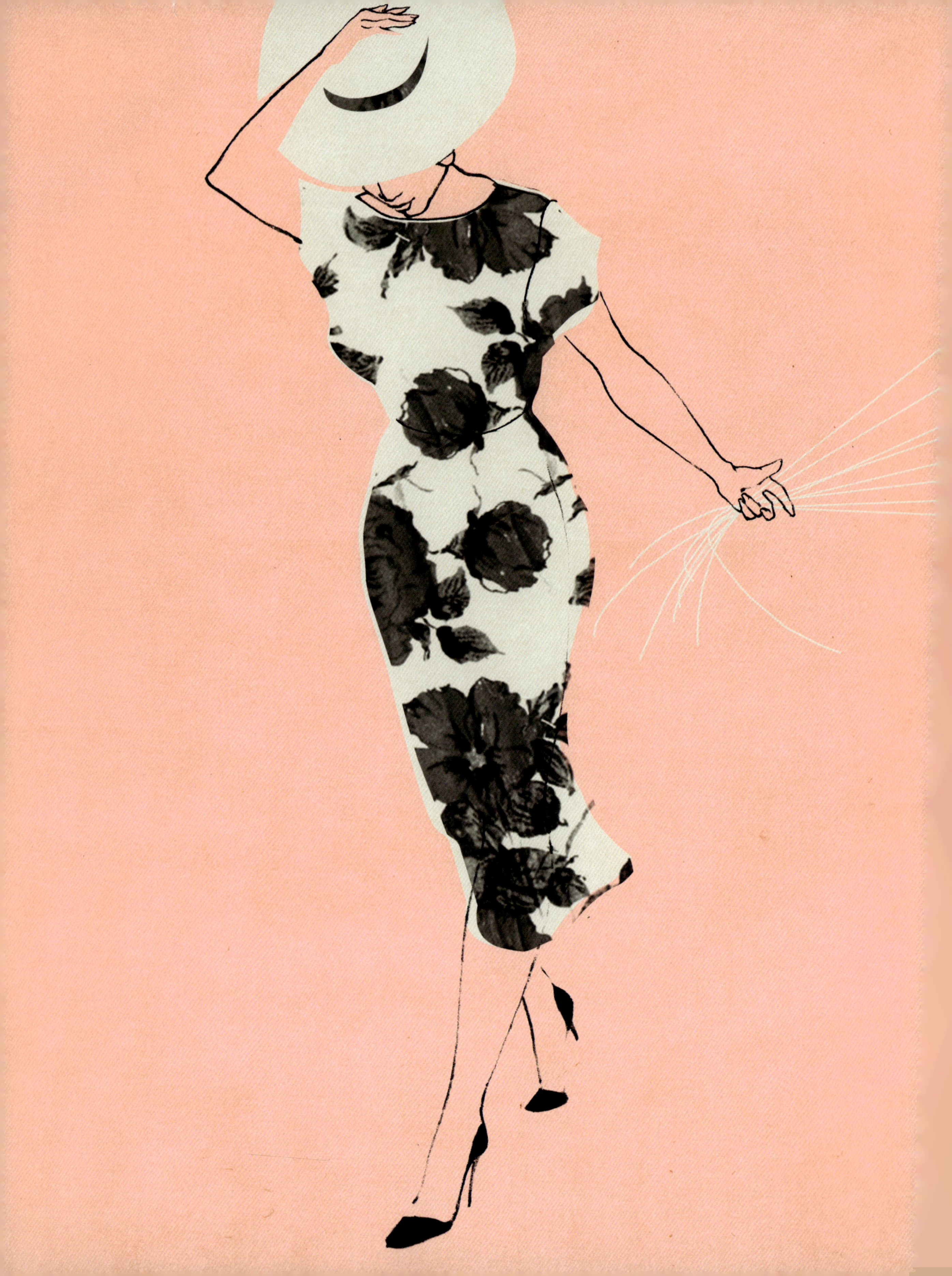

Inhalt

Einleitung • 6

TEIL 1: GRUNDLAGEN

KAPITEL EINS: **DAS 1 X 1 DES RETRO-NÄHENS** 8

KAPITEL ZWEI: **VORBEREITUNG (NÄHZUBEHÖR, NÄHMASCHINE, STOFFE)** 22

KAPITEL DREI: **NÄHTECHNIKEN** 42

KAPITEL VIER: **VERSTÄRKEN UND MASSSCHNEIDERN** 68

KAPITEL FÜNF: **SCHNITTMUSTER ENTWERFEN** 86

KAPITEL SECHS: **SCHNITTE ANPASSEN** 108

TEIL 2: PROJEKTE 122

Zuschneidepläne • 198

Bezugsquellen und Links • 202

Danksagung • 203

Register • 204

Einleitung

Als ich im Jahr 2009 mit dem Bloggen begann, waren meine Beweggründe ganz einfach: Ich wollte mir Vintage-Nähtechniken beibringen, und zwar anhand der Schnittmuster aus dem Buch V*ogue's New Book for Better Sewing* von 1952, einem dicken Schmöker aus meiner Sammlung alter Nähbücher. Ich war gerade auf Jobsuche, hatte viel Zeit und außerdem Lust, in die fabelhafte Welt der Vintage-Schnittmuster einzutauchen. Das Nachschneidern der 14 Projekte aus dem Vogue-Buch erschien mir eine spannende Herausforderung. So erblickte *Gertie's New Blog for Better Sewing* das Licht der Welt.

Ehe ich mich versah, machte ich Durchschlagschlaufen und stellte Paspelknopflöcher her (darunter ein zum Niederknien schönes handgearbeitetes), und nähte mit Stoffen, von denen ich bis dahin noch nie etwas gehört hatte: Shantungseide, Seidenkrepp oder Lochstickerei-Leinen, um nur ein paar zu nennen.

Meine Näh-Vorgeschichte ähnelt der vieler Frauen meiner Generation: Die Grundlagen lernte ich als Kind von meiner Mutter. Sie nähte meine Halloween-Kostüme, und zu meinen schönsten Kindheitserinnerungen gehört das Aussuchen von Schnittmustern und Stoffen in unserem Stoffladen. Bei den Pfadfinderinnen quilteten wir Topflappen, und im Handarbeitsunterricht nähte ich ein Einhornkissen. Als ich elf war, nahm ich an einem Nähkurs teil und fabrizierte dort ein ziemlich unglückliches Ensemble aus einer Seersucker-Weste und einer Hose im M.C. Hammer-Style. Nach diesem Erlebnis hatten sich meine Nähambitionen fürs Erste erledigt.

Nachdem ich als Erwachsene wieder mit dem Nähen begann, war ich also trotz aller Vorerfahrung eine blutige Anfängerin. Ich fing an, alte Ausgaben des Thread Magazine zu studieren und besuchte ein paar Nähkurse. Während das Im-Handumdrehen-Nähen von Projekten zunehmend Trend in der Nähszene zu werden schien, verbrachte ich Stunden damit, meine Nahtzugaben von Hand mit Staffierstichen zu versäubern.

Ich gab dem langsamen, sorgfältigen Nähen und den daraus entstehenden, wunderschön geschneiderten Kleidungsstücken den Vorzug und entdeckte, wie viel das Nähen von Vintage-Mode mit der Couture-Schneiderkunst gemein hat. Mein Fokus verschob sich vom reinen Vintage zum wundervollen Kosmos des komplexen, aufwendigen Schneiderns. Ich entwickelte eine Leidenschaft für qualitativ hochwertig angefertigte Sachen: versteifte Oberteile, pikierte Jackenaufschläge und Kleider mit verschiedenen Gewebeeinlagen.

Über all das schrieb ich in meinem Blog, weil ich meine Erkenntnisse und Aha-Erlebnisse gerne mit anderen teilen wollte. Mein Lesepublikum wuchs mit der Zeit zu einer großen Gruppe von gleichgesinnten Näh-Enthusiasten zusammen. Wer sonst würde das Für und Wider der automatischen Knopflochfunktion im Ernst in über 100 Kommentaren diskutieren?!

Das Bloggen bot auch für meine literarischen Ambitionen eine großartige Ausdrucksmöglichkeit. Ich fing an, meine Ansichten über Feminismus, Körpergefühl und -bewusstsein, Korsa-

Cover des Originalbuchs
Vogue's New Book for Better Sewing von 1952.

gen, Popkultur und alles, was mich sonst noch interessierte und umtrieb dort aufzuschreiben. Aber als roter Faden stand stets das Nähen im Vordergrund.

Dieses Buch ist konzipiert als eine Sammlung von Vintage- und Couture-Nähtechniken, die ich erlernt habe. Darüber hinaus ist es auch ein Handbuch für eine neue Näh-Generation, die ihre Kleidung gerne selber schneidern und die Anfängertechniken hinter sich lassen will, die den modernen Vintage-Stil liebt und sich kritisch mit der Geschichte der Mode auseinandersetzen möchte. So, wie mein Vogue-Buch mich inspirierte, soll dieses Buch andere zum Nacheifern anregen.

WIE MAN DIESES BUCH BENUTZT

Im ersten Teil geht es ausschließlich um die Techniken, während der zweite Teil die Projekte beinhaltet (die dazugehörigen Schnittmusterbögen befinden sich vorn im Buch), mit Vorschlägen für Varianten.

Der erste Teil besteht nicht aus Anleitungstexten im herkömmlichen Sinne; vielmehr finden sich spezielle Erklärungen und Tipps für die Techniken, die man beherrschen sollte, um die Schnitte zu bewältigen und um das klassische Know-how zum Vintage-Nähen vom Paspelknopfloch bis zum maßgeschneiderten Jackett zu bewerkstelligen. Das Buch beinhaltet ebenfalls einige Nähtechniken, die in modernen Nähbüchern gar nicht mehr vorkommen, wie zum Beispiel Durchschlagschlaufen und das Nähen von Säumen per Hand. Auch wenn man diese alten Methoden nicht für jedes Projekt benötigt, so ist es doch meine Hommage an die Ära des *Vogue's New Book for Better Sewing* und die Qualität des Nähens und Verarbeitens von Stoffen, die sie repräsentiert.

In Kapitel fünf und sechs liegt der Schwerpunkt auf den Schnittmustern und wie man sie benutzen und adaptieren kann, damit sie zur eigenen Figur und zum persönlichen Stil passen.

Sommerkleid (Seite 165)

Für die Projekte in Teil zwei sind dann, trotz Zuschneideplan und Anleitungen, gewisse Vorüberlegungen nötig. Nähen bedeutet, zumindest für mich, auch ein gewisses Maß an Vorplanung. Ich muss mir darüber klar werden, welche Techniken ich für ein bestimmtes Projekt nutzen werde. Brauche ich zum Beispiel eine Verstärkung für den Stoff? Welche Einlage werde ich verwenden? Einen einseitig verdeckten Reißverschluss oder einen normalen? Und so weiter. Viele der Anleitungen für die Projekte in Teil zwei werden zurückführen zu den Techniken in Teil eins.

Mehr als alles andere wünsche ich mir, dass dieses Buch Lust darauf macht, altbewährte Vintage-Techniken zum Schneidern auszuprobieren und schöne neue Kleider entstehen zu lassen, die man dann auch gerne trägt.

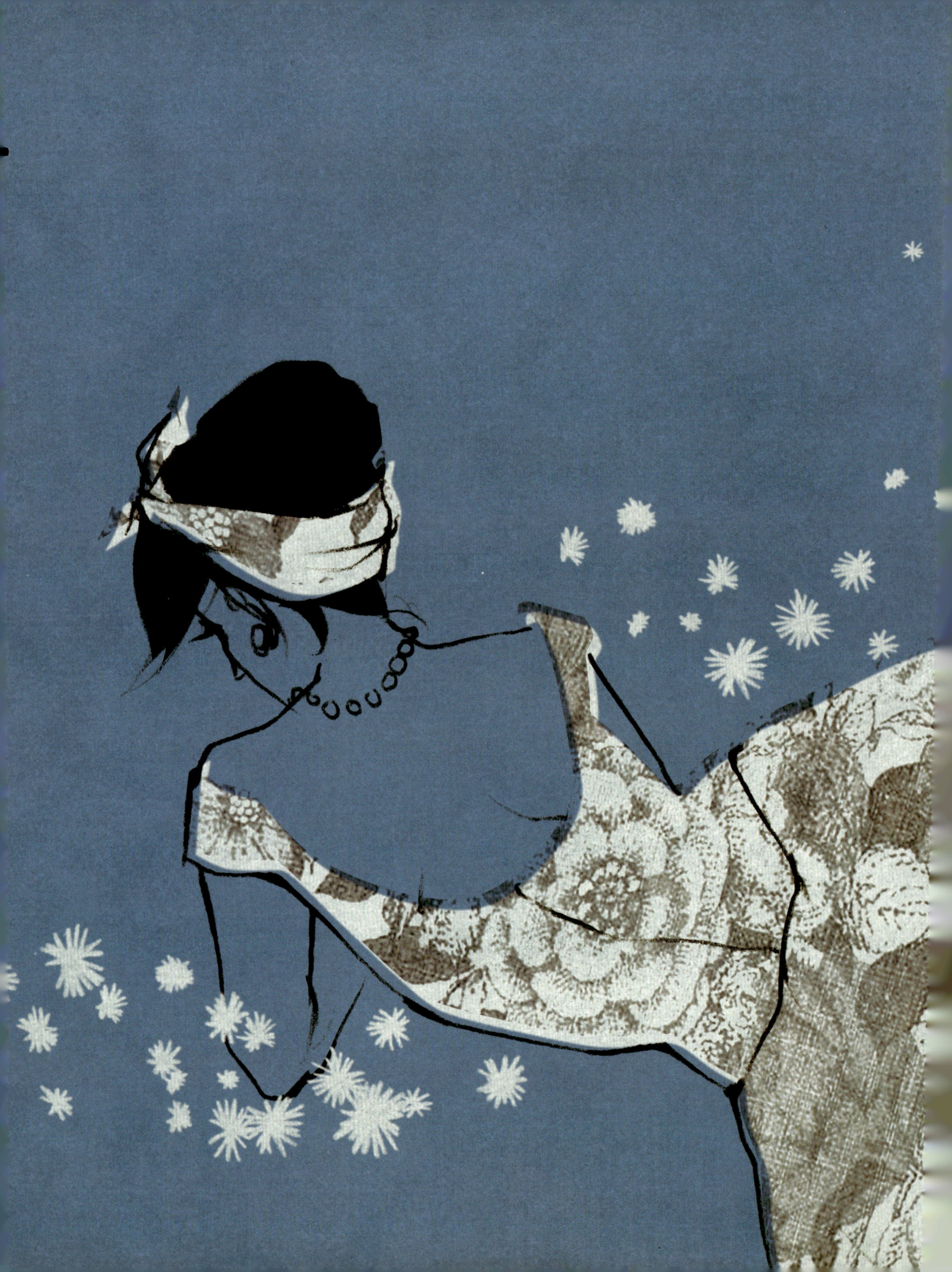

TEIL 1

KAPITEL 1

Das 1x1 des Retro-Nähens

NÄHEN MIT MODERNEN SCHNITTMUSTERN	12
FASZINATION VINTAGE-SCHNITTMUSTER	14
• Wie kommt man an Vintage-Schnittmuster?	15
• Passform und Größen ermitteln	17
• Vintage-Schnittmuster übertragen	18
• Schnittmuster richtig aufbewahren	20
• Neuauflagen von Schnittmustern	20

Während der kitschige Retro-Look nicht jedermanns Sache ist, kenne ich keine einzige Frau, die bei klassischem Glamour nicht schwach wird (ich denke an perfekt sitzende, körperbetonte Etuikleider und maßgeschneiderte Mäntel, nicht an Bauschröcke und Rüschensöckchen). Ich persönlich lasse mich seit jeher von der Mode aus den 50er-Jahren inspirieren. Aber ich schneidere mir meine Vintage-Kleider lieber selbst, als Vintage-Mode zu kaufen. Und das deswegen, weil mir fast nie eines dieser Kleidungsstücke richtig passt. Wirklich! Wenn ich etwas gefunden habe, das an den Schultern groß genug geschnitten ist, kann ich sicher sein, dass der Reißverschluss im Taillenbereich nicht zugeht. Und auch wenn ich nichts gegen kleine Bodyformer habe, bin ich nicht bereit, mich in einen industriell gefertigten, starren Hüfthalter oder ein Korsett zu pressen, nur um in ein Outfit zu passen, das, sehen wir der Wahrheit ins Auge, ein wenig den Duft von *Eau de Mottenkugel* verbreitet.

Im Ernst, bevor ich begann, meine Sachen selber zu nähen, stoppelte ich mir in kleinen Lädchen und Geschäften eine Retro-Garderobe zusammen. Abgerundet wurde sie mit geerbtem Vintage-Modeschmuck von meiner Großtante und runden Pumps in Knallfarben. Dieses Instant-Retro funktionierte wunderbar!

Ich erzähle das aus folgendem Grund: Nur weil nicht jede Frau den Figurentyp, die Zeit oder das Geld hat, um in charmanten kleinen Vintage-Lädchen nach dem perfekten Outfit zu suchen, kann sie ihren Retro-Glam-Look trotzdem finden. Es gibt etliche Möglichkeiten, sich die schicken Kleider seiner Träume selbst zu machen: 1) Moderne Schnittmuster mit Retro-Details verwenden, oder 2) Gleich aufs Ganze gehen und Vintage-Schnittmuster benutzen. Der eine Weg ist nicht besser als der andere, beide haben ihre Vor- und Nachteile.

Pro & Kontra von modernen und Vintage-Schnittmustern

MODERNE MUSTER MIT RETRO DETAILS

PRO

- große Bandbreite an Konfektionsgrößen
- einfach zu bekommen
- relativ günstig (Es lohnt sich, nach Online-Schnäppchen Ausschau zu halten!)
- jede Saison neue Angebote
- moderne Passform mit kürzeren Säumen – ein Plus für alle, deren Geschmack mehr in Richtung Heute geht.
- benötigte Kurzwaren und Materialien sind leicht zu bekommen
- detaillierte Anleitungen

KONTRA

- moderne Silhouetten müssen dem Retro-Look angepasst werden, zum Beispiel, wenn ein Saum verschmälert werden muss
- die Schnittmusterumschläge haben nicht diese fabelhaften Vintage-Illustrationen – die Designs sind nicht so schön, wie sie sein sollten!
- Beschreibungen zu Kimono-Ärmel und Achselzwickel fehlen

VINTAGE-SCHNITTMUSTER

PRO

- Details wie interessante Taschen und hübsche Faltenwürfe
- kunstvoll illustrierte und designte Schnittmusterumschläge
- Man kann in den Umschlägen Schätze wie alte Fotografien, gemusterte Stoffreste oder Liebesbriefe finden!

KONTRA

- das Schnittmusterpapier kann alt und brüchig sein, sodass es sich schwer damit arbeiten lässt
- Teuer, wenn es sich um seltene Schnittmuster handelt. (Man bekommt Vintage-Schnittmuster auch schon für wenig Geld, wenn es normale, gebräuchliche Designs sind, ganz seltene Exemplare können aber auch richtig viel Geld kosten)
- begrenzte Angaben zu Konfektionsgrößen
- Schwierig, sich das Kleidungsstück für die eigene Figur vorzustellen, wenn die Abbildung eine Frau zeigt, deren Hüfte schmaler als der Kopf ist!
- benötigte Kurzwaren und Stoffe können verwirrend klingen (Oder ist jemand im Stoffladen seines Vertrauens schon mal über Marquisette gestolpert? Genau, ich auch nicht.)
- sehr kurze Anleitungen (Ein Beispiel: „Nun ein Paspelknopfloch arbeiten", ohne Illustrationen oder weitergehende Erklärungen, ganz großartig!)

Nähen mit modernen Schnittmustern

Als ich erst einmal entdeckt hatte, wie viel Freude es mir bereitete, meine eigenen Sachen zu nähen, gab es für mich kein Halten mehr. Und alles hatte mit einem knallpinken Bleistiftrock begonnen. Ich bin jemand, der gerne eine Menge Farbe in seinem Kleiderschrank hat, und die faden Angebote der hiesigen Ladenketten sagten mir überhaupt nicht zu. Stattdessen träumte ich von kirschroten Etuikleidern und smaragdfarbenen Seidenblusen. Aber am allermeisten träumte ich von einem knallpinken Bleistiftrock. Er sollte eine hohe Taille haben und nach unten hin immer schmaler werden. Und, natürlich, sollte er nicht schon irgendwo knapp unter dem Po enden, wie die Exemplare, die es sonst zu kaufen gibt. Ich kultiviere bevorzugt eine Knapp-über-dem-Knie-Rocklänge. Alle meine Online-Recherchen endeten im Nirgendwo. Und da ich ganz ordentlich mit einer Nähmaschine umgehen konnte (ich hatte bereits ein paar Kissenbezüge und Vorhänge für meine Wohnung genäht), beschloss ich, mich für meinen Traum von einem Bleistiftrock nach Schnittmustern umzusehen.

Ich war erstaunt, was es alles zu entdecken gab: nicht nur Bleistiftröcke, auch Schluppenblusen, hinreißende Etuikleider und bezaubernde ausgestellte Röcke. Ich fand das absolut perfekte Schnittmuster für einen Bleistiftrock mit hoher Taille bei Burda und marschierte schnurstracks zu *Mood Fabrics*, dem Mekka für Kleider und Stoffe in New York City, das berühmt wurde durch die Fernsehsendung *Project Runway*. Dort erstand ich Wollkrepp in genau dem Bonbonrosa-Pink meiner Träume.

Dieser erste Rock war weit davon entfernt, perfekt zu sein; er war ein wenig eng an den Hüften und der Reißverschluss endete einen Tick zu weit unten. Aber ich liebte ihn, wohl am meisten für die Verheißungen, für die er stand: Mit einer Vision und Übung würde ich mir die Kleider, die ich wollte, in allen Regenbogenfarben schneidern können, anstatt erst lange in Läden nach vielleicht passenden Stücken suchen zu müssen.

Man kann sich, ausgehend von den Schnittmustern mit klassischen Schnitten, sehr leicht einen Kleiderschrank voll mit Vintage-inspirierten Outfits zusammenstellen. Man braucht aber ein Händchen dafür, um zu wissen, wonach man suchen muss. Hier ein paar Design-Details und Modelle für echten Retro-Chic:

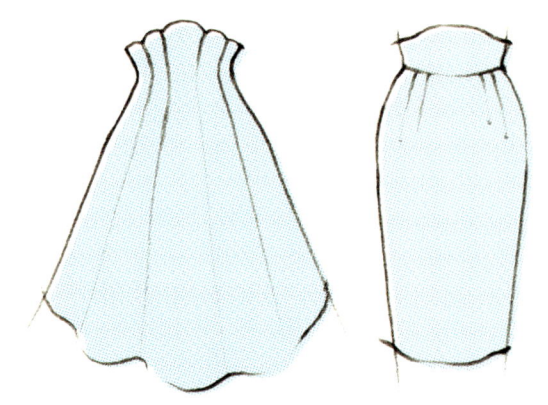

Glockenrock, Bleistiftrock mit hoher Taille.

Caprihose, hochtaillierte lange Hose.

Kimono-Ärmel, Bubikragen.

RÖCKE: In Extremen denken – entweder dramatisch voll und schwingend oder eng anliegend wie eine zweite Haut!

- schöne Fülle: Tellerröcke, Kräuselröcke und Glockenröcke
- hohe Taille
- nach unten hin schmaler werdende Röcke
- nicht kürzer als Knielänge

HOSEN: So legendär wie die von Katharine Hepburn.

- hohe Taille
- weit ausgestellte Hosenbeine bei langen Hosen
- enge Hosenbeine bei Capri- und Knöchelhosen
- seitliche Reißverschlüsse (witzige Anekdote: Als es in den 40er-Jahren populärer wurde, dass auch Frauen Hosen trugen, wurden vorn eingenähte Reißverschlüsse als unschicklich betrachtet.)

BLUSEN: Die „sexy Sekretärin" ist immer en vogue.

- Bubikragen
- Knopfleisten auf dem Rücken
- Blusenschleifen
- Kimono-Ärmel (Diese komfortablen Ärmel – meistens kürzer und manchmal betont ausgeformt – wurden populär nach dem Zweiten Weltkrieg, als asiatische Details die amerikanische und europäische Mode zu beeinflussen begannen.)

KLEIDER: Sie sind das A und O für eine Retro-Garderobe.

- Etuikleider, die WOW schreien
- Donna Reed Hemdblusenkleider
- elegant drapierte Details

JACKEN: Bitte nicht in Ohnmacht fallen beim Bewundern der rasant geschnittenen Kostümjacketts aus vergangenen Zeiten.

- Schößchen
- abgesetzte Taille
- weiche Schalkragen

MÄNTEL: Aus Damenoberbekleidung wird Glamour.

- Kokon-Mäntel
- Mantelkleider: wie die Kleider, aber kuschliger!

Hemdblusenkleid, Etuikleid mit drapiertem Oberteil

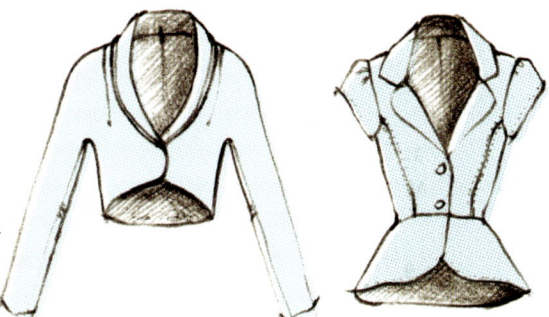

Schalkragen-Bolerojäckchen, Kostümjacke mit Schößchen.

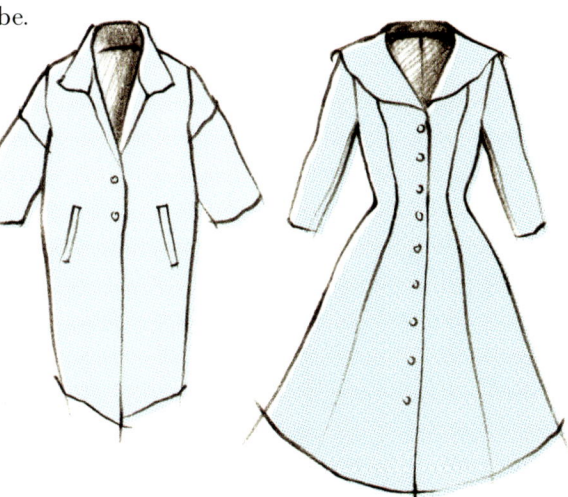

Kokon-Mantel, Mantelkleid.

DAS 1X1 DES RETRO-NÄHENS

Faszination Vintage-Schnittmuster

Eines der besten Dinge am Schneidern von Vintage-Kleidung ist, dass eine Verbindung entsteht zu den wunderschönen Mode-Stilen vergangener Zeiten – wer kann diesen fabelhaften Looks schon widerstehen? Wer sich einmal für Vintage-Schnitte interessiert, für den verlieren herkömmliche, moderne Schnittmusterkataloge ganz schnell ihren Reiz. Stattdessen ertappt man sich dabei, wie man das Internet stundenlang nach Vintage-Schnittmustern durchforstet, um das perfekte Fifties-Party-Kleid in der passenden Größe aufzustöbern. Sehr schnell wird man zur leidenschaftlichen, ja obsessiven Sammlerin von Vintage-Schnittmustern. Das kann äußerst seltsame Auswüchse annehmen, wenn man zum Beispiel unbedingt ein Schnittmuster von Ceil Chapman aus der Spadea's American Designer line ausfindig machen muss oder jedes für schrägen Fadenlauf konstruierte Dessous-Schnittmuster aus den 40er Jahren in die Finger bekommen möchte.

Vintage-Schnittmuster-Wiki

Wer den Vintage-Schnittmustern verfallen ist, stolpert irgendwann auch über die passende Internet-Plattform: (www.vintagepatterns.wikia.com). Ähnlich wie Wikipedia ist es eine Open-Source-Webseite. Aber es geht ausschließlich um das Zusammentragen von Informationen rund um alte Schnittmuster. (Ganz schön nerdig, oder?!) Jedes Schnittmuster hat seine eigene Seite mit Umschlagabbildung, Links zu Online-Verkäufern und Links zu Blogs, die etwas darüber geschrieben haben. Außerdem kann man sich Bilder von herrlichen Kleidern anschauen, die mithilfe des Schnittmusters genäht wurden. Jedes Schnittmuster ist verschlagwortet, zum Beispiel mit „Kimono-Ärmel" oder „Bustierkleid", sodass beim Anklicken jeder Eintrag mit diesem Schlagwort angezeigt wird.

SCHNITTMUSTER?

Wie bei den meisten käuflichen Erwerbungen heutzutage hat man zwei Möglichkeiten: Schnittmuster in der „echten" Welt einzukaufen oder sie online zu shoppen. Ich bin eine passionierte Online-Shopperin. Ich liebe es, auf der Suche nach dem perfekten Design stundenlang im Internet zu surfen, oder auch einfach nur, um mich von den traumhaften Vintage-Umschlägen inspirieren zu lassen. Meine Lieblings-Shoppingplattform für Schnittmuster ist Etsy, ein Online-Marktplatz für Vintage und Selbst Gemachtes. Die Suche ist unkompliziert, die Preise sind fair, und es ist viel persönlicher als Online-Auktionsseiten. Ein Verkäufer, bei dem ich einmal bestellte, schickte mir zu jedem Schnittmuster noch ein Geschenk mit: eine bezaubernd handgefertigte Grußkarte, illustriert mit Motiven der Schnittmusterumschläge.

Es ist wichtig, verschiedene Suchbegriffe durchzuprobieren, so bekommt man ein Gefühl dafür, bei welchen man am ehesten fündig wird. Eine meiner treffsichersten Suchbegriff-Kombinationen lautet „1950 Kleid Schnittmuster 92". Das „1950" zeigt mir alles aus den 50er-Jahren an, und die „92" bezeichnet den Brustumfang, mit dem ich bevorzugt arbeite (mehr dazu auf Seite 17). Danach lassen sich ohne Weiteres Details hinzufügen, wie zum Beispiel „breiter Kragen" oder „Flügelärmel".

Seiten, die nur Schnittmuster anbieten, sind ebenfalls eine sehr gute Möglichkeit, und ich mag es, dass sie von Menschen betrieben werden, die ihr Leben dem Bereitstellen und Bewahren der besten Vintage-Schnittmuster gewidmet haben. Die Verkäufer sind oft äußerst fachkundig und können mit speziellen Ratschlägen weiterhelfen. Die andere Möglichkeit, online Vintage-Schnittmuster zu bekommen, ist eBay. Ich habe einige Schmuckstücke dort gefunden, aber für mein Empfinden gestaltet sich die Suche viel aufwendiger. Außerdem bin ich kein Fan von Auktionen, sondern eher der „Will-ich-sofort-haben"-Typ. Dennoch: eBay ist eine hervorragende Quelle, wenn es um alte Schnittmuster geht.

Natürlich kann man Schnittmuster auch „nicht virtuell" kaufen. Antiquitätengeschäfte, Flohmärkte und Haushaltsauflösungen sind geeignete Adressen, wenn man in der „wirklichen Welt" auf die Suche gehen möchte. Wer den Kick der Jagd liebt und gerne nach alten Schätzen stöbert, für den ist das genau das Richtige!

Unsere komplizierte Beziehung zu vergangenen Zeiten

Bei jemandem wie mir – einer überzeugten Feministin seit der achten Klasse – wirkt das Interesse an den 50er-Jahren vielleicht ein bisschen befremdlich. Diese Zeit ist schließlich nicht bekannt dafür, besonders frauenfreundlich gewesen zu sein. Was also hat es mit dieser Mode auf sich, für die sich so viele moderne Frauen begeistern?

Meiner Meinung nach lässt sich die Politik dieser Ära von der Mode trennen. Zum Beispiel finde ich, mein derzeitiger Look sieht eher nach „verrückt und originell" aus als nach „glückliche Hausfrau". Außerdem hat es etwas Subversives, einen Kräuselrock mit Petticoat in einem Büro zu tragen, in dem lauter Menschen in grauen Business-Anzügen arbeiten. Die Mode der 40er- und 50er-Jahre war unglaublich feminin und es bedeutet Stärke, diese Retro-Weiblichkeit in einer Zeit zurückzugewinnen, in der Erfolg angeblich nur mit einem langweilig-seriösen Äußeren einhergeht. (Unter anderem werde ich nie verstehen, warum Ganzarm-Tatoos für ein normales Büro-Outfit nicht infrage kommen sollen, aber ich denke, ein paar Leute würden mir da nicht zustimmen.) Sich vintage zu kleiden, trägt dazu bei, sich einen Look zu kreieren und ihn sich zu eigen zu machen, und ich weiß nicht, was mehr Feminismus ist als das!

Und wo wir gerade über die Probleme von Frauen sprechen – das Nähen von Vintage-Kleidung kann ein weiteres mit sich bringen: das Köperbewusstsein. Es fällt schwer, sich nicht wie ein tölpeliger Riesentrampel zu fühlen, wenn der eigene Brustumfang 26 cm über alles hinausgeht, was sich an Angeboten für Schnittmuster finden lässt. Der beste Rat, den ich diesbezüglich geben kann: 1) Keine Angst vor den eigenen Maßen haben. 2) Lernen, wie man Schnittmuster für die eigene Figur und Größe individuell anpasst. 3) Nicht vergessen: Der eigene Körper ist ein guter Körper. Er ist gesund, lebendig, und ihn in schöne, perfekt sitzende Sachen zu kleiden, ist der beste Weg ihn zu ehren.

PASSFORM UND GRÖSSEN ERMITTELN

Vintage-Schnittmuster haben einen schlechten Ruf, weil 1) es sie nicht als Mehrgrößenschnitt gibt (im Schnittmuster-Umschlag ist immer nur eine Größe vorhanden), sodass man zwischen den Größen nicht variieren kann, 2) nicht immer alles in allen Größen verfügbar ist, das betrifft besonders die größeren Größen, und 3) modische Veränderungen der Figursilhouetten die Passform beeinflussen. Aber davon sollte man sich nicht entmutigen lassen! Hier kommen meine Tipps:

- Wie bei modernen Schnittmustern auch sollte man sich an die Maße des oberen Brustumfangs, der Oberbrustweite, halten. Das Maß wird unter den Achseln, aber noch über der Brust genommen. Es spiegelt am besten das Verhältnis von Figur und Größe wider. Die Brustweite hingegen sagt einem nicht mehr als die Körbchengröße. Meine Oberbrustweite beträgt 91,5 cm, aber meine Brustweite liegt bei 99 cm. Meine ideale Größe hinsichtlich der Schnittmusterwahl liegt also bei 92 cm.

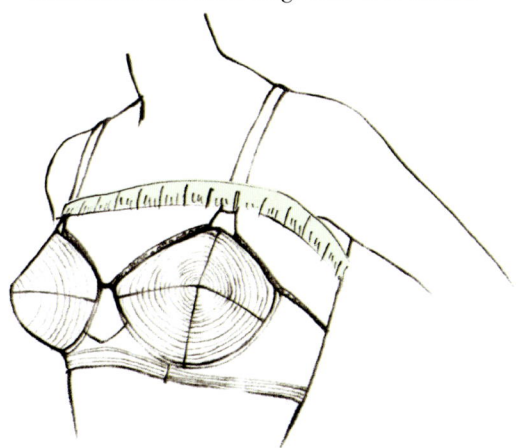

Die Oberbrustweite messen.

- Wie auch immer! Nur weil ein Schnittmuster zur Oberbrustweite passt, heißt das noch nicht, dass es auch zum Rest des Körpers passt. Aber auf jeden Fall sitzt es wunderbar an den Schultern; mehr Weite lässt sich nun zugeben. Dazu noch ein persönliches Beispiel: Meine Taille misst 76 cm. Aber bei einer Oberbrustweite von 92 cm sieht das Schnittmuster einen Taillenumfang von 71 cm vor. Das bedeutet, ich benötige 5 cm mehr um die Taille. Teilt man diese Zahl durch vier (weil vier Nahtzugaben zu berechnen sind), kommt man auf eine Zugabe von 1,3 cm, die ich zu jeder meiner Seitennähte zugeben muss, von den Achseln aus nach unten hin schmaler werdend. Dies beeinflusst weder den Sitz der Armausschnitte, noch der Ärmel oder der Schultern.

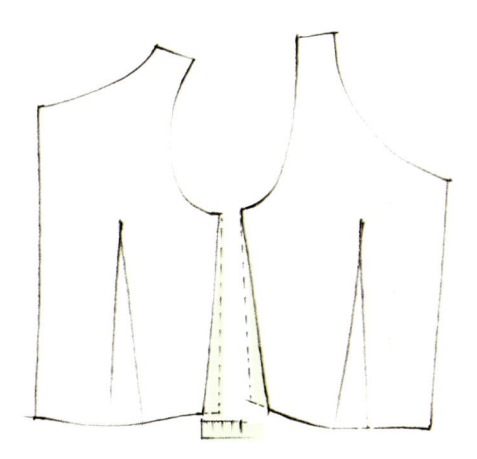

Weite an der Hüfte dazugeben.

- Gegebenenfalls wiederholt man das eben Beschriebene für die Hüften, indem Weite zugegeben, oder auch reduziert wird.
- Wer vom Körbchengröße B-Standard abweicht, muss auch im Brustbereich Änderungen vornehmen. Wie man Schnittmuster an eine kleinere bzw. größere Oberweite anpasst, wird in Kapitel 5 erklärt.
- Weil die Passform bei Vintage-Schnittmustern variieren kann, ist es immer von Vorteil, die einzelnen Schnittteile auszumessen. So lässt sich ermitteln, wie viel Stoff man für den gesamten Zuschnitt am

Ende tatsächlich benötigt. Außerdem hilft es dabei zu entscheiden, wie viel Weite man zugeben (oder wegnehmen) kann.
- Da Vintage-Schnittmuster nur in limitierten Konfektionsgrößen erhältlich sind, muss man entscheiden, wie weit man von der eigenen Größe abzuweichen bereit ist. Für mich darf es ohne Probleme eine Nummer kleiner oder größer sein, was die Oberbrustweite angeht, das heißt, ich bestelle mir auch Schnitte mit 87 cm oder 97 cm Umfang und kann dann noch gut auf meine 92 cm anpassen. Wer mit Schnittmuster-Größen arbeitet, die nur wenig von der eigenen Größe abweichen, kann die Anpassungen gut durch das Zugeben oder Weglassen von Weite vornehmen, wie auf Seite 17 beschrieben. Unter Umständen müssen die Abnäher verlegt werden, aber das kann man leicht an einem Probestück austesten (siehe Seite 111).
- Entscheidet man sich für stärker abweichende Schnittmuster-Größen, gestaltet sich das Prozedere des Anpassens etwas schwieriger. (Mehr Tipps siehe Kapitel 5.)
- Bei Vintage-Schnittmustern ist es in jedem Fall ratsam, die Passform und den Sitz des Schnittes an einem genähten Probestück zu kontrollieren. Auch wenn auf Papier alle Änderungen bedacht wurden, können sich beim Nähen auf dem Probstoff doch noch Überraschungen ergeben. Figurensilhouetten ändern sich. Ich habe beispielsweise einmal ein paar 50er-Jahre-Schnittmuster mit unglaublich lang gezogenen Taillen gefunden, vielleicht wegen der Spitztüten-BHs, die in dieser Zeit modern waren. Ein Probestück hilft, solche Probleme rechtzeitig auszumachen!

VINTAGE-SCHNITTMUSTER ÜBERTRAGEN

Als ich mit der Vintage-Schneiderei anfing, benutzte ich die alten Schnittmuster auf genau die gleiche Weise wie die modernen – steckte sie direkt auf den Stoff und schnitt zu, kennzeichnete Anpassungen direkt auf ihnen und so weiter. Im Prinzip war ich der schlimmste Albtraum eines Archivars oder einer Bibliothekarin. Wer will, kann es genauso machen. Das ist in Ordnung. Die Vintage-Schnittmuster-Polizei wird einen nicht gleich verhaften!

Aber unter passionierten Retro-Schneiderinnen wird das nicht gern gesehen. (Aus irgendeinem Grund sind viele Vintage-Schneiderinnen auch Bibliothekarinnen, wer hätte das gedacht.) Und obwohl ich eigentlich gerne und ausgiebig gegen Regeln rebelliere, einfach um der Rebellion willen, verstehe ich doch den Gedanken, der dahinter steckt. Wie ein Leser meines Blogs schrieb: „Das Schnittmuster hat so lange durchgehalten, warum sollte ich es jetzt zerstören?!" Vintage-Schnittmuster sind ein Vermächtnis und eine endliche Quelle, mit der man sorgsam umgehen sollte.

Und nun fangen wir mit dem Übertragen an, oder? Das alles braucht man dazu:

- feine Stecknadeln (oder Gewichte)
- Lineal
- einen spitzen Bleistift oder Fallbleistift
- Kurvenlineal (ein Plastiklineal, das wie ein Komma geformt ist; sehr hilfreich beim Zeichnen von gerundeten Linien)
- Pauspapier (Ich habe früher ein schwedisches Pauspapier zum Übertragen verwendet. Es wird als Rolle geliefert und hat eine stoffähnliche Textur [und kann sogar genäht werden]. Aber seit ich so viele Schnittmuster mache, kaufe ich in Kurzwarenläden große Rollen Kopierpapier, die wenig kosten.)

VINTAGE-SCHNITTMUSTER ÜBERTRAGEN

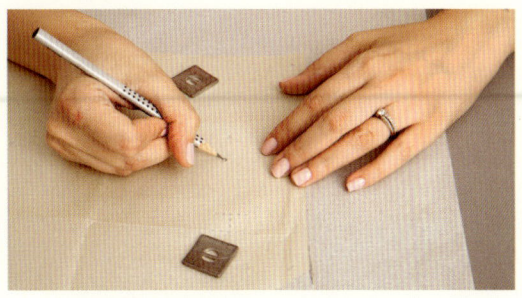

1–2. Das Schnittteil bügeln, dann rundherum abpausen.

3. Die Schnittmuster-Markierungen übertragen.

1. Die Schnittteile herausnehmen. Danach mit einem Bügeleisen die Knitterfalten aus dem Papier bügeln. Das Bügeleisen dafür auf die niedrigste Stufe stellen (kein Dampf) und vorsichtig jedes Teil plätten. Je nachdem wie das Schnittmuster aufbewahrt wurde, kann das etwas knifflig sein, also geduldig und vorsichtig vorgehen. Nach der Schnittmusteranleitung die einzelnen Schnittteile zuordnen.

2. Das Pauspapier auf einen Tisch legen und das erste Schnittteil entweder darauf oder darunter platzieren. Die Teile fixieren, entweder mit Nadeln beide Lagen feststecken oder mit Gewichten vor Verrutschen sichern. Das Schnittteil rundherum abpausen, für gerade Kanten das Patchworklineal, für runde Abschnitte wie Taillenlinien das Kurvenlineal zu Hilfe nehmen.

3. Und nun das Allerwichtigste: Die Schnittmustermarkierungen übertragen.

HINWEIS: Die meisten Vintage-Schnittmuster sind nicht gedruckt, das heißt, sie haben statt der dicken schwarzen Linien, die man von modernen Schnittmustern gewöhnt ist, perforierte Markierungen und Symbole. Die Perforierungen können Kreise, Quadrate, Dreiecke oder dreiecksförmige Kerben sein (siehe Kasten rechts). Jede Perforierung mit einem Bleistift übertragen, dabei sicherstellen, dass die Form exakt wiedergegeben wird (also, Quadrate sollten aussehen wie Quadrate, etc.). Gewissenhaft jedes Schnittteil kennzeichnen (entweder die Begriffe auf dem Schnittmuster verwenden oder eigene ausdenken), benennen und nummerieren.

AUFSCHLÜSSELUNG SCHNITTMUSTER-PERFORIERUNGEN

1. Zwei große Kreise in der Mitte eines Schnittteils: Hier befindet sich der Fadenlauf. Am besten verbindet man die beiden Kreise mit dem Lineal. So weiß man immer, wo sich der Fadenlauf befindet, gerade wenn man mit mehreren Schnittteilen hantiert.

2. Zwei große Kreise eng beieinander, nahe der Kante des Schnittmusters: Der Stoff liegt doppelt und soll dort in den Stoffbruch gefaltet werden.

3. Kleine Kreise: Stehen für Abnäher und Nahtlinien. Es empfiehlt sich, die Abnäher-Kreise zu verbinden, denn so erhält man klare Linien. (Ich übertrage nicht alle Nahtlinien-Kreismarkierungen auf den Stoff, weil man für gewöhnlich ja immer noch eine Nahtzugabe von 1,5 cm dazurechnet.)

4. Dreiecksförmige Kerben: Zeigen an, wo Schnittteile zusammengesetzt werden sollen.

5. Kreise, Quadrate und Dreiecke: Diese kleinen Zeichen geben in der Regel Hinweise auf die Positionierung von Details wie Taschen, Kragen oder Knopflöchern.

4. Als nächstes sollte man sich in die Schnittmusteranleitung vertiefen und herausfinden, wofür jede einzelne Perforierung steht.

SCHNITTMUSTER RICHTIG AUFBEWAHREN

Für seine heiß geliebte Vintage-Schnittmustersammlung sollte man sich ein adäquates Archiv zulegen (eines Tages werde ich das auch für meine eigene Kollektion beherzigen, ich schwöre!). Die besten Verkäufer von Vintage-Schnittmustern haben ihre Ware in Zellophanhüllen eingepackt, darin noch ein Stück Karton zur Verstärkung. Wer möchte, bringt noch ein passendes Schild an, auf dem Marke, Nummer und Copyright-Jahr vermerkt sind. Das bringt die innere Bibliothekarin auf Touren (wer auf so etwas steht) und die Schnittmuster sind im Handumdrehen nach Jahr und Hersteller sortiert. Zur Lagerung kann man spezielle Schnittmusteraufbewahrungsboxen erwerben, die perfekt sind, um der Sammlung den ihr gebührenden Platz zu bieten.

Ich gehe mit der Aufbewahrung meiner Schnittmuster eher entspannt um. Sie liegen in riesengroßen Supermarkt-Plastiktaschen. Dabei habe ich sie nach den Kategorien „Modernes Schnittmuster" und „Vintage-Schnittmuster" sortiert, und unterscheide bei beiden jeweils noch einmal zwischen Einzelstücken und Kombinationen.

NEUAUFLAGEN VON SCHNITTMUSTERN

Wer von alten Schnittmustern fasziniert ist, auf die Schwierigkeiten, die sich bei der Benutzung ergeben, aber gerne verzichten kann, für den gibt es eine Lösung, die das beste aus beiden Welten bietet: neu aufgelegte Vintage-Schnittmuster. Bekannte Schnittmusterherausgeber wie *Vogue, Butterick, Simplicity* oder *Burda* reagieren auf das wachsende Interesse an der Retro-Mode-Schneiderei, indem sie alte Schnitte wieder aus den Archiven hervorholen.

Die Schnittmuster werden an unser modernes Mehrgrößensystem angepasst. Das Größenangebot reicht in der Regel von 34 bis 44. Die Anleitungen und benötigten Kurzwaren wurden ebenfalls überarbeitet.

Der einzige Nachteil: Die neuen alten Schnittmuster verlieren manchmal etwas von ihrem Vintage-Charme. Und ich bin der Meinung, dass sie im Vergleich zu ihren Vintage-Gegenstücken etwas bequemer konstruiert sind, was ein Schande ist, wenn man Kurven wie Marilyn Monroe anstrebt. (Und mal ehrlich, wer möchte die nicht?)

Aber alles in allem, für moderne Ladys, die sich für Vintage-Mode interessieren, werden die Vorteile überwiegen. Außerdem lassen sich die Schnitte ganz einfach an den persönlichen Geschmack anpassen. Also: Neuauflagen ausprobieren!

Der berühmte Walk-Away Dress

Dieser Schnitt kam zum ersten Mal im Jahr 1952 bei Butterick heraus (das selbe Jahr, in dem *Vogue's New Book for Better Sewing* erschien). Der Legende nach war das Schnittmuster ein solcher Hit, dass Butterick die Produktion für alle anderen Schnittmuster einstellen musste, um die große Nachfrage nach dem *Walk-Away* bedienen zu können. Das *Walk-Away* (so benannt, weil man sich nach dem Frühstück an die Nähmaschine setzt und zum Lunch schon im neuen Kleid geht) war ein Wickelkleid mit nur drei Schnittteilen. Die einfache Konstruktion bestach außerdem durch simple Verarbeitungstechniken: keine Belege, sondern mit Schrägband eingefasste Kanten, keine komplizierten Reißverschlüsse oder Knopflöcher, stattdessen genügten ein paar Knopfschlaufen oder Ösen zum Schließen des Kleides.

Das Schnittmuster wurde unter der Nummer 4790 im Jahr 2006 für die Butterick Retro-Linie neu aufgelegt und alle Welt war erneut ganz verrückt danach.

Ich muss allerdings gestehen, es ist nicht mein Lieblingsschnittmuster. Meiner Meinung nach hat es eine Menge Defizite, was die Passform betrifft. Außerdem erinnert das Kleid an eine Schwesterntracht, es sei denn, man trägt es mit Petticoat und Korsett. Aber der Grundgedanke, ein Kleid in einer Stunde schneidern zu können, ist zeitlos und zieht sich seit den 20er-Jahren (schliche Flatterkleider) bis zum modernen Wickelkleid (einfache Schnittkonstruktion, leicht anzuziehen, Must-Have im Kleiderschrank) durch die Modegeschichte.

Butterick entwickelte eine spätere 50er-Jahre-Version, die *Saturday Morning Dress* hieß und wesentliche Verbesserungen enthält, allein, wenn man sich den interessanten Halsausschnitt oder den geschwungenen Taillenbund anschaut. Die Idee, ein Vorder- und ein Rückteil einfach umeinander zu wickeln, ist dieselbe, aber die Ausführung ist meiner Einschätzung nach sehr viel eleganter. (Ebenfalls interessant ist, dass sich die Nummern der beiden Schnittmuster sehr ähneln: das *Walk-Away* hat die Nummer 6015 und das *Saturday Morning* die Nummer 6150.)

Was den *Walk-Away* Dress so populär macht, ist seine clevere Konstruktion, die Frauen auch heutzutage noch fasziniert (siehe das klassische Wickelkleid von Diane von Fürstenberg). Es gibt aus verschiedenen Modeepochen Wickelkleider, die man unbedingt ausprobieren sollte. Und noch zwei ernst gemeinte Ratschläge: Niemals vergessen, vorher ein Probestück zu nähen (siehe Seite 111) und einen Petticoat anziehen!

Walk-Away Dress.

Saturday Morning Dress.

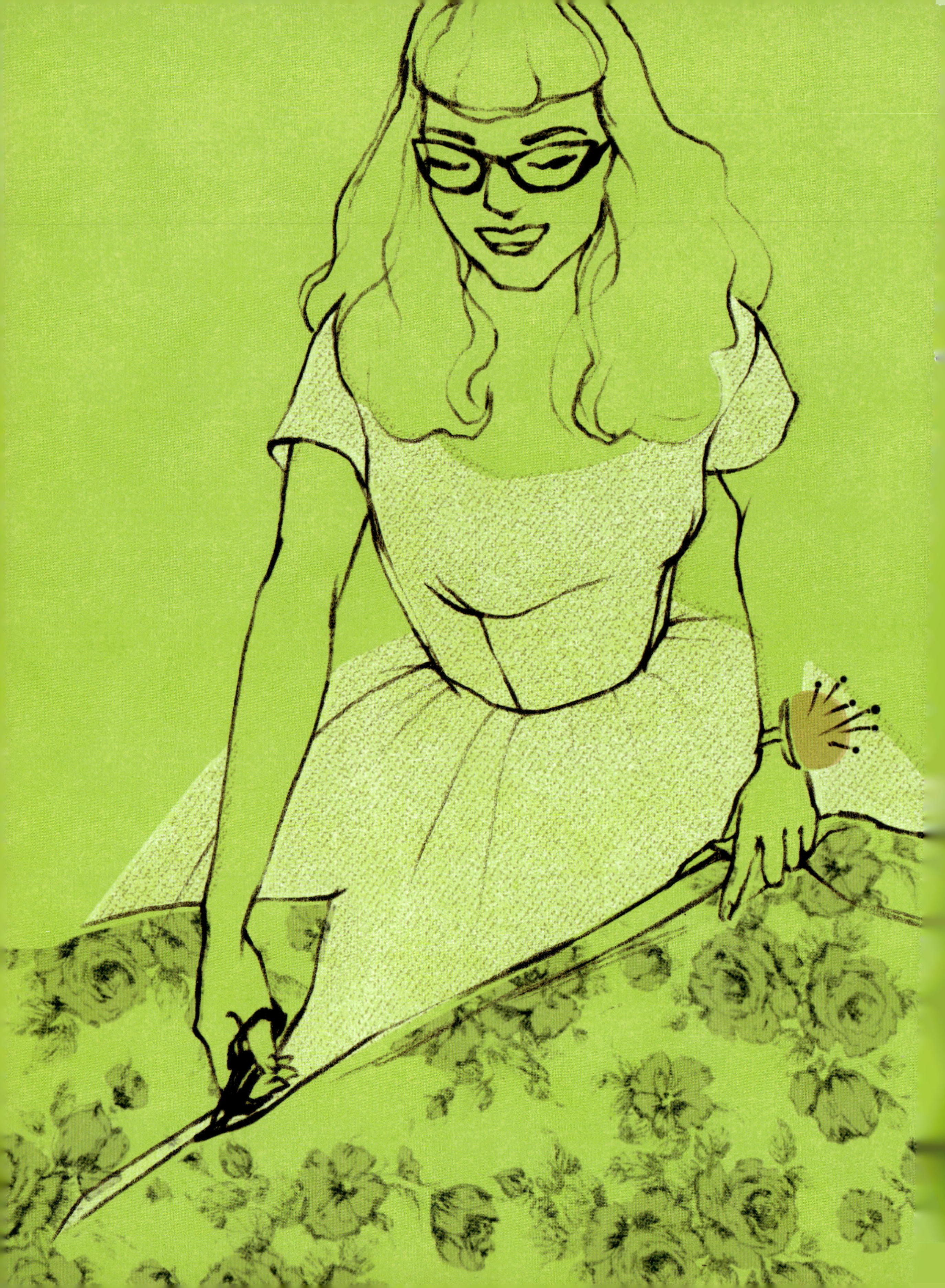

KAPITEL ZWEI

Vorbereitung (Nähzubehör, Nähmaschine, Stoffe)

NÄHZUBEHÖR 25

- Zum Maßnehmen 25
- Zum Fixieren und Zuschneiden 26
- Zum Markieren und Heften 27
- Zum Nähen 27
- Zum Bügeln 28

STOFFE 31

- Stoff passend zum Schnittmuster auswählen 32
- Glossar der Bekleidungsstoffe 34
- Kleidung waschen und Stoff vorbehandeln 40

Ich lüge nicht, wenn ich sage: Nähen ist ein Hobby, für das man eine Menge Zubehör benötigt. Am besten ist es jedoch, klein und bescheiden anzufangen und sich Schritt für Schritt ein Arsenal an Utensilien zuzulegen. Rom wurde ja auch nicht an einem Tag erbaut! Und das ultimativ ausgestattete Nähzimmer, das einem im Traum vorschwebt, wird man sowieso nie erreichen. Ich persönlich bin noch immer auf der Suche nach einem Ärmelbrett und einem Bügelamboss aus Holz. (Weihnachtsmann, hörst du zu?) Aber immer alles schön der Reihe nach.

Dieses Kapitel beginnt mit einer Liste der Nähutensilien, die zu besitzen sich wirklich lohnt. Ich habe sie noch einmal in „Grundausstattung" und „Extras" unterteilt, um eine Vorstellung davon zu vermitteln, welche Dinge man sich zuerst anschaffen sollte und welche man nicht sofort braucht. Und ich gehe natürlich auch auf das aller Wichtigste Nähutensil, die Nähmaschine, ein und erkläre, was man beim Kauf beachten sollte.

Die zweite Hälfte des Kapitels beschäftigt sich mit Stoffen, wundervollen Stoffen, – von der Auswahl, damit Fall und Gewicht zum Schnitt passen, bis hin zu einem Glossar meiner absoluten Lieblingsstoffe. Zum Schluss gibt es noch ein paar Tipps und Tricks zum Vorbehandeln von Stoffen, was unerlässlich ist, bevor man mit dem Nähen beginnt.

Nähzubehör

Hier eine praktische Liste, mit deren Hilfe man beim Einkauf Prioritäten setzen kann.

ZUM MASSNEHMEN

Grundausstattung

- **PATCHWORKLINEAL** *(durchsichtig, flach und mit Maßeinheiten, 10 cm breit, 45 cm lang).* Eines meiner am häufigsten benutzten Utensilien! Es ist vielfältig einsetzbar, vom Kontrollieren des Fadenlaufs bis zum Markieren von Knopflöchern.
- **MASSBAND.** Am besten beim Arbeiten um den Hals tragen, dann hat man es stets zur Hand.

Extras

- **SAUMABRUNDER.** Wird auch Rockabrunder genannt und ist perfekt, um einen neuen Saum exakt und gleichmäßig zu markieren. Diejenigen mit Einklemm- und Feststeckfunktion sind am besten. Man zieht sich den zu kürzenden Rock an und eine Freundin hilft beim Markieren, ansonsten geht es auch mit einer Schneiderpuppe. Den Stab auf die gewünschte Höhe einstellen, dann den Rock mit der Metallklammer einklemmen und eine Stecknadel durch die kleine Öffnung in der Klammer stecken. Das Ganze um den ganzen Rock herum alle paar Zentimeter wiederholen, und voilà! Der Saum ist markiert. Ich verbinde die Stecknadelmarkierungen danach immer noch mit Kreidestift für eine durchgehende Saumlinie zum Umbügeln.
- **SCHNEIDERPUPPE.** Gibt es in allen Größen und Preiskategorien. Eine neue, verstellbare oder maßgefertigte Büste kann durchaus 100 Euro und mehr kosten. Man kann auch eine gebrauchte Schneiderpuppe auf eBay ersteigern. Wichtig ist, dass sie all die Eigenschaften besitzt, die eine gute Schneiderpuppe braucht: Oberstoff aus Leinen, Wiener Nähte und Armlochplatten aus Metall. Darüber hinaus sollte sie sich leicht anheben und absetzen lassen und sich nicht zu einer Seite neigen, sondern einen geraden Stand haben (ansonsten bekommt man schiefe Säume!).

ZUM MASSNEHMEN (im Uhrzeigersinn von links hinten beginnend): Saumabrunder, Patchworklineal, Schneiderwinkel, Zollstock, Handmaß und Maßband.

Wer keine zu seinen Maßen passende Büste findet, kauft sich eine, die etwas kleiner als die eigene Figur ist, und polstert selbst aus. Dazu der Puppe einen BH anziehen und die Körbchen ausstopfen. Anschließend Watte um Taille und Hüften wickeln, bis die Maße übereinstimmen. Dann die Watte mit elastischen Mullbinden von oben nach unten über die gesamte Büste fixieren. Zum Schluss die Brust-, Taillen- und Hüftlinien mit Stecknadeln und dünnem Köperband neu markieren – diese Markierungen sind wichtig zum Anpassen und Abnähen.

ZUM FESTSTECKEN UND ZUSCHNEIDEN

Grundausstattung

- **SCHNEIDERSCHERE.** Unbedingt eine richtig gute, scharfe besorgen und nie wieder hergeben! Es ist schon tausendmal in jedem Nähbuch gesagt worden: Mit der Schneiderschere darf nur Stoff geschnitten werden. Von Zeit zu Zeit sollte man sie nachschleifen lassen.
- **PAPIERSCHERE.** Man braucht eine (sie darf ruhig kostengünstig sein) um die Schnittmuster auszuschneiden.
- **KLEINE STICKSCHERE.** Unentbehrlich für alle anfallenden Schneidearbeiten wie Fäden kürzen, Stiche auftrennen oder Nahtzugaben einknipsen.
- **STECKNADELN.** Ich bevorzuge die mit den kleinen Glasköpfchen, aber jede andere Sorte tut es auch.
- **NADELKISSEN.** Entweder oldschool in Kirschrot oder hypermodern mit Magnetfunktion!
- **SCHNEIDEMATTE AUS PAPPKARTON.** Sie sollte etwa 100 cm x 180 cm groß sein und kann ohne Probleme auf jede Fläche gelegt werden (sogar aufs Bett!), was das Zuschneiden enorm erleichtert und damit eine gute Alternative zu einem Schneidetisch ist.

Extras

- **SCHNEIDETISCH.** Ich habe mich früher immer etwas vor dem Zuschneiden gefürchtet, weil das auf dem Boden oder Bett dem Rücken auf lange Sicht nicht guttut. Wie froh war ich daher, als ich meinen Schneidetisch, relativ günstig, im Internet erstanden hatte. Ein in der Höhe verstellbarer Tisch, idealerweise sollte er einem bis zur Taille reichen, eignet sich auch. Mein Tisch ist 92 cm x 183 cm groß, und damit ein äußerst komfortables Arbeitsgerät.
- **ROLLSCHNEIDER UND SCHNEIDEMATTE.** Ich dachte lange, diese Utensilien wären nur zum Quilten gut, was für ein Irrtum! Nun besitze ich eine riesige selbstheilende Matte, die meinen Schneidetisch schützt und es ist die absolute Glückseligkeit. Rollschneider eignen sich prima für kleine Arbeiten wie Schrägband zuschneiden, aber ich nutze meinen auch für Stoffstücke.
- **APPLIKATIONSSCHERE.** Sie lässt sich wunderbar einsetzen, wenn man eine Stofflage abtrennen und nur in diese Lage schneiden möchte. Ich benutze sie außerdem vorzugsweise zum Zurückschneiden von Nahtzugaben, wenn die eine Lage weniger breit sein soll als die andere.

ZUM FESTSTECKEN UND ZUSCHNEIDEN (im Uhrzeigersinn von links hinten beginnend): Schneiderschere, kleine Schneiderschere, Zackenschere, Rollschneider, kleine Stickschere, Applikationsschere, Gewichte, Fadenabschneider

ZUM MARKIEREN UND HEFTEN (von links): Kopierpapier, Polyester-Garn, Kreidestift, Schneiderkreide, Kopierrädchen und Seidengarn.

- **KLEINE SCHNEIDERSCHERE.** Eine kleine, aber kräftige Schere, mit der man mehrere Lagen Stoff einknipsen kann, zum Beispiel, wenn man einen Kragen näht.
- **ZACKENSCHERE.** Nahtzugaben, die mit dieser gezahnten Schere eingekürzt werden, fransen so leicht nicht mehr aus.
- **FADENABSCHNEIDER.** Fadenabschneider. Eine goldene Nähregel lautet: „Nähen, einkerben, einknipsen, bügeln". Wenn man den Fadenabschneider immer in der Nähe der Nähmaschine liegen lässt, vergisst man nicht, den Anfang und das Ende jeder Naht nach dem Nähen einzuschneiden. Wenn das vollbracht ist, mit dem Stoff sofort zum Bügelbrett eilen und bügeln.
- **GEWICHTE.** Viele Schneiderinnen benutzen zum Fixieren ihrer Schnittmuster auf dem Stoff lieber Gewichte als Stecknadeln. Es gibt spezielle Schnittmustergewichte zu kaufen, die sind jedoch nicht ganz billig. Als gute Alternative bieten sich Unterlegscheiben aus dem Baumarkt an. Oder noch günstiger: Einfach das nehmen, was gerade zur Hand ist, Hauptsache, es ist schwer: eine Tomatenbüchse, ein Briefbeschwerer, ein Kaffeebecher …

ZUM MARKIEREN UND HEFTEN

Grundausstattung

- **KOPIERPAPIER.** Es funktioniert wie Blaupapier und ermöglicht das Übertragen von Schnittmustermarkierungen, also Abnähern, Knopfpositionen etc., direkt auf die linke Seite des Stoffes. Richtig heißt es „Schneiderkopierpapier", und es ist einfach Papier mit einer Kalkschicht. Auf keinen Fall die mit Wachs beschichteten verwenden, es sei denn, man macht ein Probestück (siehe Seite 111). Das Wachs lässt sich unheimlich schlecht aus dem Stoff entfernen!
- **KOPIERRÄDCHEN.** Dieses kleine, einem Pizzaschneider nicht unähnliche Gerät wird über das Schneiderkopierpapier gerollt, um die Schnittmustermarkierungen auf den Stoff zu übertragen.
- **SCHNEIDERKREIDE.** Sie wird benutzt, um Markierungen auf dem Stoff vorzunehmen. Bitte auch hier: Finger weg von denen mit Wachsanteil!
- **KREIDESTIFT.** Er betont kräftig und deutlich dünne Linien. Seit ich Kreidestifte für mich entdeckt habe, brauche ich keine Schneiderkreide mehr.
- **SEIDENGARN.** Es eignet sich hervorragend, um Durchschlagschlaufen zu machen. Am besten in allen Regenbogenfarben kaufen, so kann man die verschiedenfarbigen Schlaufen für unterschiedliche Schnittmustermarkierungen einsetzen.

ZUM NÄHEN

Grundausstattung

- **NÄHMASCHINE.** Es genügt eine Maschine mit Geradstich und Zickzackstich. Man könnte im Grunde sogar auf den Zickzackstich verzichten. Also, wessen Nähmaschine nur einen Geradstich hat, keine Panik. Mehr zu diesem Thema auf Seite 29.
- **STANDARD-NÄHFUSS.** Zusätzlich zu diesem braucht man einen Knopflochfuß und einen Reißverschluss-Nähfuß (sind bei neu gekauften Nähmaschinen in der Regel im Gesamtpaket mit enthalten).
- **NÄHMASCHINENNADEL.** Mein Ratschlag: Die Nadelstärke auf die Garnsorte abstimmen. Für normales Polyester-Nähgarn ist die Stärke 75/11 völlig ausreichend. Darüber hinaus gibt es zum Beispiel die Stärke 65/9, welche superspitz ist, und die Stärke 90/14 mit abgerundeter Spitze. Damit kann man auch Strick- und Webstoffe verarbeiten. Ich persönlich nehme lieber die spitzen als die abgerundeten, weil sie exaktere Einstiche in den Stoff machen und so ein schöneres Stichbild ergeben. In jedem Fall sollte man auch immer ein paar Nadeln der Stärke 75/11 mit abgerundeter Spitze für Jersey- und Doubleface-Stoffe im Haus haben.
- **HANDNÄHNADEL.** Wer vintage näht, näht auch viel von Hand. Also, ein Set mit verschieden starken Nadeln zulegen!

- **HANDNÄHNADEL.** Wer vintage näht, näht auch viel von Hand. Also, ein Set mit verschieden starken Nadeln zulegen!
- **GARN.** Garnsorten variieren von Projekt zu Projekt. Für die Zwecke dieses Buches empfehle ich aber Polyester-Garn für die Nähmaschine und Seidengarn für das Nähen von Hand.
- **GARNSPULEN.** Das klingt jetzt vielleicht langweilig, aber es gibt nichts, was ich lieber mag als einen Vorrat an leeren Garnspulen. So kann ich immer sofort ein neues Projekt beginnen. Je nach Nähmaschinen-Spulengröße sollte man sich ein ordentliches Lager an Spulen zulegen, die nur darauf warten, umgarnt zu werden!

Zusätzliche Nähfüße

Ich nähe mit einer Bernina 1008, und Bernina-Menschen sind echte Fanatiker, wenn es um ihre Nähfüßchen geht. Bei mir hat sich mittlerweile eine hübsche Kollektion angesammelt, und es macht Spaß, damit zu experimentieren. Die folgenden Nähfüße kann ich sehr empfehlen, egal, mit welcher Nähmaschine man näht:

- **OBERTRANSPORTFUSS.** Er ist nützlich, um Stoff nicht nur von unten, sondern auch von oben zu transportieren (das verhindert ein Verschieben der oberen und unteren Stofflage bei besonders dicken oder schwergängigen Stoffen).
- **ROLLSAUMFUSS.** Er hat eine kleine „Nase", die schnelle, saubere Säume und Nähte bei dünnen Stoffen ermöglicht.
- **NAHTVERDECKTER REISSVERSCHLUSSFUSS.** Dieser Nähfuß ist bei den meisten Nähmaschinen nicht im Standardangebot enthalten, aber er macht das Einnähen von nahtverdeckten Reißverschlüssen zum Vergnügen, weil er die Zähnchen nach unten drückt und mühelos darüber näht.
- **SCHMALSÄUMERFUSS.** Mit seiner Hilfe wird der Stoff am Saum doppelt umgeschlagen und im Geradstich festgenäht. Der Umgang damit verlangt etwas Fingerspitzengefühl und Übung. Im Internet gibt es aber einige wirklich gute Tutorials, die dabei helfen können, dieses Nähfüßchen beherrschen zu lernen.
- **FALTENLEGER.** Ich liebe diese verrückt aussehende Konstruktion. Es ist ein Nähfuß, der von ganz allein Falten in den Stoff legt, sodass Rüschen und Raffungen entstehen. Besonders praktisch ist das für einen Petticoat-Effekt bei Organza oder Tüll.

ZUM BÜGELN

Grundausstattung

- **BÜGELEISEN.** Manche Schneiderinnen machen um das richtige Bügeleisen ein Riesenbrimborium. Ich benutze immer noch mein altes, das ich vor Jahren zur Hochzeit geschenkt bekommen habe. Solange es verschieden Heizstufen besitzt und man damit dämpfen kann, ist alles gut.
- **BÜGELBRETT.** Auch hier wird nichts Besonderes benötigt.
- **BÜGELTUCH.** Bügelt man Stoff direkt auf der rechten Seite, kann das unschöne, glänzende Stellen hinterlassen. Jeder Stoff reagiert anders auf Hitze, deswegen ist es immer ratsam, noch ein Stück Schutzstoff dazwischen zu legen. Ich verwende dafür am liebsten Seidenorganza. (Seidenorganza ist ein unglaublich nützlicher

ZUM NÄHEN (im Uhrzeigersinn von links): Stecknadeln und Nadelkissen, Nähmaschine, Garn, Bienenwachs, Nähfüße, Garnspulen und Nähmaschinennadeln.

ZUM BÜGELN (im Uhrzeigersinn von oben links): Bügelbrett, Bügeleisen, Bügelamboss, Bügelei, Sprühflasche, Ärmelbrett, Falzbein, Seidenorganza als Bügelschutz, Bügelkissen.

Helfer beim Schneidern, wie in den kommenden Kapiteln noch gezeigt wird.) Er ist durchsichtig und verträgt eine Menge Hitze; der darunterliegende Stoff bleibt unbeschädigt. Davon findet sich immer ein genügend großes Stück in meiner Restekiste. Aber ein herkömmliches Bügeltuch oder ein leichter Baumwollstoff eignen sich natürlich ebenso gut.

- **BÜGELEI.** Diese Bügelhilfe ist wie ein Ei geformt. Seine runde Form leistet gute Dienste beim Bügeln von Abnähern und gerundeten Nähten. Bei einem Brustabnäher zum Beispiel legt man den Stoff über das Ei und bügelt, sodass man die gewünschte gerundete Ausformung erhält. Ganz schön praktisch.

- **FALZBEIN.** Dieser kleine Kerl, häufig aus Bambus gemacht, besitzt ein spitzes Ende, mit dem man gerundete Nähte am Rockbund ausstreichen kann. Das Falzbein auf der linken Stoffseite an der entsprechenden Ecke platzieren. Das Ganze auf rechts drehen, das Falzbein bleibt, wo es ist. Die Ecke vorsichtig herausdrücken. Nicht zu sehr stoßen und stochern, denn an diesen dünnen Stellen sind die Stiche sehr fein.

- **SPRÜHFLASCHE.** Mit ihr besprüht man Stoffe, die gedämpft werden müssen oder einlaufen sollen, wie Wollstoffe oder Einlagen, die vor dem Nähen geschrumpft werden – auf diese Weise vorbehandelt, laufen sie nach dem ersten Waschen nicht ein.

Extras

- **BÜGELKISSEN.** Es ist gewissermaßen ein lang gestrecktes Bügelei. Steckt man es in einen Ärmel, lässt der sich ganz leicht bügeln. Außerdem bekommen manche Stoffe von den Nahtzugaben Druckstellen auf der rechten Seite. Die bekommt man mithilfe dieses Kissens prima ausgebügelt. Wer wenig Geld hat, aber trotzdem ein Bügelkissen braucht, kann auch ein Magazin zusammenrollen, ein paar Sockenknäule hineinstopfen und das Ganze mit einem Kniestrumpf überziehen.

- **ÄRMELBRETT.** Ach ja, das heiß ersehnte Ärmelbrett. Es funktioniert wie ein Mini-Bügelbrett, nur für Ärmel. Die Spitze ist dem Ärmelansatz nachempfunden. So lassen sich beispielsweise Flügelärmel direkt ausbügeln!

- **BÜGELAMBOSS.** Gerät aus Holz, dabei behilflich gerundete Nähte und kleine Ecken bei Kragen flach zu bügeln. Es hat vorn eine hölzerne Spitze, an der man den Kragen vor dem Bügeln positionieren kann. Auf dem Blockteil drückt man dicke Nähte (bei Woll- und Mantelstoffen) platt, bevor man sie bügelt.

Ladys, startet die Maschinen!

Was macht eine gute Nähmaschine aus? Wie viel Geld sollte man investieren? Geht man in ein Geschäft, um sich einen Überblick zu verschaffen, stellt man fest, dass diese Geräte von 100 bis 10.000 Euro alles kosten können. Zeig mir denjenigen, der da nicht überfordert ist! Deswegen hier ein paar Auswahlhilfekriterien:

1. Die Menge an Extravaganzen stimmt nicht immer mit dem Grad der Qualität überein. Meine erste selbst gekaufte Maschine kostete 600 Dollar und konnte alles, außer mein Geschirr abwaschen. Sie war mit einem Computer ausgestattet und hatte jeden nur erdenklichen Nähfuß im Zubehör, durchschnitt meine Fäden auf Knopfdruck und senkte von allein die Nadel. Ich war überzeugt, ein richtiges Schnäppchen gemacht zu haben. Leider war die Stichqualität eine Katastrophe. Einige Stiche gerieten zu lang, andere viel zu kurz – alle in derselben Stepplinie. Außerdem merkte ich bald, dass ich keine 300 Spezialstiche brauchte. Mittlerweile habe ich eine „abgespeckte", mechanische Maschine, die weit weniger kann, aber 250 Dollar mehr gekostet hat. In meinen Augen ist sie aber viel mehr wert, weil sie schöne, gleichmäßige Stiche näht und keine überflüssigen Funktionen hat.

2. Vintage shoppen! Ältere Maschinen, die noch gut in Schuss sind, kann man leicht finden und aufgrund der Stabilität ihrer Konstruktion haben sie die letzten Jahrzehnte ausgehalten und funktionieren nach wie vor einwandfrei. Singer-Nähmaschinen aus den 50er-Jahren sind für ihre hervorragende Qualität bekannt. Ich habe eine *Singer Featherweight* aus dem Jahr 1952 (dasselbe Jahr, in dem *Vogue's New Book for Better Sewing* veröffentlicht wurde). Sie näht fantastisch und lässt sich leicht transportieren, sodass ich sie gerne als Zusatzmaschine benutze. Die Singer Rocketeer, die aussieht wie eine Maschine, die die Jetsons benutzt hätten, ist ein weiteres, für seine Qualität berühmtes Sammlerstück.

3. Man braucht nicht so viele Zusätze, wie man meint. Schneiderinnen in den 50er-Jahren hatten auch keine Nähmaschinen mit Overlock-Funktion oder Computer. Und ihre handgemachten Vintagekleider sind immer noch wunderbar. Je mehr ich beim Nähen dazulernte, desto weniger Maschinen-Extras brauchte ich. Man kann ein feines, vintage-inspiriertes Kleidungsstück auch mit einer Maschine anfertigen, die nur über einen einzigen Geradstich verfügt. (Zum Beispiel können Knopflöcher per Hand paspeliert werden, und Nahtzugaben lassen sich auszacken oder mit Schrägband einfassen.)

Stoffe

Die meisten Schneiderinnen stimmen mir sicherlich zu: Das Einkaufen von Stoff ist eines der größten Vergnügen beim Nähen. Ich wohne nicht weit entfernt von dem New Yorker Fashion- und Stoff-Mekka, dem *Garment District*. Dort versammelt sind Geschäfte und Labels, die Stoffe in allen Preiskategorien verkaufen. Es gibt alles, was das Herz begehrt, von Seidenorganza in sämtlichen Farben des Regenbogens für kleines Geld bis hin zu skandalös edlen Luxusstoffen. Eine kleine Anekdote am Rande: Der teuerste Stoff, den ich im *Garment District* je gefunden habe, war ein französischer Traum von einer Seide bestickt mit entzückenden Glasperlen und Federn – 650 Euro pro Meter! Ich habe keine Ahnung, wer als Zielgruppe für einen so teuren Stoff infrage kommt, aber ich finde es großartig, dass es noch immer Orte gibt, an denen man auf so etwas stoßen kann.

Ich könnte im *Garment District* tagelang nach Stoffen stöbern: luftige gepunktete Woll-Challis, leichte apfelrote Chantilly-Spitze, auberginenfarbener Wollsatin, Wollkrepp in leuchtend-kräftigen Tönen, weiche Kaschmirstoffe … Aber bevor ich mich in meinen Stoffschwärmereien verliere, gebe ich einen kurzen Überblick über die aktuelle Situation des Stoffhandels.

Bekleidungsstoffe sind nicht überall ohne weiteres erhältlich. Wenn man nicht glücklicherweise eine Quelle wie ich in Nachbarschaft hat, sind allgemeine Stoffgeschäfte und Quiltläden die erste Anlaufstelle. Nähanfänger verfallen dann manchmal witzigen Stoffen mit bunten Prints. Das ist schade, denn diese Stoffe, so hübsch sie auch sein mögen, sind zum Schneidern oft die falsche Wahl. Sie knittern schnell und der Stofffall ist nicht schön. Damit selbst geschneiderte Sachen professionell gemacht aussehen, sollten sie auch mit speziellen Bekleidungsstoffen genäht werden.

Ich wünschte, ich könnte eine Zeitreise machen und mich in den sagenumwobenen Geschäften vergangener Jahre umsehen. Großartig finde ich auch die Stoffempfehlungen in den Vintage-Schnittmustern; sie lassen erahnen, welch reiche Auswahl es damals gegeben haben muss. Ist das Cover des Schnittmusters von oben nicht fabelhaft, und die verschiedenen Styling-Vorschläge auf dem Umschlag nicht bezaubernd? Im *Vogue's New Book for Better Sewing* wird es als Background Dress vorgestellt. Das eigentliche Highlight dieses Schnittmuster sind aber die Stoffauswahltipps, und wie sehr sie sich von denen moderner Schnittmuster unterscheiden.

Für den *Background Dress* gibt es sage und schreibe zwölf Empfehlungen, während heutige Schnittmuster höchstens drei oder vier anbieten. Und einige der edlen Gewebe klingen in den Ohren moderner Stoff-Shopperinnen sehr exotisch: Faille Crêpe, Surah, Shantungseide, Kammgarn. Zwei Baumwollstoffe werden erwähnt: Walkstoff und Popeline – aber wer sucht sich schon einen dieser beiden heraus bei all den anderen Möglichkeiten?

Wer klassische Modelle selber nähen möchte, sollte sich nach den Stoffempfehlungen richten, so weit es geht. Das ist leichter gesagt als getan bei der gegenwärtigen Stoffgeschäfte-Landschaft. Was also tun, wenn man nach Shantungseide und Surah schmachtet?

Der Background Dress.

1. Online einkaufen. Viele gute Stoffhändler haben mittlerweile einen Onlineshop. Oft sind die Shop-Besitzer selbst Schneiderinnen und schicken gerne Stoffproben oder geben Empfehlungen für geeignete Stoffe.

2. Telefonisch bei Designer-Stoffgeschäften bestellen. Die besten Stoffläden in New Yorks Garment District haben einen exzellenten Kundenservice und freuen sich, langjährige Kundenbeziehungen aufbauen zu können. Stoffgeschäfte anderswo machen das sicher auch. Es wird gerade die perfekte pflaumenfarbene Shantungseide gesucht? Dann dort anrufen und um Stoffproben bitten. Man bekommt sie zugeschickt.

3. Nach Vintage-Stoffen Ausschau halten. Auch hier wird man gut über das Internet fündig, zum Beispiel bei auf Vintage spezialisierten Seiten oder auch auf eBay und Etsy. Woll-Challis aus den 40er-Jahren ist die Suche wert! Ich habe auch schon bedruckten Taft aus den 50er-Jahren in einem Antiquitätenladen entdeckt – genau das richtige für ein traumhaftes Petticoat-Party-Outfit.

4. Nehmen, was man kriegen kann. Wer einen netten, modernen Stoffläden um die Ecke hat, sollte es unterstützen. Den einen oder anderen Bekleidungsstoff gibt es sicherlich auch dort. Der Vorteil, wenn man in einem „richtigen" Geschäft einkaufen geht – man kann den Stoff anfühlen, oder ihn sich anhalten, um zu sehen, wie er fällt.

STOFF PASSEND ZUM SCHNITTMUSTER AUSWÄHLEN

Angst davor, den falschen Stoff für einen bestimmten Schnitt auszusuchen? Für manche Hobbyschneiderin ist bereits die Vorstellung der blanke Horror. Es braucht tatsächlich etwas Erfahrung und Übung, aber zu sehr Bange machen lassen sollte man sich auch nicht!

Fließend versus steif

Eine der wichtigsten Fragen ist diese: Wähle ich einen fließenden oder einen steifen Stoff aus? Ein fließender Stoff umspielt den Körper geschmeidig und fällt förmlich in sich zusammen, wenn man ihn über einen Stuhl legt. Ein steifer Stoff hat mehr Rückgrat, wenn man so will. Er umschmeichelt nichts und ist auch nicht geschmeidig. Er ist keck und steht lieber seinen Mann, und das von allein, metaphorisch gesprochen.

Und nun zurück zum Schnittmuster und dem dafür idealen Stoff. Fließt er glamourös über den Körper, wie das hübsche Kleid aus den 40er-Jahren (Abb. A auf der gegenüberliegenden Seite)? Im nächsten Schritt geben die Stoffdetails Auskunft: die sanften Raffungen, die hängenden Ärmelbänder, die Art, wie der Rock weich schwingt. Dieses Design schreit nach einem fließenden Stoff. Wie wäre es zum Beispiel mit Seidene Crêpe, Crêpe Georgette oder sogar Seidene Charmeuse? Auch ein leichter Wollkrepp eignet sich gut.

Oder soll das Kleid lieber etwas fester ausfallen – wie der schicke 50er-Jahre-Cocktail-Dress (Abb. B)? Der Rock steht vom Körper ab und das Oberteil ist klar definiert und weit davon entfernt, etwas zu umfließen. Dieses Design passt perfekt zu einem steifen Stoff – etwa Faille in Seidenoptik, Taft oder Shantungseide.

Stoffschwere

Ein weiteres Auswahlkriterium ist die Schwere eines Stoffes. Der Cocktail-Dress rechts lässt sich mit einer ganzen Reihe von Stoffen mit unterschiedlichen Schweregraden machen, abhängig vom Look, den man erreichen möchte. Ein Duchessesatin wird eine herrschaftliche und schwere Ausstrahlung haben, während ein durchscheinender Organdy leicht wie eine Feder wirkt. Dennoch sind beides steife Stoffe. Man sollte immer überprüfen, ob die Schnittdetails gut mit dem Gewicht des Stoffes zusammenpassen. Zum Beispiel ist es schwierig, schwere Stoffe zu kräuseln. Einen Kräuselrock aus Duchessesatin anzufertigen, wäre ein Albtraum!

STOFF PASSEND ZUM SCHNITTMUSTER AUSWÄHLEN

A. FLIESSEND: Ein Kleidungsstück, das aus einem fließenden Stoff gemacht ist, umspielt den Körper glamourös.

B. STEIF: Ein Kleidungsstück, dass aus einem steifen Stoff gemacht ist, kann von allein stehen.

C. MASSGESCHNEIDERTE DETAILS: Für ein Kleidungsstück mit maßgeschneiderten Details benötigt man steifen Stoff.

Maßgeschneiderte Details

Ein weiterer wichtiger Punkt bei der Stoffwahl: Gibt es im Schnittmuster Details wie Schalkragen oder Manschetten? Professionell zu schneidern bedeutet, aus einem Stoff stabile Kragen und Jackenrevers zu formen. Das verlangt nach Stoffen, die es aushalten, sich mit Dampf, Einlagen und Pikierstichen bearbeiten zu lassen. Wenn man Abb. C oben betrachtet, sieht man schon, geschneiderte Details mit fließender Charmeuse? Geht auf keinen Fall! Die Details brauchen Stand und Festigkeit, das heißt, auch ein leichter Wollkrepp, verstärkt mit einer weichen Einlage kann gut verarbeitet werden. Allerdings sollten niemals zu leichte Stoffe für diese Näharbeiten ausgesucht werden.

Schließlich sollte man sich auch einen Überblick über verschiedene Gewebearten und Webstrukturen verschaffen. Erfahrung sammelt man am besten vor Ort in einem gut sortierten Stoffgeschäft, befühlt die Stoffe und nimmt von den Favoriten Stoffproben mit nach Hause. (Ein ordentlicher Stoffladen bietet immer Musterstücke seiner Stoffe an – aber man sollte es auch nicht übertreiben mit den Gratis-Proben, und man sollte dort dann auch öfter Stoff einkaufen.) Natürlich ist das nicht für jeden eine Option, den Mangel an Stoffläden hatten wir ja bereits ... In diesem Fall: Stoffmuster von Onlineshops zuschicken lassen und einen Stoffmusterkatalog anlegen.

STOFFGLOSSAR

Seide

SHANTUNGSEIDE: Dieser glatte Seidenstoff mit leichten Fadenverdickungen ist wunderbar für steife Petticoat-Kleider geeignet.

CHIFFON: Eine leichte, fließende Seide für Tücher, Blusen oder Kleider. Es ist auch ein toller Futterstoff für Kleider; man kann statdessen aber auch auf einen meiner Vintage-Tricks zurückgreifen und schneidert ein extra Unterkleid in einer zurückhaltenden Farbe aus Seide oder blickdichter Baumwolle.

DUCHESSESATIN: Ich wünschte, ich könnte diesen Stoff jeden Tag im Jahr tragen! Aber, dieser dicke, glänzender Seidenstoff wird lieber für besondere Anlässe aufgespart. Er besteht aus steifem, festem Material.

CRÊPE DE CHINE: Ooh, dieses Gewebe ist göttlich! Ein besonderer, dicker Seidenkrepp, der luxuriös fließt und schwer fällt.

SEIDENCHARMEUSE: Dieser besonders weich fließende Stoff ist berühmt für sein Schimmern. Für einen subtileren Effekt kann man auch die mattere linke Seite des Stoffes als Vorderseite verarbeiten.

FAILLE: Ein robuster Webstoff für formale Kleidung mit charakteristischen, feinen Querrippen. Ist zumeist als Seidenstoff erhältlich, es gibt aber auch Baumwoll- und Baumwoll-Viskose-Failles, die ganz zauberhaft sind.

TAFT: Apropos steife Stoffe! Hier haben wir eine feste Seide, die raschelt, wenn man läuft.

SEIDENORGANZA: Ein leichter Stoffhauch, aus dem man umwerfende, luftig-bauschige Kleider machen kann. Ich verwende ihn in erster Linie etwas weniger glamourös: Seidenorganza ist auch ein tüchtiger Helfer der Couture-Schneiderei, denn er dient als Gewebeeinlage, Stabilisator oder Fixiereinlage (mehr dazu in Kapitel 3). Hat mehr Steifigkeit als Fluss.

Wolle

HAHNENTRITT: Einst lediglich mit der Mütze von Sherlock Holmes assoziiert, hat sich dieser Stoff in den vergangenen Jahren, besonders in schrillen Farben, die Pop-Punk-Szene erobert. (Ich denke zum Beispiel an Gwen Stefani.)

WOLLTWEED: Dieses Material eignet sich besonders gut für maßgeschneiderte Projekte. Tweed formt schön und die unruhige Musterung kaschiert jede Unregelmäßigkeit, die einem beim Pikieren unterlaufen kann (siehe Seite 80). Hurra!

WOLLKREPP: Wer passgenaue, eng anliegende Etuikleider mag, wird diesen Stoff lieben. Er fließt locker und besitzt eine leichte, elastische Textur. Erhältlich in vielen Farben und relativ einfach zu verarbeiten.

GABARDINE: Dieser geschmeidige Wollstoff hat ein wenig mehr Stand und Festigkeit als Wollkrepp. Eignet sich hervorragend für maßgeschneiderte Hosen und Jacketts.

DOUBLEFACE-STOFF: Bestehen aus stabilen Fasern, das heißt, die Stoffe haben weniger stretchig-fließende Eigenschaften und sind steifer als Jersey-Stoffe. Dennoch lassen sie sich wie Webstoffe schön für fließende Röcke, Blusen und Kleider verarbeiten. Es gibt sie als Woll- oder Synthetikgemische, und sie eignen sich gut zum Schneidern von kuscheliger, komfortabler Winterkleidung.

WOLLFLANELL: Der klassische Stoff, bestens geeignet um Applikationen maßzuschneidern und auch perfekt für selbst genähte Business-Outfits.

WOLLWALK: Ein gefilzter Wollstrickstoff, der generell dick, aber eher fließend und stretchig ist. Er ist perfekt für körperumschmiegende Bleistiftkleider.

FRIES: Der Oberbegriff für dicke, warme Stoffe, aus denen man Wintermäntel macht. Mein Lieblingsstoff ist ein Woll-Kaschmir-Gemisch. Göttlich!

BOUCLÉ: Ein geschlungenes, bequemes Gewebe und Star der gequilteten Chanel-Kostüme. Ein fließender Wollstoff, daher nicht zu empfehlen für knifflige maßgeschneiderte Designs.

WOLLSATIN: Die Königin der Wollstoffe! Wollsatin hat einen schönen Glanz und Fall und kann sowohl für maßgeschneiderte Kleider aber auch für eine Abendgarderobe zum Einsatz kommen.

WOLLJERSEY: Dieser angenehme Wollstoff ist sehr beliebt als Vintage-Stoff. Am besten nach robustem Wolljersey wie Doubleface-Stoffen Ausschau halten.

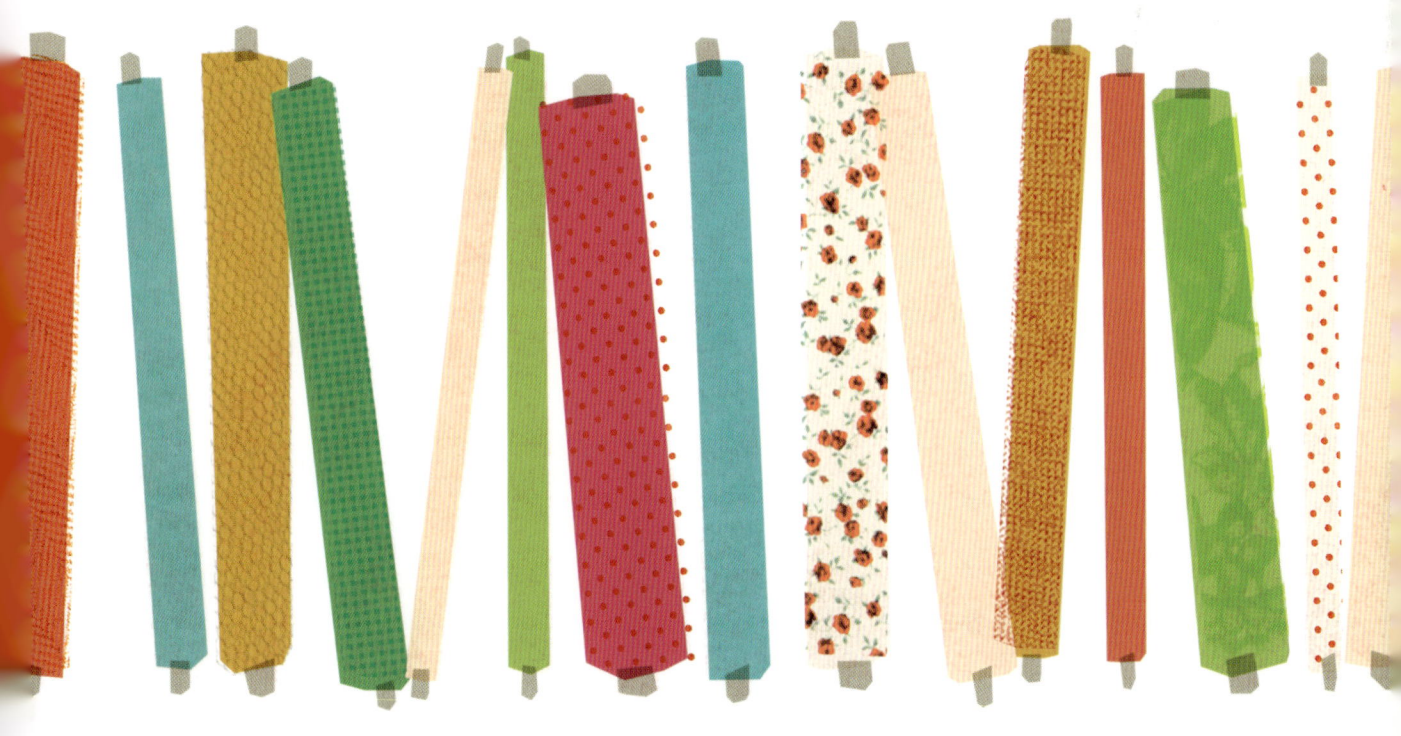

CHALLIS AUS WOLLE: Dies ist die leichteste Variante von Wolle, sehr fein und fließend und manche schimmern auch.

Baumwolle, Leinen und Viskose

VOILE: Ein traumhaftes Gewebe! Ein seidig schimmernder Baumwollstoff, der ganz wunderbar fällt und fließt. Wird oft mit Seide gemischt.

VICHY-KAROBAUMWOLLSTOFF: Meiner Meinung nach ein feines Stöffchen. Erhältlich in Unmengen von Farbvarianten und verschiedenen Karo-Größen von klitzeklein bis riesengroß. Besteht zu 100 Prozent aus Baumwolle oder ist ein Polyester-Baumwoll-Gemisch. Perfekt geeignet für Sommerkleider.

BAUMWOLL-PIQUÉ: Ein strukturreicher Baumwollstoff, in verschiedenen Schweren erhältlich. Für Blusen und Sommerkleider die leichteren nehmen und für Hosen, Röcke und Businesskleidung die dickeren.

DOTTED-SWISS-BAUMWOLLE: Ein hübscher Baumwollstoff mit kleinen, noppenähnlichen, aufgestickten Punkten. Er glänzt ein wenig und ist in vielen Farben erhältlich. Ich benutze ihn gerne Sommerblusen und Kleider.

ORGANDY: Ist Organza sehr ähnlich, aber aus Baumwolle hergestellt und fühlt sich etwas fester an. Hat Glanz und überrascht mit unerwarteter Steifigkeit.

BAUMWOLL-TWILL: Sehr langlebig und haltbar und daher gut geeignet für Unterwäsche, besonders, wenn etwas Lycra für den Tragekomfort mit verarbeitet wurde.

BATIST: Ein leichter, seidiger, angenehmer Baumwollstoff für Shirts und Kleider. Sehr bekannt sind die bezaubernden Liberty Stoffe mit ihren Vintage-Prints aus Tana Lawn-Batist.

LOCHSTICKEREI-STOFFE: Spitzenartiges, weiches, fließendes Gewebe, passt wunderbar für Sommerkleider und Blusen. Entweder verstärkt man es mit einer Gewebeeinlage, damit es blickdicht wird, oder trägt hübsche Unterwäsche darunter. Die reich bestickten Sorten machen sich gut für formale Kleidung wie Jacketts.

BAUMWOLLSATIN: Dicker, glänzender, steifer Stoff, der sich sehr schön zu Petticoat-Röcken und -Kleidern verarbeiten lässt.

LEINEN: Rustikal und kühl, wunderbar für sommerliche Petticoat-Outfits. Ich persönlich finde Leinen-Viskose-Mischgewebe toll, weil sie nicht so knittern und sich ein wenig weicher anfühlen als pures Leinen.

VISKOSE: Grundsätzlich ein fließender Faserstoff, besonders populär in den 40er-Jahren. Mir gefallen dicke Viskose-Krepp-Stoffe für fließende Kleider und dünner, bedruckter Viskose-Challis für Blusen.

Besondere Stoffe

CHANTILLY-SPITZE: Dieses traumhafte Klöppelspitze ist zart, filigran und oft mit floralen Mustern versehen. Echte französische Chantilly-Spitze wird an speziellen Webstühlen gefertigt und ist schmaler als herkömmliche Stoffe. An einer kleine Eckeinfassung, deren Fasern wie Wimpern aussehen, erkennt man, ob man es mit qualitativ hochwertiger, echter Spitze zu tun hat. Eines Tages werde ich mir ein Petticoat-Kleid aus Chantilly-Spitze mit U-Boot-Ausschnitt und Dreiviertel-Ärmeln nähen.

BROKAT: Reich strukturierter, manchmal steifer Stoff, oft mit Metallfäden durchwebt. Himmlisch für ein schulterfreies 50er-Jahre-Partykleid. Seidenbrokat ist hinreißend, es gibt aber auch hübsche synthetische Brokatstoffe.

ALENÇON: (ah-LON-sahn) Eine robustere Spitze mit gerippter Struktur, oft verziert mit Glasperlen und Pailletten.

GUIPURE: (gee-PURE) Sehr strapazierfähige Spitze, hat nicht die für Chantilly und Alençon typische Netzstruktur. Wunderbar als Passe für ein Kleid oder eine Bluse, die Kanten an Hals und Armausschnitten sollten aber mit Schrägband eingefasst werden.

TÜLL: Welcher Stoff ist charakteristischer für die 50er-Jahre als Tüll? Dieses Gewebe ist das beste Material für Petticoat-Unterröcke. Für diese Krinolinen sollte man einen steiferen Tüll wählen. Normalerweise besteht Tüll aus Nylongewebe, es gibt aber auch weiche Varianten aus Baumwolle oder Seide. Aus Baumwolltüll bestanden Diors berühmte Mieder für Abendkleider, weil es ein atmungsaktiver und leichter Stoff ist. In der Vintage-Schneiderei findet ebenfalls Seidentüll Verwendung, aber heutzutage ist dieses Material sehr selten und teuer.

Gewirkte Stoffe

Einige moderne Schneiderinnen lieben Wirkwaren wegen ihres Tragekomforts und der schnellen Verarbeitung von zum Beispiel Jerseystoffen. Unser heutiger Jersey unterscheidet sich jedoch sehr von den Jerseystoffen aus der Mitte des 20. Jahrhunderts. Auf Vintage-Schnittmustern wird Jersey neben Shantungseide und Popeline als Stoffoption aufgelistet. Dies deswegen, weil Jersey, typisch für Wolle, ziemlich fest beschaffen war. Er war auch nicht so elastisch wie die modernen Synthetik-Gemische und konnte genäht werden wie ein Webstoff. Die heutigen Doubleface-Stoffe kommen dem Vintage-Jersey sehr nahe. Ein moderner dünner Jerseystoff würde für viele alte Schnittmuster nicht funktionieren, er wäre zu schlüpfrig. Will man einen Webstoff durch einen gewirkten Stoff ersetzen, sollte man ihn probehalber mit den Händen lang ziehen, wenn er nur ein wenig nachgibt, kann man ihn verwenden.

Vintage-Stoffe

Vintage-Stoffe sind natürlich ein gute Wahl, wenn man Vintage-Mode schneidern möchte. Außerdem sollte man die Augen offenhalten nach hübschen Retro-Details, besonders nach allem, was bestickt ist oder oder ein auffälliges Stoffdesign besitzt. Und auch darauf muss man achten:

HALTBARKEIT: Unsachgemäße Lagerung tut Stoffen nicht gut. Um sicherzugehen, dass ein Vintage-Stoff noch in Ordnung ist, zieht man ihn vorsichtig mit den Händen lang; er sollte sich dann nicht anfühlen, als ob er jeden Moment reißt. Außerdem mit dem Fingernagel über die Oberfläche kratzen. Hat der Stoff danach keine abgenutzten Stellen oder lose Fäden, ist er noch gut.

BREITE: Vintage-Stoffe liegen mit 92 cm oder 99 cm Breite viel schmaler als moderne Stoffe (1,15 m oder 1,50 m). Beim Einkauf muss man das berücksichtigen. Die schmalen Stoffe eignen sich besser für Projekte wie Blusen. Für Tellerröcke muss man den Stoff quer zum Fadenlauf auslegen (siehe Seite 45). Hat man zu wenig Stoff oder er ist zu schmal für ein komplettes Kleidungsstück, kann man ihn für Details wie Passen, Paspeln, Taschen oder Schrägband nutzen.

SAUBERKEIT: Vintage-Stoffe können verunreinigt und staubig sein. Manchmal lässt sich ein hartnäckiger Fleck aber mit einer gut platzierten Brosche oder einem Knopf kaschieren. Staubige, muffige Stoffe werden wie neu, wenn man sie mit schonendem Waschmittel einweicht und durchwäscht. Kleine Mottenlöcher wird man durch geschicktes Zuschneiden los.

Futterstoffe

Futterstoffe sind spezielle Stoffe. Ich verwende gerne ein besonderes Viskosemischgewebe, *Ambience Rayon Bemberg*. Viskose-Futterstoffe sind angenehm zu tragen und in vielen Farben erhältlich. Aber im Prinzip kann jeder Stoff als Futterstoff genutzt werden, solange er eine seidige Struktur hat und robust ist, so zum Beispiel auch eine schwere Seide wie bedruckte Charmeuse. Steifere Stoffe wie Taft bringen als Futterstoff fester strukturierte Kleidungsstücke wieder in Form.

Baumwolle ist ein wunderbares Futtermaterial für Sommerkleider, obwohl sie nicht so schmeichelt und fließt wie Seide oder Viskose. Aber sie ist luftdurchlässig und lässt die Haut atmen, gerade wenn man ein eng anliegendes Kleid trägt (Seide und Viskose kleben eher an der Haut, Türkis!). Bei Röcken sollte der Futterstoff von seiner Fließbeschaffenheit mit dem Oberstoff übereinstimmen.

Nützliche Stoffe

NESSEL: In der professionellen Schneiderei unerlässliches Hilfsmittel zum Herstellen von Probekleidungsstücken. Es gibt diesen ungebleichter Baumwollstoff in drei Stärken (leicht, mittel und schwer). Je nach Stoffbeschaffenheit des richtigen Stoffs sollte man den Nessel auswählen. Er lässt sich ebenfalls gut zum Einnähen von Einlagen und Verstärkungen verarbeiten.

BATIST: Ein dünner, fließender Baumwollstoff, seht gut geeignet als Stoffverstärkung bei durchsichtigen Kleidern.

SEIDENORGANZA: als Bügelschutz, Verstärkung, Fixiereinlage: Dieses Gewebe kann alles!

Die Welt in Retro-Farben

Einer der tollsten Aspekte am Nähen: Den eigenen Ideen hinsichtlich von Farbkreationen sind keine Grenzen gesetzt, wie schrill auch immer die Vorlieben sein mögen: Kaugummirosa und Magenta miteinander kombinieren? Klar, geht ohne Weiteres!

Ich selbst liebe knallige, bunte Farbzusammenstellungen. Zum Beispiel kombiniere ich zu einem lilafarbenen Kleid pinke Pumps und eine gelbe Handtasche. Für mich ist Farbe aber nicht nur ein großartiges Stimmungsbarometer. Weil ich blasse Haut und dunkle Haare habe, stehen mir bunte, kräftige Edelsteinfarbtöne einfach am besten. Um herauszufinden, welche Farben gut zu einem passen, kann man Stoffproben vor dem Spiegel ausprobieren. Welche bringen den Hautton am vorteilhaftesten zur Geltung? Welche lassen das Gesicht müde und bleich wirken? Mal darauf achten! Und beim Stoffeinkauf den Stoff immer vor einem Spiegel ans Gesicht halten, bevor man ihn kauft.

Viele Farben stehen synonym für große Momente der Modegeschichte: Denken wir nur mal an Valentino-Rot oder Schiaparelli-Pink. Generell sind Retro-Farbkombinationen gewagter als heute, und auch dies macht den Charme des Nähens von Vintage-Mode aus.

Hier kommen einige Tipps zum Ausprobieren von neuen Farbzusammenstellungen:

1. Schwarz-Weiß-Prints als neutrale Basis. Dazu irgendeine schrille, freche Farbe kombinieren und man hat einen superfröhlichen Look. (Ich persönlich liebe Punkte-Prints dafür.)

2. Auf Ton-in-Ton setzten. Zwei Kleidungsstücke in der gleichen Farbe, aber mit unterschiedlicher Tönung zusammen anziehen. Ganz einfach geht das mit Cardigan oder Jackett zu selbst geschneidertem Kleid oder Bluse: zum Beispiel ein smaragdgrünes Kleid mit einem mintgrünen Cardigan oder eine kräftig-korallenfarbene Bluse mit einer sanft-melonenfarbenen Strickjacke.

3. Hingucker-Schuhe inszenieren. Wie wäre es mit einem Vichy-Karo-gemusterten Rock in Schwarz-Weiß zu pinken High Heels? Navy-Grün passt gut zu hellgrünen Pumps; und ich habe ein mokkabraunes Wollkleid, zu dem ich gerne kirschrote Schuhe trage.

4. Freche Prints in Primärfarben auf weißem Hintergrund. Blumen und Früchte sind Retro-Klassiker.

5. Von Vintage-Bildern zu ungewöhnlichen Farbkombinationen inspirieren lasse. Zum Beispiel Türkis mit Pflaume, Zitronengelb mit Navy-Grün und helles Pink mit kräftigem Rot.

Kleidung waschen und Stoff vorbehandeln

Was bereitet Schneiderinnen mehr Sorge als dieses Thema! Vorbehandeln oder Vorwaschen von Stoff ist sehr wichtig. Ansonsten kann der Stoff später einlaufen, ausbluten, die Einlagen aufblähen und sich allgemein ganz anders anfühlen und fallen. Ganz ehrlich, das alles möchte man nicht erst herausfinden, nachdem man bereits tage-, wochenlang oder sogar monatelang an einem Kleidungsstück genäht hat.

Bevor wir zum Wesentlichen kommen, ist noch eine Vorüberlegung wichtig, nämlich wie man im Allgemeinen seine Kleider reinigt. Wer zum Beispiel grundsätzlich mit der Hand wäscht, sollte auch seine Stoffe vor dem Nähen mit der Hand waschen.

Ich habe sehr unkonventionelle Ansichten, was dieses Thema angeht, aber, ich bin eine große Verfechterin des Waschens mit der Hand. Da ich feine Stoffe benutze und vieles von Hand nähe, bis hin zu ausgefallenen Knöpfen und Rosshaareinlagen, möchte ich nicht, das all dies in der Waschmaschine herumgeschleudert wird.

Allerdings wasche ich meine Sachen auch nicht so häufig, vielleicht ein paar Mal in der Saison. Stattdessen finde ich es empfehlenswert, Achselpads zu benutzen, kleine Einlagen, die den Schweiß aufsaugen, bevor er auf der Kleidung unschöne Flecken und Gerüche hinterlassen kann. Diese Schweißeinlagen gibt es seit dem 19. Jahrhundert, und man kann sie auch heutzutage noch kaufen. Man befestigt sie mit ganz kleinen, feinen Stecknadeln in der Nahtzugabe der Armausschnitte. Nach Bedarf entfernt man sie wieder vom Stoff und wäscht sie, aber nicht das Kleidungsstück. (Genial, oder?) Wenn der Kleiderstoff einen kleinen Fleck hat, lieber punktuell mit einem sanften Reinigungsmittel, das nicht ausgespült werden braucht, den Fleck entfernen, als gleich das ganze Stück zu waschen.

Aber irgendwann ist natürlich großer Waschtag. Dann eignen sich schonende Handwaschmittel, wie zum Beispiel Eucalan und Soak, die man nicht ausspülen muss. Eine Waschschüssel mit kaltem Wasser füllen, einen Teelöffel Waschmittel hineingeben und das Kleidungsstück einweichen. Es dabei nicht durchwalken, sondern nur ein paar Mal auf und ab tauchen. Aus dem Wasser nehmen und behutsam pressen (nicht wringen). Und, wie gesagt, ausgespült werden muss nicht! Anschließend das Kleidungsstück in ein Handtuch einrollen und das überschüssige Wasser herausdrücken, danach flach ausbreiten (wenn es ein wenig aus der Form geraten oder ausgeleiert sein sollte) oder zum Trocknen aufhängen (wenn es Festigkeit und Stand hat).

Darüber hinaus ist die chemische Reinigung eine weitere Möglichkeit, um selbst genähte Sachen sauber zu bekommen. Ich nutze sie für Oberteile mit Metallösen, Kostüme sowie Mäntel und Jacketts. Für Maschinenwäsche geeignet sind robuste Baumwollsachen, die hauptsächlich mit der Nähmaschine gemacht worden sind.

ACHSELPADS SELBER MACHEN

Ein Schnittteil zeichnen, dass die halbmondförmige Form vom Armausschnittes des Kleidungsstückes wiedergibt. Rundherum eine Nahtzugabe von 6 mm dazugeben. Fertig ist die Vorlage! Das Schnittteil achtmal aus Oberstoff zuschneiden (oder einem anderen Stoff, dann am besten Baumwolle nehmen) und dann noch viermal aus einem saugfähigen Material wie Baumwollflanell. Die Kanten aller Stücke mit Zickzackstich versäubern und die Lagen durch eine Mittelnaht verbinden. Für eine sauberere Verarbeitung kann man sie auch rechts auf rechts zusammennähen und eine Wendeöffnung lassen, das Ganze wenden und die Öffnung mit überwendlichen Stichen schließen. Dann können die Achselpads im Outfit festgesteckt oder geheftet, und, wenn nötig, separat gewaschen werden.

Und nun zum Vorbehandeln der verschiedenen Stoffarten:

WOLLE

Ich liebe es mit Wollstoffen zu nähen, aber die Pflege hat so ihre Tücken, da Wollstoffe enorm einlaufen und in nassem Zustand nicht zu sehr gepresst werden dürfen, weil sie sonst filzen. (Was für ein temperamentvolles Material!) Folgendes gilt es zu beachten:

1. Den Wollstoff zur chemischen Reinigung bringen und darum bitten, dass er unter der Dampfbügelpresse gedämpft wird (ohne Knitterfalten). Durch diesen Vorgang ist der Stoff einlaufvorbehandelt.

2. Selber mit Dampf bügeln – eine preiswerte Alternative für alle, die viel Zeit und wenig Geld haben. Den Stoff vorsichtig, mit viel Dampf und zusätzlich einem feuchten Bügeltuch auf der linken Seite dämpfen, das Bügeleisen darf das Material kaum berühren. Danach den gedämpften Stoff nicht über dem Bügelbrett hängen lassen, er leiert sonst aus. Lieber auf einem Tisch ausbreiten. Und nebenbei zur Inspiration alte Filme anschauen!

SEIDE

Seide läuft nicht übermäßig ein, insofern muss sie nicht unbedingt vorbehandelt werden. Dennoch, das Waschen verändert ihre Beschaffenheit und es ist besser, vor dem Nähen zu wissen, womit man es zu tun bekommt. In jedem Fall sollte sie per Hand gewaschen werden (dazu siehe Seite 40).

BAUMWOLLE

Baumwollstoffe laufen in der Regel etwas ein. Robustere Gewebe wie Twill oder Segeltuch können in der Waschmaschine gewaschen werden (die Kanten sollten immer mit Zickzackstich versäubert sein, sonst fransen sie aus). Empfindlichere Materialien wie Voile und Batist müssen von Hand gewaschen werden.

VISKOSE

Viskose läuft beim Waschen ebenfalls etwas ein und verändert auch ein wenig ihre Beschaffenheit. Ebenfalls besser per Hand als in der Maschine waschen.

EINLAGEN UND FUTTERSTOFFE

Auch diese Materialien müssen einlaufvorbehandelt werden! Futterstoffe je nach Faserart, und eingenähte Einlagen mit dem Dampfbügeleisen (vorher per Sprühflasche mit Wasser benetzen).

Bei aufbügelbaren Einlagen geht man folgendermaßen vor: Nach Zuschneideplan ausschneiden, mit der Klebeseite nach unten auf die Schnittteile auflegen und reichlich mit der Sprühflasche besprühen. Anschließend mit Seidenorganza (als Bügelhilfe) abdecken und dann das Bügeleisen auflegen; dabei mit der niedrigsten Temperatur beginnen und steigern, wenn die Einlage nicht fest haftet. Zehn Sekunden pressen, ohne das Bügeleisen zu bewegen, die Temperatur höher schalten und wiederholen. Dies stellt sicher, dass die Einlage beim Waschen weder einlaufen, noch abfallen oder Blasen schlagen wird.

DAS TESTSTÜCK

Wer unsicher ist, wie ein bestimmtes Material vorbehandelt werden sollte, probiert es erst einmal an einem Teststück. Dazu ein 10 cm x 10 cm großes Stück Stoff oder Einlage zuschneiden und nach dem Vorbehandeln prüfen, 1. ob sich die Stoffbeschaffenheit verändert hat und 2. wie sehr das Material eingelaufen ist. Wenn das Testergebnis nicht mit ungeahnten Überraschungen aufwartet, kann der Stoff für das Projekt in Angriff genommen werden.

Nun haben wir alle Utensilien und den vorbereiteten Stoff beisammen, und es wird Zeit, tiefer in die Welt der Vintage-Schneiderei einzutauchen, und all die wunderbaren Nähtechniken genauer zu betrachten, die ein Kleidungsstück zum Leuchten bringen. Schnappen wir uns eine Tasse Kaffee oder eine andere Stärkung und los geht's!

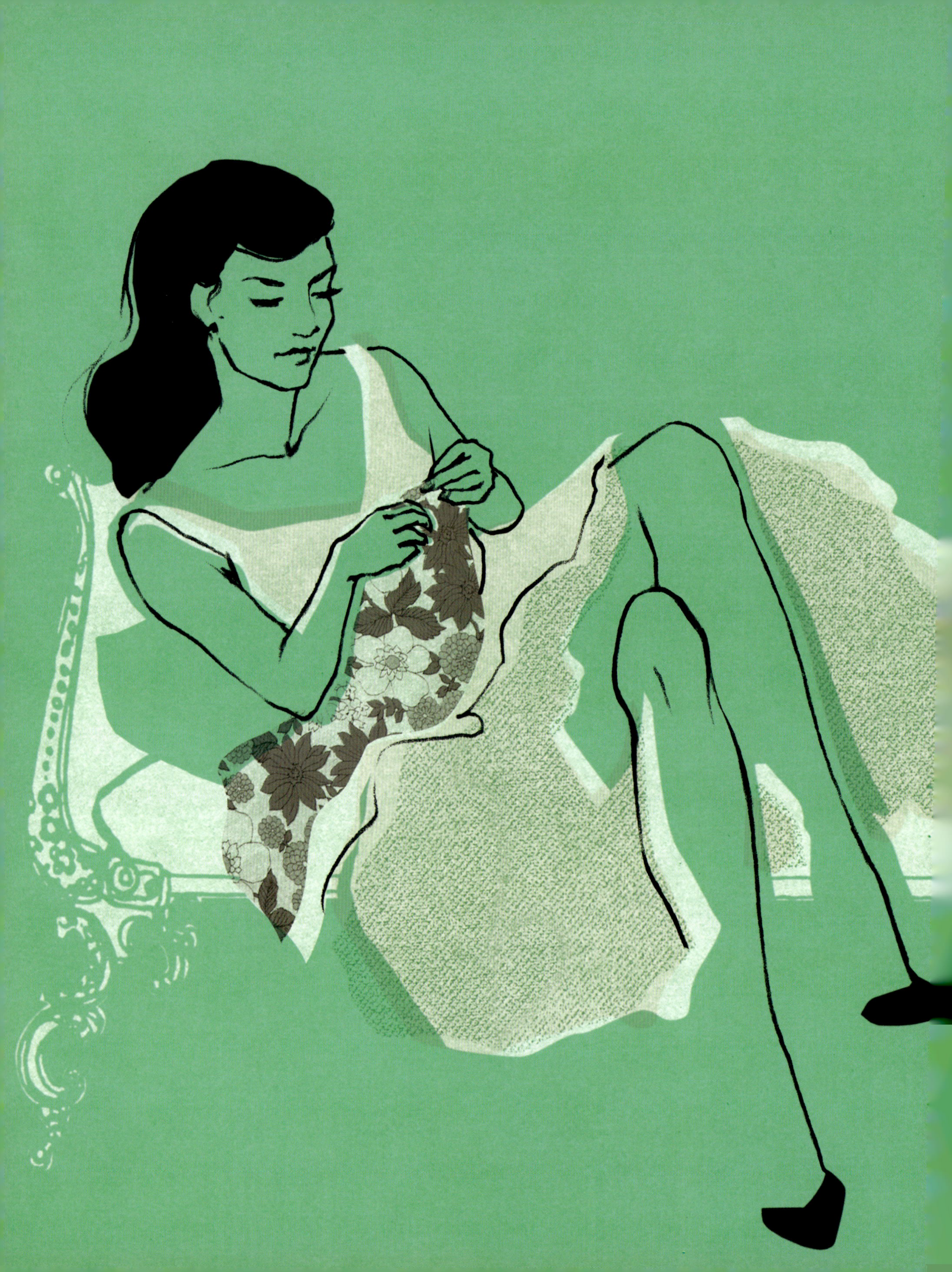

KAPITEL DREI

Nähtechniken

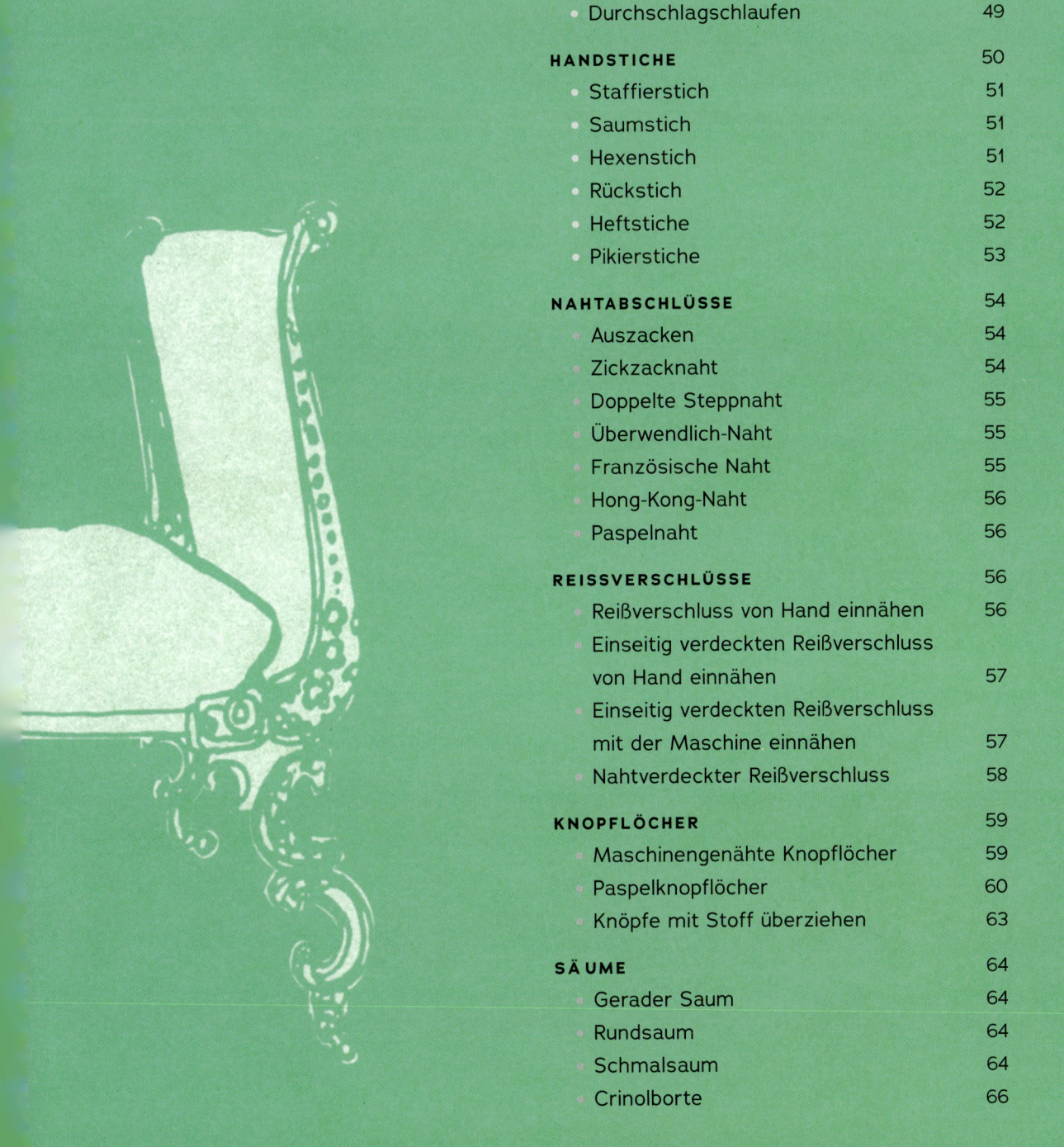

ZUSCHNEIDEN/MARKIEREN	45
• Fadenlauf und Webrichtung	45
• Durchschlagschlaufen	49
HANDSTICHE	50
• Staffierstich	51
• Saumstich	51
• Hexenstich	51
• Rückstich	52
• Heftstiche	52
• Pikierstiche	53
NAHTABSCHLÜSSE	54
• Auszacken	54
• Zickzacknaht	54
• Doppelte Steppnaht	55
• Überwendlich-Naht	55
• Französische Naht	55
• Hong-Kong-Naht	56
• Paspelnaht	56
REISSVERSCHLÜSSE	56
• Reißverschluss von Hand einnähen	56
• Einseitig verdeckten Reißverschluss von Hand einnähen	57
• Einseitig verdeckten Reißverschluss mit der Maschine einnähen	57
• Nahtverdeckter Reißverschluss	58
KNOPFLÖCHER	59
• Maschinengenähte Knopflöcher	59
• Paspelknopflöcher	60
• Knöpfe mit Stoff überziehen	63
SÄUME	64
• Gerader Saum	64
• Rundsaum	64
• Schmalsaum	64
• Crinolborte	66

Für das Vintage-Nähen muss man bestimmte Nähtechniken beherrschen. Viele Handstiche und anspruchsvolle Verarbeitungsmethoden sind vergleichbar mit der Schneiderkunst der Haute Couture. Die Techniken sind im Grunde nicht schwer, aber sie brauchen Zeit und müssen sorgfältig ausgeführt werden. Am besten probiert man an jedem neuen Projekt gleich eine neue Technik aus, und ehe man es sich versieht, ist man schon ein kleiner Profi!

Denjenigen, die noch nie professionell geschneidert haben, wird all die Handarbeit vielleicht abschreckend und mühsam erscheinen. Schülerinnen in meinen Kursen sage ich dazu erstens immer, dass das Nähen von Hand das Nähen mit der Maschine unterstützt, es soll es nicht ersetzen. Und zweitens, es braucht sich niemand Sorgen zu machen, weil die Stiche nicht „perfekt" gelingen. Oder, wie es im *Vogue's Book for Better Sewing* über das Herstellen von Durchschlagschlaufen formuliert ist: „Machen Sie sich keine Sorgen – oder wundern sich, was schief gegangen ist – wenn Ihre Durchschlagschlaufen nicht so dick und chic aussehen wie unsere hier gezeigten. Nichts ist falsch. Unsere sind eben die Vision eines Künstlers davon, wie Durchschlagschlaufen aussehen sollten."

Professionelles Schneidern ist so ein weites Feld, und ich bin sicher, ich werde immer etwas Neues entdecken, ohne dass mir jemals langweilig werden wird. Deswegen kann ich jedem nur eindringlich raten, sich mit den Nähtechniken auseinanderzusetzen und weiterzubilden; dazu stehen auf Seite 202 weiterführende Quellen und Links.

Zuschneiden/Markieren

FADENLAUF UND WEBRICHTUNG VERSTEHEN

Gewebte Stoffe werden an Webstühlen hergestellt; für gewöhnlich werden Kettfäden (die Fäden, die längs über den Webstuhl gehen) mit einem oder mehreren horizontalen Schussfäden verwebt. Das fertige Gewebe hat dann das, was man den Fadenlauf nennt, also eine Webrichtung. „Gerader Fadenlauf" bedeutet dementsprechend, dass der Faden längs in Richtung der Kettfäden des Stoffes (parallel zu den Webkanten, also den seitlichen Abschlusskanten des Stoffes, können nicht ausfransen) läuft. Zieht man in dieser Richtung am Stoff, fühlt er sich fest an. Im Gegensatz dazu ist der Stoff „quer zum Fadenlauf" gezogen (also mit den Schussfäden, die in Querrichtung verlaufen) ein wenig nachgiebiger. Zusätzlich zu diesen beiden gibt es noch die Bezeichnung „schräg zum Fadenlauf" (also diagonal zwischen längs und quer verlaufend), auch „Diagonalschnitt" genannt. In diese Richtung gezogen ist der Stoff extrem elastisch!

Stoffdesigner und Schnittkonstrukteure nutzen diese charakteristischen Webeigenschaften für ihre Kreationen. Je nachdem, wie die Schnittteile auf dem Stoff positioniert werden, mit dem Fadenlauf, quer zum Fadenlauf oder schräg zum Fadenlauf, hat das verschiedene Effekte für das Endergebnis. Auf Schnittmustern gibt es für den Fadenlauf Markierungen; auf modernen Schnittmustern ist es eine gedruckte Fadenlauflinie (normalerweise ein langer Pfeil), auf Vintage-Schnittmustern sind es zwei große perforierte Kreise in der Mitte des Schnittteils (siehe auch Seite 19). Die Schnittteile werden gemäß Zuschneideplan und Fadenlaufanweisung auf dem ausgebreiteten Stoff ausgelegt.

Im geraden Fadenlauf (also parallel zur Webkante) konstruierte Schnitte kommen am häufigsten vor. Das ist so lange in Ordnung, bis man, zum Beispiel an Hüfte, Po oder Bauch, doch mal etwas mehr Platz zum Atmen gebrauchen könnte und sich den Schnitt etwas nachgiebiger quer zum Fadenlauf konstruiert wünscht.

Bei quer zum Fadenlauf konstruierten Schnitten werden die Schnittteile senkrecht zur Längsseite und den Webkanten ausgerichtet. Das ist praktisch bei sehr großen Schnittteilen, zum Beispiel einem Tellerrock (siehe Seite 102).

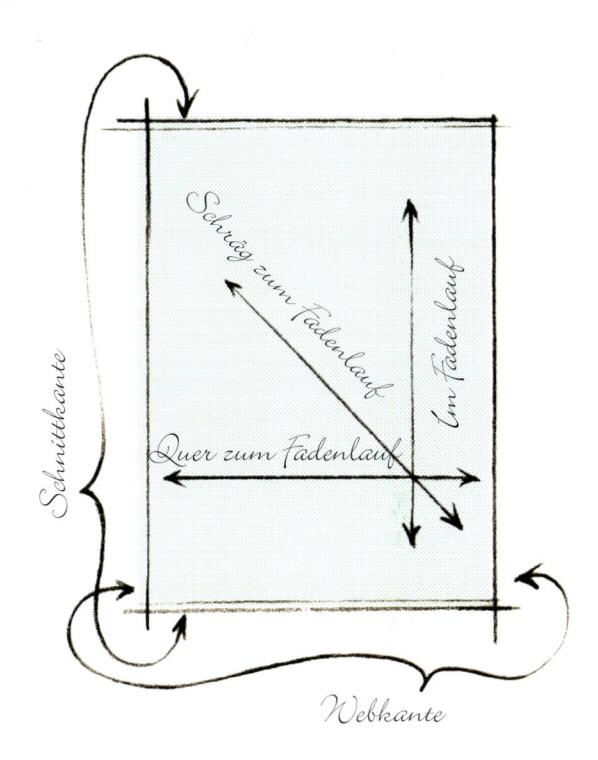

Bei schräg zum Fadenlauf zugeschnittenen Schnittmustern ist der Stoff dehnbar und schmiegt sich wunderbar dem Körper an. Am besten erreicht man diese Eigenschaften, wenn man exakt im 45-Grad-Winkel schneidet. Diesen Effekt nutzen Modedesigner schon seit Jahrhunderten für Figuren schmeichelnde Kleider, verführerische Dessous und sogar Kleidungsstücke, die keine Verschlüsse benötigen, so elastisch sind sie. (Wer mag, schaue sich die göttlichen Kleiderkreationen von Madelaine Vionnet an, wo der Diagonalschnitt auf bewundernswerte Weise zum Einsatz kommt.)

Der Pferdefuß: Schräg zugeschnittener Stoff neigt zum Längen und Verziehen. Am stärksten leiert er am ersten Tag aus. Deswegen sollte man alle im schrägen Fadenlauf zugeschnittenen Kleidungsstücke (auch Tellerröcke) für mindestens 24 Stunden aushängen lassen, bevor man sie säumt. Beim Aushängen kann man beobachten, wie ein (ungewollter) Zipfelsaum entsteht. Vor dem Nähen sollte er ausgeglichen werden.

Schrägstreifen herstellen und verwenden

Im schrägen Fadenlauf zugeschnittener Stoff franst nicht aus, und weil er so elastisch ist, kann man mit ihm auch abenteuerlich geformte Rundungen nähen (ganz anders als bei im Fadenlauf zugeschnittenem Stoff, der an den geraden Kanten ausfranst). Darum sind Schrägstreifen – schmale, im schrägen Fadenlauf zugeschnittene Stoffstreifen – eine tolle Erfindung. Schrägstreifen und Schrägband (hier sind die Kanten bereits nach innen gefaltet) sind eine Schlüsselmethode, um Schnittkanten und Nahtzugaben einzufassen. Man kann bereits fertiges Schrägband kaufen, oder stellt sich sein eigenes mithilfe eines Schrägbandformers her.

Beim Vintage-Nähen werden Schrägstreifen oft als Belegersatz verwendet, zum Beispiel unter einem Blusenkragen (was äußerst praktisch bei durchscheinenden Stoffen ist, durch die man den Beleg sonst sehen würde). Das funktioniert so: Einen Schrägstreifen aus dem Kleidungsstoff zuschneiden (er sollte viermal so breit sein wie die Nahtzugabe des Halsausschnitts). Dann den Kragen am Halsausschnitt festheften (Ober- und Unterkragen wie ein Teil bearbeiten) und anschließend den Schrägstreifen auf dem Kragen-Halsausschnitt auf rechts kantengenau feststecken. Nun durch alle Lagen rundherum die Halslinie steppen, die Nahtzugabe einkürzen, unterschiedlich breit zurückschneiden und in Richtung Schrägstreifen bügeln. Den Schrägstreifen jetzt nach innen falten und die Bruchkante bügeln. Dann den Streifen noch ein weiteres Mal falten, um die Nahtzugabe zu umschließen, und mit unsichtbaren Stichen von Hand innen am Halsausschnitt festnähen. Diese Methode kann man generell zum Nahtversäubern benutzen.

Sogar als bloßes, aufregendes Detail können Schrägstreifen zum Einsatz kommen. Die Designerin Mary Adams macht wunderhübsche Kleider, die Reihe um Reihe mit Schrägstreifen verziert sind.

Mit Schrägband verziertes Kleid

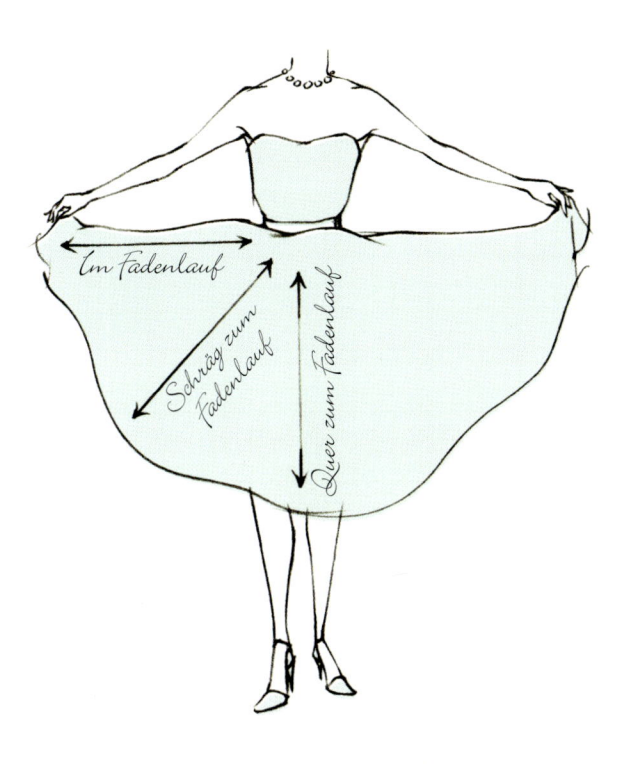

Verzogenen Stoff dehnen

Bevor man mit dem Positionieren und Zuschneiden der Schnittteile beginnt, sollte man sich vergewissern, dass der Stoff sich nicht verzogen hat. Das kann zum Beispiel nach der Produktion passieren, wenn der Stoff nicht korrekt um den Ballen gewickelt wurde (Abb. A).

Der Stoff muss vor der Verarbeitung unbedingt gedehnt werden, damit die Kanten wieder tadellos aufeinander liegen.

Den Stoff dehnt man gerade, indem man jeweils die diagonal gegenüberliegenden Ecken greift und sie auseinanderzieht. Dabei behutsam vorgehen (siehe Abb. B Seite 47). Anschließend die Ausrichtung der Schnittkante überprüfen, entweder mit der Schneidematte oder auch an einer Tischecke (siehe Abb. C Seite 47). Eventuell den Stoff vor dem Dehnen dämpfen, sodass die Fasern nachgiebiger sind. Nach dem Auseinanderziehen den Stoff auf einer flachen Unterlage trocknen lassen.

VERZOGENEN STOFF DEHNEN

A. Verzogener Nessel.

B. Vorsichtig ziehen, damit der Nessel wieder gerade wird.

C. Die Schnittkante an der Schneidematte überprüfen.

NÄHTECHNIKEN | 47

Schnittkanten begradigen

Stoff wird vom Ballen oft sehr rüde abgeschnitten, sodass eine Kante schon mal aussehen kann, als hätte ein Monster darauf herumgekaut. Er sollte aber immer eine gerade Schnittkante haben.

Dafür bieten sich mehrere Möglichkeiten an. Erstens, vorsichtig in eine der Webkanten des Stoffes schneiden, und ihn dann quer zum Fadenlauf reißen. Dazu beide Seiten des Schnittes greifen und den Stoff reißend auseinanderziehen (Abb. A). Da sich nicht alle Stoffe gut reißen lassen, folgt hier die zweite Variante: Eine Seite eines Schneiderwinkels (oder eines rechtwinkligen Dreiecks) exakt an der Webkante ausrichten, dann ergibt sich eine Linie im rechten Winkel parallel zur Schnittkante. Dort ist der gerade Fadenlauf, diesen markieren und zuschneiden (Abb. B). Drittens gibt es die äußerst akkurate Faden-Zieh-Methode. Wiederum einen kleinen Schnitt in die Webkante machen und eine Seite nach unten wegziehen. Einen der nun lose hervorstehenden Fäden greifen und mit den Fingern aus dem Stoff herausziehen (Abb. C). Wo der Faden war, ist jetzt eine „leere Linie", bzw. der gerade Fadenlauf! Daran entlangschneiden.

Jetzt ist alles bereit für den Zuschnitt! Um weiterhin sicherzustellen, dass der Stoff gerade liegt, empfiehlt sich eine gerasterte Unterlage. Die Webkante des Stoffs läuft entlang einer horizontalen Rasterlinie und die Schnittkante entlang einer senkrechten Rasterlinie.

Die Schnittteile, die auf dem ausgebreiteten Stoff positioniert werden, müssen ganz genau kontrolliert werden, damit die Fadenlaufrichtung des Stoffs mit der Fadenlaufmarkierung des Schnittmusters übereinstimmt. Das macht man, indem man das Schnittteil auf dem Stoff platziert und die Entfernung von der Fadenlaufmarkierung zur Stoffkante ausmisst. Am besten an mehreren Stellen messen, um sicherzugehen, dass es immer derselbe Abstand ist (siehe Abb. D Seite 48).

SCHNITTKANTEN BEGRADIGEN

A. Quer zum Fadenlauf reißen.

B. Den Fadenlauf mit dem Schneiderwinkel markieren.

C. Den Faden ziehen, um die Fadenlauflinie ausfindig zu machen.

D. Überprüfen, Fadenlauf bei Stoff und Schnittmuster übereinstimmen.

DURCHSCHLAGSCHLAUFEN

Als ich zum ersten Mal mit *Vogue's New Book for Better Sewing* arbeitete, war ich verwundert, wie oft die Benutzung von Durchschlagschlaufen empfohlen wurde. Hatten diese Leute noch nie von Kopierpapier gehört?! Wegen meiner Ambitionen althergebrachte Schneidertechniken verstehen zu wollen, gab ich den Schlaufen eine Chance und entdeckte, wie nützlich sie sind. Sie eignen sich perfekt für perforierte Schnittmuster. Schneiderinnen konnten die Schlaufen direkt durch die kleinen Löcher machen! Seit es gedruckte Schnittmuster gibt, sind Durchschlagschlaufen nicht mehr notwendig, aber sie können dennoch manchmal gute Dienste leisten. Zunächst, weil Kopierpapier nicht für alle Stoffe geeignet ist, besonders wenn sie eine raue, strukturierte Oberfläche haben (wie Bouclé oder Tweed). Zweitens sieht man die Schlaufen auf beiden Stoffseiten – sehr hilfreich beim Abgleichen von Markierungen. Drittens können Durchschlagschlaufen entfernt werden – sehr wichtig bei zart getönten, teuren Stoffen.

Durchschlagschlaufen lassen sich ganz einfach herstellen: Eine Nadel mit doppelt gelegtem Faden (Baumwolle oder Seide) einfädeln, am zu markierenden Punkt auf dem Schnittteil einstechen, und durch alle Lagen nähen. Die Nadel durchziehen und nochmals einen kleinen Stich an der selben Stelle setzen. Mit der Nadel wiederum durch alle Lagen nähen, jedoch den Faden nicht festziehen, sondern eine kleine Schlaufe lassen (Abb. A). Das Fadenende abschneiden, dann die Schlaufe oben durchschneiden (Abb. B). Nun vorsichtig die Stofflagen auseinanderziehen und den Faden zwischen den Lagen durchtrennen (Abb. C). So bleiben als Markierungen kleine Fadenbüschel im Stoff zurück. Müssen verschiedene Details markiert werden (wie Knopfpositionen oder Taschen), benutzt man unterschiedliche Garnfarben, um die Kennzeichnungen auseinanderzuhalten.

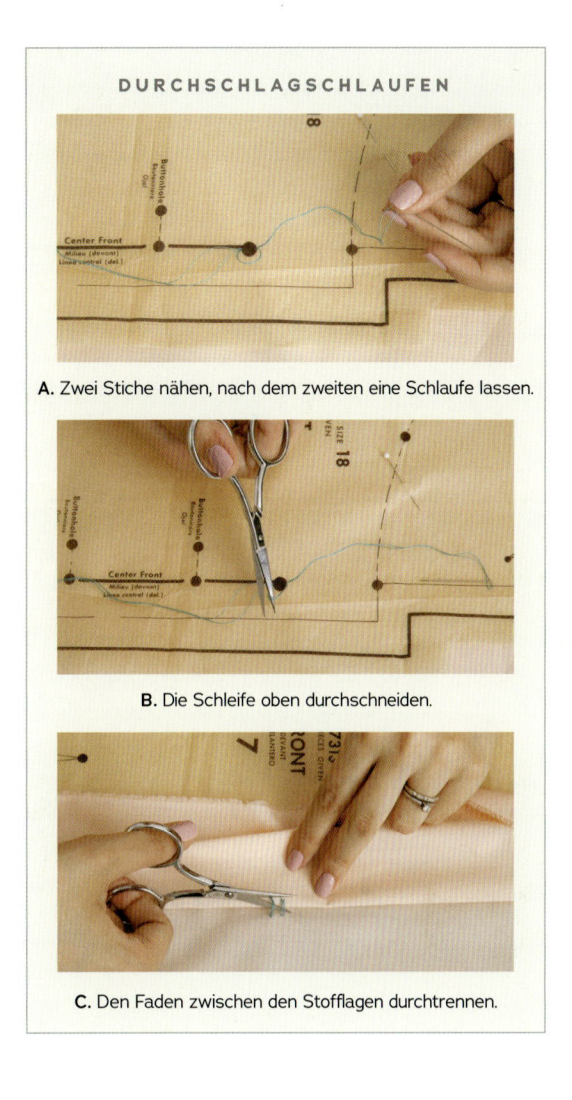

DURCHSCHLAGSCHLAUFEN

A. Zwei Stiche nähen, nach dem zweiten eine Schlaufe lassen.

B. Die Schleife oben durchschneiden.

C. Den Faden zwischen den Stofflagen durchtrennen.

Handstiche

Das Nähen von Hand ist ein entscheidendes Merkmal der Vintage- und Couture-Schneiderei. So großartig Nähmaschinen auch sind, sie können nicht das Fingerspitzengefühl der Hände ersetzen und die kleinen Ecken und Winkel der Kleidung erspüren. Besser lassen sie sich per Hand kontrollieren, und außerdem kann man Stiche arbeiten, die von außen nicht zu sehen sind. Darüber hinaus stressen Nähmaschinen den Stoff, da sie ihn mit dem Nähfuß herunterdrücken und ihn über den Transporteur jagen. Vermeiden sollte man das, wenn man kann, bei empfindlichen oder schräg im Fadenlauf zugeschnittenen Stoffen, und zwar mittels Nähen von Hand. Im folgenden beschreibe ich die Stiche, die ich häufig verwende und erkläre, wozu und warum.

NADEL UND FADEN VORBEREITEN

Für die meisten Handnähstiche braucht man einen einfachen (keinen doppelt gelegten) Faden. Damit sich nichts verheddert, sollte das Stück recht kurz sein – ungefähr so lang wie von den Fingerspitzen bis zum Ellbogen. Zum Nähen benutze ich am liebsten Seidengarn, weil es leicht durch den Stoff gleitet. Um den Faden leichter handhabbar zu machen, kann man ihn durch geschmolzenes Bienenwachs ziehen. (Das Wachs mit dem Bügeleisen schmelzen, die Masse zum Schutz in ein Bügeltuch wickeln, so sind Bügeleisen und Bügelbrett geschützt.) Der Faden fühlt sich nach dem Wachsbad fest an und verwickelt sich nicht mehr so schnell. Um einen Knoten herzustellen, mit der linken Hand das Fadenende ein paar Mal um die Zeigefingerspitze der rechten Hand wickeln (Abb. A). Dann den Faden mithilfe des Daumens von der Zeigefingerspitze rollen (B). Das Gespinst am Ende des Fadens nun zusammenziehen (Abb. C). Ta-da, ein dicker kleiner Knoten ist fertig! Als Alternative zum Knoten kann man auch eine Reihe von Heftstichen aufeinander nähen, um das Fadenende zu fixieren.

Und noch etwas muss geklärt werden: Fingerhut, ja oder nein? Ich persönlich verzichte auf ihn, auch wenn ich durch dicke Stofflagen nähe, etwa bei einem Wollmantel, und mehr Druck auf der Nadel benötige. Aber ich kenne andere Schneiderinnen, die überhaupt nie ohne Fingerhut nähen. Am besten entscheidet also jeder für sich. Wer einen Fingerhut benutzen möchte, steckt ihn auf den Mittelfinger der Nähhand und drückt mit ihm die Nadel durch den Stoff. Auch ein um die Fingerspitze gewickeltes dickes Pflaster macht sich dafür gut, weil es nicht wegrutscht.

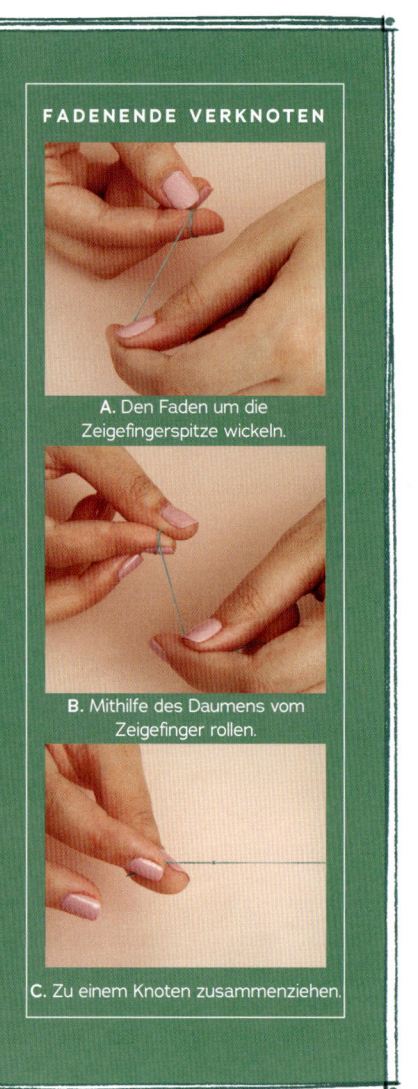

FADENENDE VERKNOTEN

A. Den Faden um die Zeigefingerspitze wickeln.

B. Mithilfe des Daumens vom Zeigefinger rollen.

C. Zu einem Knoten zusammenziehen.

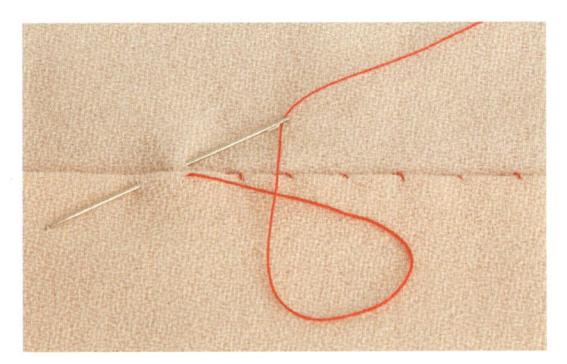

STAFFIERSTICH

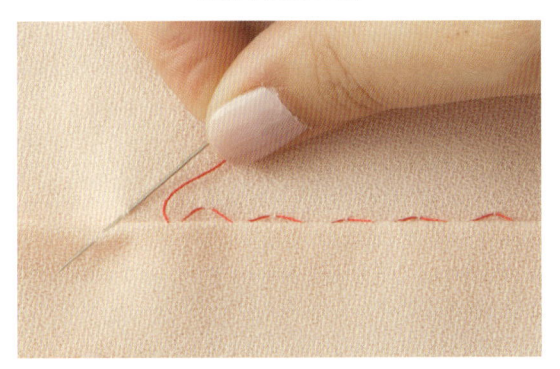

STAFFIERSTICH

Diesen Stich verwendet man, um Futter in ein Kleidungsstück zu nähen.

Zuerst den Faden verankern, indem er durch die Bruchkante des Futterstoffs gezogen wird. Dann genau gegenüber einen winzigen Stich in den Oberstoff setzen (dafür mit der Nadel nur einen oder zwei Gewebefäden aufnehmen). In einem Rutsch die Nadel zurückführen in die Bruchkante des Futterstoffs, mit etwa 6 mm Abstand, und den Faden durchziehen. So fortfahren; es entstehen nun lauter winzige parallele Stiche.

SAUMSTICH

SAUMSTICH

Im Wesentlichen geht er genau wie der Staffierstich, aber statt winzige Stiche in den Bekleidungsoberstoff zu setzen, nimmt man mit der Nadel Gewebefäden vom Futterstoff auf (mit etwa 6 mm Entfernung von Stich zu Stich und nach links ausgerichtet). Die Nadel in einem Winkel zur Stoffkante halten, wieder zurück in die Bruchkante des Futterstoffs stechen und auf diese Weise fortfahren.

Der Saumstich ist hilfreich, um Säume festzunähen, und ich benutze ihn gerne, um Belege und Futterteile an Reißverschlüssen zu befestigen.

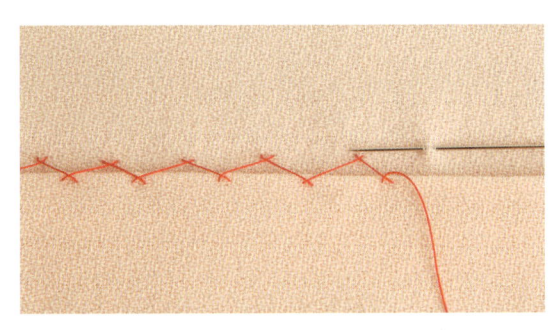

FLACHER HEXENSTICH

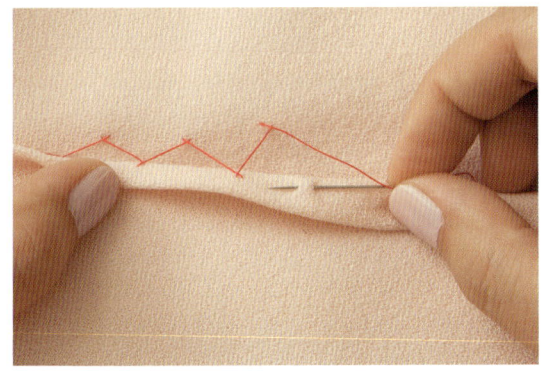

HEXENSTICH

Dieser adrette Stich kann auf zwei Wege gearbeitet werden, zum einen als flacher Hexenstich, um zwei Stofflagen miteinander zu verbinden, und zum anderen als Hexenstich zwischen zwei Lagen, mit dem man Stofflagen so zusammenfügt, dass die Stiche auf der rechten Stoffseite kaum noch zu sehen sind. Den flachen Hexenstich benutzt man beispielsweise bei einem Satinkleid mit Seidenorganza als Stoffverstärkung zum Untersteppen der Nahtzugaben in Richtung Organza, damit sie sich im fertigen Kleid nicht wulstig anfühlen. Der zweite Hexenstich ist mein Saumstich-Favorit.
Beide werden nicht, wie normalerweise üblich, von rechts nach links genäht (bzw. bei Linkshändern andersherum), sondern von links nach rechts.

HEXENSTICH ZWISCHEN ZWEI LAGEN

Der flache Hexenstich wird folgendermaßen gearbeitet: Zuerst die beiden Stofflagen übereinanderlegen und den Faden in der unteren Stofflage verankern. Dann einen winzigen waagerechten Stich in die obere Stofflage setzen, etwa 6 mm rechts von der Fadenverankerung entfernt. Anschließend einen winzigen waagerechten Stich in die untere Stofflage machen, wieder mit etwa 6 mm Abstand nach rechts. So fortfahren und die Nadel immer waagerecht führen.

Für den Hexenstich zwischen zwei Lagen die obere gefaltete Kante des unteren Stoffes (also den Saum) mit dem Daumen wegklappen, und die untere Stofflage darunter freilegen. Den Faden in der unteren Stofflage verankern und einen kleinen Stich (6 mm lang) nach rechts setzten in die freigelegte untere Lage. Die Nadel zurück in die obere Lage nach rechts stechen (ebenfalls mit 6 mm Stichlänge), und so fortfahren mit kleinen wechselseitigen Stichen. Wenn man den Saum wieder zurückklappen lässt, sind alle Stiche unsichtbar.

RÜCKSTICH

Diesen Stich zu nähen ist auf eine seltsame Weise befriedigend und macht großen Spaß. Damit die Naht gut und fest hält, sollte man den Faden doppelt legen. Am häufigsten verwende ich den Rückstich zum Einnähen von Reißverschlüssen.
Der Faden wird verankert, indem die Nadel von der linken Seite aus durch den Stoff gestochen wird.

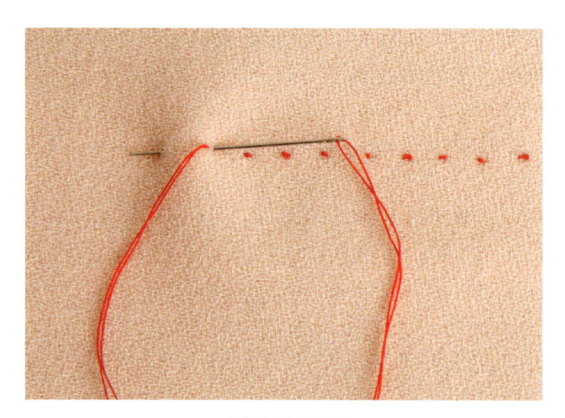

Man näht nun von rechts nach links und von der rechten Stoffseite aus, immer einmal zurück und zweimal nach vorn. Die Nadel dabei stets nur ein bis zwei Gewebefäden hinter dem letzten Ausstich wieder einstechen und ungefähr 6 mm bis 1 cm entfernt vom letzten Einstich wieder oben herauskommen lassen.

Ich benutze den Rückstich auch zum Niedersteppen von Belegen bei Hals- und Armausschnitten oder am Rockbund, damit die Belege auf der Innenseite des Kleidungsstücks bleiben. Das Niedersteppen von Hand ist gut geeignet für empfindliche Stoffe, weniger bei dicken Materialien, und es verhindert unnötige Mühe bei gerundeten Nähten.

Zum Niedersteppen den Beleg nach innen bügeln und dann möglichst nah am Saum durch Beleg und Nahtzugabe nähen, indem man eine Reihe 3 mm lange Rückstiche näht, im Abstand von etwa 6 mm zueinander. Die Nahtzugabe unterhalb aber nicht auf der Außenseite des Kleidungsstücks fassen. Die Nahtlinie sollte in der Innenseite des Kleidungsstücks verlaufen.

HEFTSTICHE

Heftstiche sind für gewöhnlich provisorische Stiche, die benutzt werden, um Stoffteile vorläufig zusammenzuhalten. Es ist zum Beispiel praktisch, vor dem Nähen eine Unterstofflage per Hand an eine Oberstofflage zu heften. Beide Lagen können dann als ein Stoffteil verwendet werden.

Zum einen gibt es den Vorstich mit 6 mm langen Stichen, die im Abstand von 6 mm gearbeitet und dabei immer auf und ab an den Außenkanten durch die Stofflagen genäht werden. Wenn es sich anbietet, dürfen die Stiche auch länger sein. (Meine werden manchmal 1,5 cm lang!)

Für den zweiten Heftstich, den ich empfehlen kann, sind lange Stiche mit kleinen Zwischenräumen charakteristisch. Die Stiche haben eine Länge von etwa 2,5 cm mit Zwischenräumen, die 1,5 cm lang sind, wodurch sich ein Lang-kurz-Stichmuster ergibt.

RÜCKSTICH

Dieser Heftstich kann, besonders beim Maßschneidern, als dauerhafter Stich verwendet werden, zum Beispiel um eine steife, formgebende Stoffverstärkung auf ein Schnittteil zu applizieren. In diesem Fall verlaufen die Nählinien senkrecht im Abstand von 5 cm. Aber nicht durch beide Lagen durchnähen, da man die Stiche von außen sehen würde, stattdessen nur ein bis zwei Gewebefäden von der unteren Stofflage aufnehmen.

Schräges Heften, die dritte Heftstichvariante, eignet sich, um zwei Stofflagen in der Mitte zusammenzuhalten und nicht an den Außenkanten. Für den schrägen Heftstich die Nadel stets waagerecht halten. Waagerecht einstechen und diagonal versetzt im Abstand von etwa 1,5 cm Stiche arbeiten, die wie Schrägstriche aussehen.

Man kann mithilfe dieser Stiche die Form eines maßgeschneiderten Stücks während der Arbeit fixieren, zum Beispiel einen Schalkragen in Form bringen, sodass er fein und mühelos an den Mantel gesetzt werden kann. Dafür nach dem Heften noch dampfbügeln und nachdem der Kragen am Mantel festgenäht ist, die Heftfäden entfernen.

PIKIERSTICHE

Das Pikieren gehört beim Schneidern zu den wichtigsten Nähtechniken. Dabei werden zwei Stofflagen miteinander verbunden, die sich gegenseitig stabilisieren und Form geben, vor allem bei Kragen und Revers. Pikierstiche näht man folgendermaßen: eine senkrechte Reihe schräger Heftstiche von oben nach unten arbeiten (Stichlänge und -entfernung je etwa 6 mm bis 1,5 cm). Die nächste senkrechte Stichreihe von unten nach oben nähen, mit möglichst gleich bleibender Stichlänge und -entfernung. Der Stoff wird nicht gedreht, so gelingen die Stiche gleichmäßiger. Während des Pikierens ist die Pikierhaltung neben dem Stich das maßgeblichste Detail. Eine Hand bringt die Stofflagen so in Form, wie sie schlussendlich fallen sollen, die zweite Hand fixiert diese Tendenz mit dem Pikierstich.

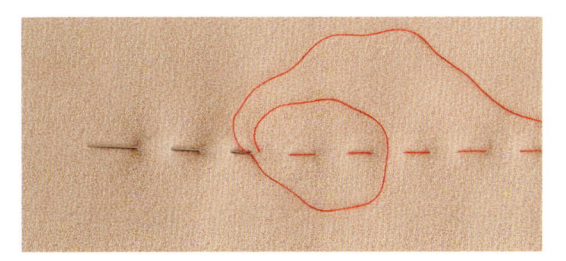

VORSTICH

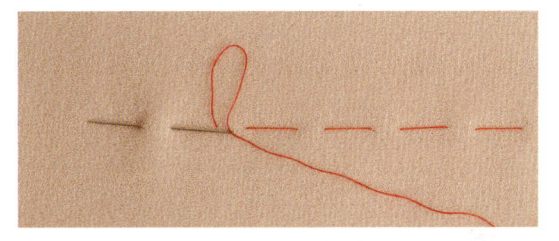

LANGER HEFTSTICH

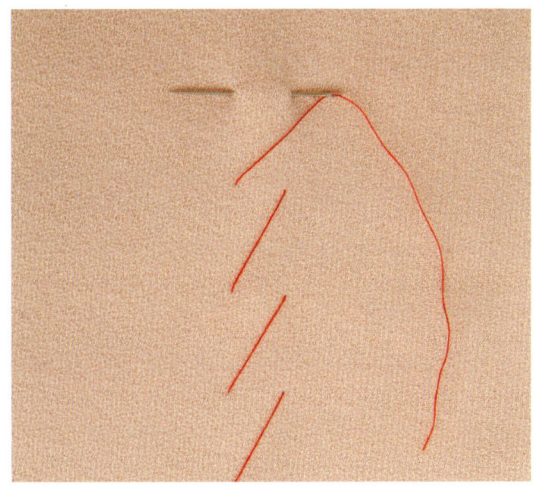

SCHRÄGER HEFTSTICH

PIKIERSTICHE

Nahtabschlüsse

Viele Stoffe fransen aus, sobald man sie zuschneidet. Deswegen müssen Naht- und Saumzugaben immer versäubert werden. Eine Ausnahme bilden Wirkwaren wie Doubleface-Stoffe. Sie fransen nicht aus und daher müssen die Nähte auch nicht extra versäubert werden. Ebenso gilt das für den Oberstoff von gefütterten Kleidungsstücken. Das Futter schützt nämlich die Nähte und minimiert das Ausfransen enorm.

Es ist wichtig zu überlegen, welchen Nahtabschluss man für sein Kleidungsstück auswählt. Dafür ist die Schwere des Stoffs ausschlaggebend. Zum Beispiel eignet sich eine französische Naht sehr gut für Bekleidung aus Chiffon, aber überhaupt nicht für dicken Wollstoff, der sich unnötig wellen und wölben würde. Eine Hong-Kong-Naht wiederum ist nichts für dünne Stoffe. Sie würde dort ungewollte Furchen auf der Stoffaußenseite hinterlassen. Im Zweifelsfall immer testen! Und hier nun die Nahtabschlüsse, die ich am häufigsten benutze:

AUSZACKEN

Die simpelste Versäuberung, und, noch ein Vorteil, bei ihr wellt und beult sich nichts. Die Nahtzugabe wird dafür unmittelbar nach dem Nähen mit einer Zackenschere zurückgeschnitten und dann erst auseinander- bzw. zu einer Seite gebügelt. Zackenscheren schneiden nicht jeden Stoff optimal, daher zuerst testen.

ZICKZACKNAHT

Zickzackstiche schützen ebenfalls vor dem Ausfransen: Die Naht nähen, auseinanderbügeln und danach jede Seite der Nahtzugabe mit Zickzackstich versäubern (Abb. A). Bei zu einer Seite gebügelten Nähten (etwa eine Bundnaht) werden die Nahtzugaben zuerst zusammen versäubert und danach auf eine Seite gebügelt (Abb. B). (Auf keinen Fall die Seiten der Nahtzugaben vor dem „Verzickeln" unterschiedlich breit zurückschnei-

AUSZACKEN

ZICKZACKNAHT

A. Die Zickzackkanten der Nahtzugaben.

B. Zwei Nahtzugaben zusammen „verzickeln".

DOPPELTE STEPPNAHT

ÜBERWENDLICH-NAHT

den, das verursacht wellige rechte Nahtseiten.) Gerundete Nähte sollten vor der Zickzackversäuberung auf 1 cm zurückgeschnitten werden.

DOPPELTE STEPPNAHT

Ein schöner Abschluss für gerade Nähte, sehr elegant und sehr „vintage". Man findet ihn sowohl in handgemachten als auch gekauften 50er-Jahre-Kleidern. Die Nahtzugabe auseinanderbügeln und auf der rechten Stoffseite jeweils rechts und links entlang der Naht nahe des Bruchs steppen.

ÜBERWENDLICH-NAHT

Diese Versäuberungsmethode ist das manuell genähte, zeitaufwendige Pendant zur gebräuchlichen Maschinen-Overlocknaht und wird i*m Vogue's New Book for Better Sewi*ng empfohlen: Auf der linken Seite der Nahtzugabe einen einfachen Faden verankern, Nadel mit Faden 3 mm von der Schnittkante entfernt in die Nahtzugabe einstechen, den Faden durchziehen und dann die Nadel um 3 mm nach vorne versetzen, wo das Prozedere von neuem beginnt. Die schrägen Stiche laufen wie eine Spirale um die umgelegten Stoffkanten herum.

FRANZÖSISCHE NAHT

Croissants, Küsse, Nähte. Die Franzosen machen alles richtig! Dies ist mein absoluter Lieblingsnahtabschluss. Am besten geeignet für leichte bis mittelschwere Stoffe. Eine wunderschöne Methode, weil sie die Nahtzugaben komplett verbirgt. Man beginnt, die Stofflagen *links auf links* (!) zusammenzunähen, mit einer Nahtzugabe von 1 cm (Abb. A). Die Nahtzugabe auf 3 mm zurückschneiden und dann zuerst auseinanderbügeln, danach zu einer Seite (Abb. B). Den Stoff entlang der Naht nun rechts auf rechts legen und stecken (Abb. C). Die Naht flach bügeln. 6 mm von der Kante entfernt eine zweite Naht steppen (Abb. D) und zu einer Seite bügeln. Und, ist das nicht entzückend?

FRANZÖSISCHE NAHT

A. Die Lagen links auf links zusammennähen.

B. Nahtzugabe einkürzen; auseinanderbügeln, dann zu einer Seite.

C. Stoff entlang der Naht rechts auf rechts legen und stecken.

D. 6 mm von der Kante eine zweite Naht steppen und bügeln.

HONG-KONG-NAHT

Eine schöne Nahtversäuberung für robustere Stoffe. Ich verwende sie gerne für ungefütterte Jacketts, wo die Innenseiten beim An- und Ausziehen sichtbar sind.

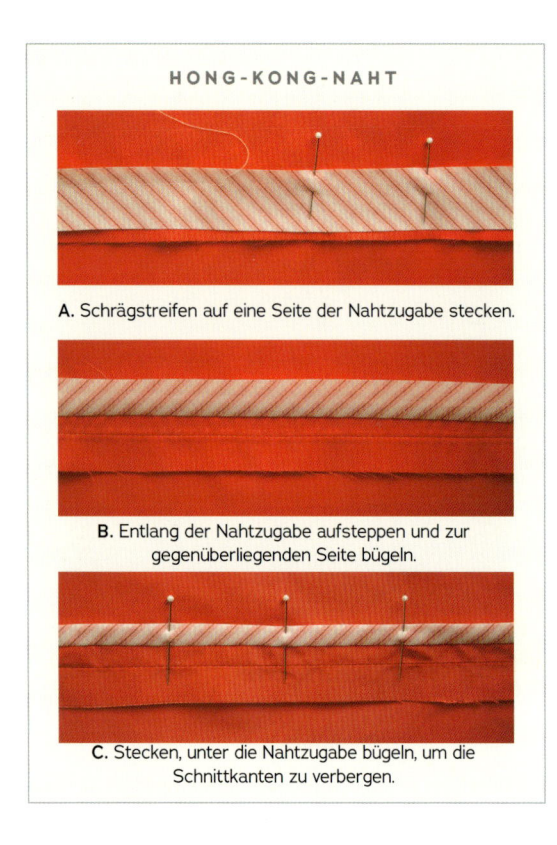

HONG-KONG-NAHT

A. Schrägstreifen auf eine Seite der Nahtzugabe stecken.

B. Entlang der Nahtzugabe aufsteppen und zur gegenüberliegenden Seite bügeln.

C. Stecken, unter die Nahtzugabe bügeln, um die Schnittkanten zu verbergen.

Man benötigt 2,5 cm breite Schrägstreifen von einem leichten Stoff. Damit werden alle Nahtzugaben eingefasst. Zunächst die Nahtzugabe auseinanderbügeln, dann den Schrägstreifen rechts auf rechts auf eine Seite der Nahtzugaben stecken (Abb. A). Den Streifen 6 mm von der Schnittkante entfernt aufsteppen (Abb. B). Nun den Streifen um die Schnittkante herumlegen und bügeln (Abb. C). Die Kante mit Schrägstreifen knappkantig absteppen. Das Ganze für die andere Seite wiederholen.

PASPELNAHT

Eine schnelle Alternative zur Hong-Kong-Naht, gearbeitet aus bereits fertigem, doppelt gefaltetem Schrägband, das nochmals in der Mitte gefaltet wird. Damit die Schnittkanten der Nahtzugaben einfassen und absteppen.

PASPELNAHT

Die Schnittkanten mit Schrägband einfassen.

Reißverschlüsse

REISSVERSCHLUSS VON HAND EINNÄHEN

Ich liebe von Hand eingenähte Reißverschlüsse. Das sieht nicht nur edel aus, es geht auch viel leichter als mit der Maschine. Wenn das nicht toll ist?

Ein Nahtreißverschluss wird von rechts in die Nahtlinie eingesetzt, zum Beispiel auf der Hinterseite bei Röcken oder Kleidern. Zum Stabilisieren 3 cm breite Streifen von Seidenorganza auf die Nahtzugaben dorthin heften, wo der Reißverschluss eingesetzt werden soll (Abb. A). Die Nahtzugaben zurückbügeln und dabei die Organza-Streifen mitfassen. Auf der linken Seite beginnend den Reißverschluss feststecken. Bei geöffnetem Reißverschluss die Zähnchen auf beiden Seiten mit der Bruchkante der Nahtzugaben abgleichen, das Ende des Reißverschlusses oben am Kleidungsstück positionieren.

Den Reißverschluss schließen und bündig auf der rechten Seite des Kleidungsstücks abschließen lassen. Sicherstellen, dass die Bundnaht

REISSVERSCHLUSS VON HAND EINNÄHEN

A. Seidenorganza auf die Nahtzugaben heften.

B. Den Reißverschluss mit Rückstichen befestigen.

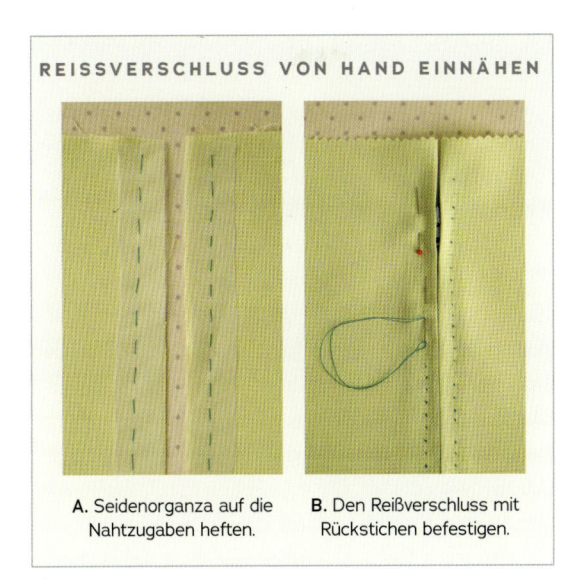

(wenn es eine gibt) an beiden Reißverschlussseiten übereinstimmt. Jetzt die rechte Reißverschlussseite feststecken, an Schlüsselstellen wie Bund oder Hals damit beginnen. Wenn nötig, den Reißverschluss öffnen, dann weiter entlang der Bruchkante der Nahtzugabe feststecken.

Jetzt wird der Reißverschluss in winzigen Rückstichen (siehe Seite 52) mit einem doppelt gelegten Seidenfaden eingenäht, 1 cm von der Umbruchkante der Nahtzugabe entfernt und mit einem Abstand von 6 mm zwischen den Stichen. Auf der rechten Stoffseite des Kleidungsstücks ergibt das lauter kleine Punkte (Abb. B).

An der oberen rechten Reißverschlussseite mit dem Nähen beginnen. Am unteren Ende des Reißverschlusses angelangt den Faden vernähen und anschließend eine neue Reihe Rückstiche entlang der linken Reißverschlussseite nähen, bis der Reißverschluss festsitzt.

EINSEITIG VERDECKTEN REISSVERSCHLUSS VON HAND EINNÄHEN

Der Rückstich eignet sich ebenfalls für einseitig verdeckte Nahtreißverschlüsse, die unter einem überlappenden Stück Stoff (dem Übertritt) versteckt sind. Diese Reißverschlüsse sind großartig für Seitennähte, denn zum Beispiel wird ein halb geöffneter Reißverschluss gar nicht entdeckt. Auch in hinteren Nähten bei Kleidern oder Röcken machen sie etwas her.

Beim einseitig verdeckten Reißverschluss ist der Übertritt mit Rückstichen genäht, der Untertritt mit der Maschine. Die Nahtzugabe für die Untertritt-Seite 1,3 cm breit umbügeln. Den Reißverschluss unterhalb der Bruchkante der Nahtzugabe positionieren, sodass die Zähnchen ganz nah am Bruch liegen, und feststecken. Mit Nähmaschine und Reißverschlussfuß knappkantig an den Zähnchen entlangsteppen. Die Nahtzugabe des Übertritts 1,5 cm breit umbügeln. Die linke Reißverschlussseite positionieren und feststecken. Dann mit Rückstichen, wie links beschrieben, festnähen.

EINSEITIG VERDECKTER REISSVERSCHLUSS MIT DER NÄHMASCHINE

Ein komplett mit der Maschine eingenähter Nahtreißverschluss hat auch einen schönen Vintage-Touch. Knappkantig gerade und akkurat abgesteppt ist er eine glänzende Erscheinung.

Die Anleitungsschritte wie für den handgenähten Reißverschluss beschrieben befolgen; aber die Übertrittnahtzugabe 1,5 cm breit umbügeln und die Untertrittnahtzugabe 1,3 cm breit.

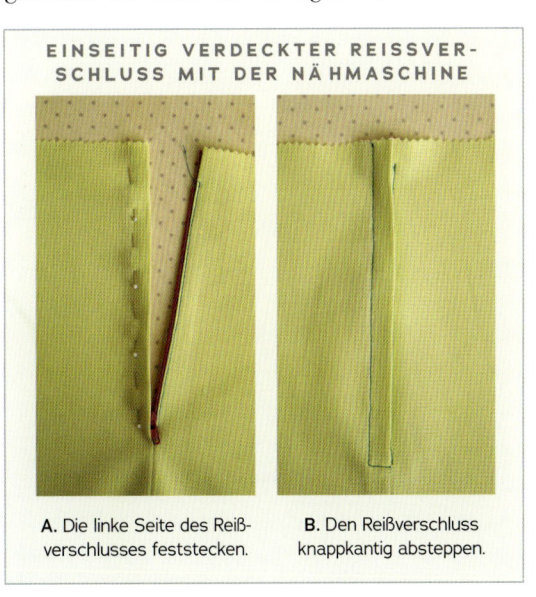

EINSEITIG VERDECKTER REISSVERSCHLUSS MIT DER NÄHMASCHINE

A. Die linke Seite des Reißverschlusses feststecken.

B. Den Reißverschluss knappkantig absteppen.

Auf der Untertrittseite der Reißverschlussöffnung den Reißverschluss platzieren und stecken. Mit einem Reißverschlussfuß so knappkantig wie möglich an den Zähnchen entlangsteppen.

Nun die Übertrittseite der Reißverschlussöffnung über dem Reißverschluss feststecken (Abb. A, Seite 57), sodass die eingefaltete Kante die gerade genähte Steppnaht berührt. Den Reißverschluss öffnen und etwa 1 cm entfernt von der Bruchkante knappkantig entlangsteppen, dabei nicht die Zähnchen mitfassen. Hinweis: Auf der Nadelplatte eine Markierung suchen, damit die Stiche gleichmäßig bleiben.

So nah wie möglich an das Reißverschlussende nähen, die Nadel bleibt im Stoff, und den Nähfuß anheben. Den Reißverschluss schließen und den Nähfuß senken, nun weitersteppen. Wenn das Ende des Reißverschlusses erreicht ist (das spürt man durch den Stoff), das Teil (mit der Nadel unten) drehen und gerade über das Reißverschlussende steppen. Stoppen, wenn die Nahtlinie erreicht ist und die Naht verriegeln (Abb. B, Seite 57).

NAHTVERDECKTER REISSVERSCHLUSS

Nahtverdeckte Reißverschlüsse sind bei Vintage-Kleidern selten, deshalb verwende ich sie nicht oft. Aber von Zeit zu Zeit kommt es schon vor. Der Glockenrock mit dem Muschelsaumtaillenbund auf Seite 151 ist ein anschauliches Beispiel. Ein einseitig verdeckter Reißverschluss kann die Seitennaht unschön wölben, beim nahtverdeckten Reißverschluss bleibt alles hübsch glatt.

Um diesen Reißverschluss einzusetzen, benötigt man ein spezielles Nähfüßchen, den nahtverdeckten Reißverschlussfuß (siehe Seite 28). (Die Naht wird erst zum Schluss genäht, nachdem der Reißverschluss eingenäht ist!) Zuerst die Nahtzugaben jeweils 1,5 cm breit umbügeln, dann wieder aufklappen und die Reißverschlussseiten darauf feststecken, die Zähnchen schließen passgenau mit der gebügelten Linie ab (Abb. A).

Nun den Reißverschluss mit dem nahtverdeckten Reißverschlussfuß annähen. Der Fuß näht flach darüber, genau in der Spalte zwischen den Zähnchen und dem Reißverschlussband (Abb. B). Für die andere Seite wiederholen.

Um die Naht fertig zu nähen, wieder zum Standard-Nähfuß wechseln und das Reißverschlussband zur Seite ziehen (Abb. C). Wird der Reißverschluss aufgemacht, sollte er komplett versteckt sein (Abb. D). Falls doch etwas zu sehen ist, erneut mit dem nahtverdeckten Reißverschlussfuß darüber steppen, diesmal noch enger an den Zähnchen entlang.

NAHTVERDECKTER REISSVERSCHLUSS

A. Die Nahtzugaben umbügeln; den Reißverschluss stecken.

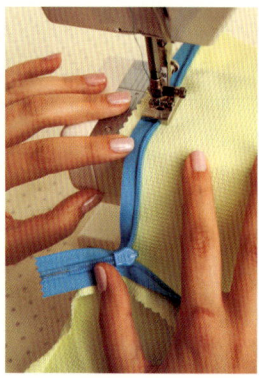

B. Mit dem nahtverdeckten Reißverschlussfuß absteppen.

C. Naht mit dem Standard-Nähfuß zu Ende nähen.

D. Der fertige Reißverschluss.

Knopflöcher

Ich verwende für die Projekte in diesem Buch zwei Arten von Knopflöchern, beide sind sehr vintage: maschinengenähte Knopflöcher und Paspelknopflöcher. Bei Ersteren arbeitet man mit der Nähmaschine viele kleine enge Zickzackstiche um die Knopflochposition herum, das Knopfloch wird dann in der Mitte aufgeschnitten. Paspelknopflöcher sind dekorativer, weil der Knopflochschlitz mit dem Stoff des Kleidungsstücks eingefasst ist. Aber egal, welche Methode man wählt, der Stoff an der Knopflochstelle sollte zuvor von unten verstärkt werden, so kann nichts ausleiern oder ausreißen. Am einfachsten geht das mit aufbügelbarer Vlieseline. Sie wird mit einer Zackenschere in kleine Kreise zugeschnitten (durch die gezackte Kante wird der Stoff außen nicht wellig), und auf die entsprechenden Stellen aufgebügelt. Die Bereiche können auch mit einem festen Stoff wie Seidenorganza oder einer einnähbaren Einlage (geeignet für kleine Stellen Belegen für Mäntel oder Jacketts) verstärkt werden.

MASCHINENGENÄHTE KNOPFLÖCHER

A. Die Knopflochposition markieren.
B. Maschinenstich beim Knopflochfuß.

MASCHINENGENÄHTE KNOPFLÖCHER

Ich verwende diese Knopflöcher für Alltagskleidung und alle Kleidungsstücke mit zarten, opaken Stoffen, wo die Innenverarbeitung des Paspelknopfloches von außen sichtbar wäre.

Das Arbeiten von maschinengenähten Knopflöchern variiert von Maschine zu Maschine, aber man fängt immer mit diesem Schritt an: Die Position der Knopflöcher auf dem Stoff markieren. Man kann sich dafür am Schnittmuster orientieren. Wer seine eigenen Positionierungen umsetzt, muss darauf achten, dass die Knopflochabstände gleich sind. Anschließend den Knopf auf den Stoff auflegen und oben und unten einen Strich anzeichnen. Bei dicken Knöpfen jeweils noch etwa 3 mm mehr an Länge dazugeben. Die Striche mit einer geraden Linie verbinden (Abb. A).

Zum Nähen wird immer ein Knopflochfuß verwendet. Bei Nähmaschinen mit Mehr-Schritt-Funktion arbeitet das Füßchen in vier Schritten Riegel, Raupe, Riegel, Raupe. So verfangen und verfilzen sich die Raupen nicht.

Neuere Maschinen haben meistens eine Knopflochautomatik. Damit ist es ein Kinderspiel. Man muss nur noch die Länge des Knopflochs einstellen, und die Maschine näht automatisch ein vollständiges Knopfloch. Sie vernäht sogar den Faden am Ende.

Die Mehr-Schritt-Funktion mag komplizierter klingen, ist es aber gar nicht. Man senkt die Nadel und stellt für jeden Schritt den Musterwähler neu ein. So hat man mehr Kontrolle über das Knopfloch als bei der automatischen Einschrittmethode.

PASPELKNOPFLÖCHER

Paspelknopflöcher arbeitet man beim Nähen eines Kleidungsstücks oft gleich zu Beginn, anders als bei maschinengearbeiteten Knopflöchern, die man für gewöhnlich erst gegen Ende näht. Als Erstes sollte man immer ein Probepaspelknopfloch aus dem zu verarbeitenden Stoff und der geplanten Einlage anfertigen.

Ich habe viele Techniken für Paspelknopflöcher ausprobiert und die im Folgenden beschriebene kann ich am meisten empfehlen. Es ist die „Patch-Technik", basierend auf einer Methode aus *Vogue's New Book for Better Sewing*, aber mit ein paar Extras für die Akkuratesse. Sie funktioniert relativ einfach und man erzielt damit ein sauberes Ergebnis. Außerdem ermöglichen die eingesetzten Handstiche zusätzliche Kontrolle, um schiefe Paspelknopflöcher zu vermeiden.

Paspelknopflöcher eignen sich für Kleidungsstücke mit Belegen, also für Jacketts, Mäntel und Blusen. Man benötigt einen Beleg um die Rückseite des Paspelknopflochs zu kaschieren, dennoch braucht es einen Schlitz für den Knopf im Beleg. Auf Seite 62 zeige ich eine Methode, wie eine Öffnung gelingt, die die Innenseite des Paspelknopflochs fast genauso hübsch aussehen lässt wie die Außenseite.

Das Knopfloch arbeiten

1. Bügeleinlage im Bereich des Knopflochs auf die linke Stoffseite bügeln.

2. Mit auswaschbarem Textilstift die Knopflochmarkierung auf die Einlage übertragen, die Linien zu einem kleinen Kästchen verlängern (Abb. A).

3. Ein gerades, rechteckiges Stoffstück, 7,5 cm x 10 cm, für die Knopfloch-Kanten zuschneiden. Das ist der „Patch" (Abb. B).

4. Das Stoffstück rechts auf rechts auf die rechte Seite des Kleidungsstücks stecken, sodass es die Knopflochmarkierung von der linken Seite aus bedeckt (Abb. C).

5. Von der verstärkten Stoffseite aus um die Außenkanten des Kästchens steppen; mit einer

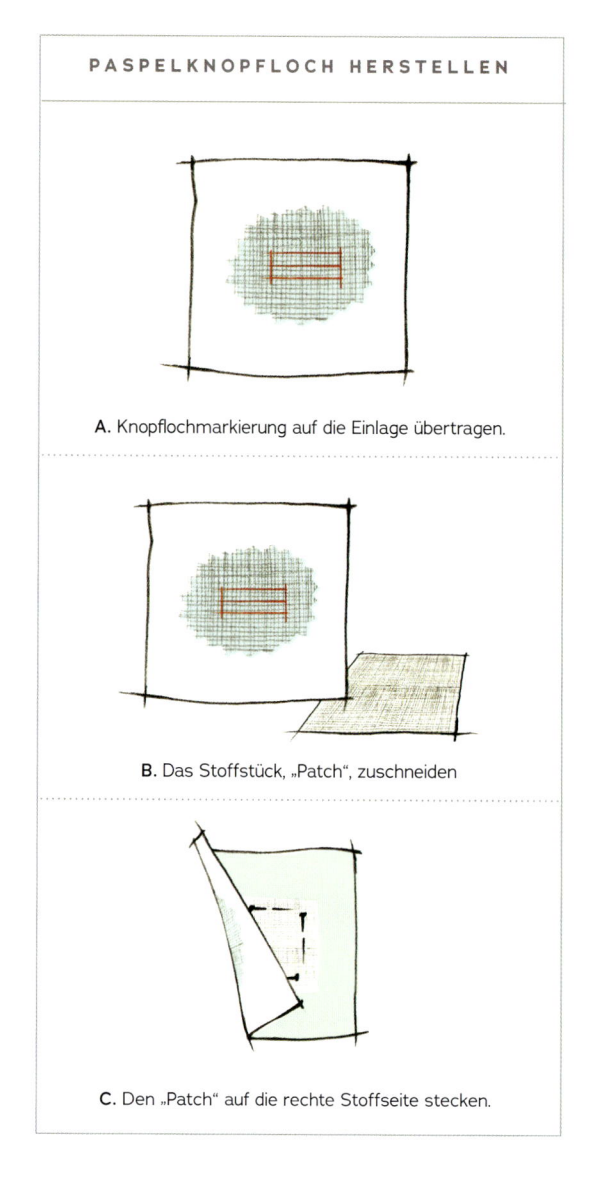

PASPELKNOPFLOCH HERSTELLEN

A. Knopflochmarkierung auf die Einlage übertragen.

B. Das Stoffstück, „Patch", zuschneiden

C. Den „Patch" auf die rechte Stoffseite stecken.

kurzen Stichlänge (etwa 1,5 mm). In der Mitte einer der langen Seite beginnen. Beim Absteppen der kurzen Seiten die Stiche zählen, damit es auf beiden Seiten gleich viele sind. Ein durchsichtiger Nähfuß ist hierfür sehr hilfreich (Abb. D).

6. Mit einer kleinen scharfen Schere (die kleine Schneiderschere siehe Seite 27 eignet sich hervorragend dafür) in das Kästchen einschneiden, 6 mm von jedem kurzen Ende entfernt in jede Ecke diagonal und so nah wie möglich bis zur Naht (aber nicht in die Naht!) (Abb. E).

PASPELKNOPFLOCH HERSTELLEN

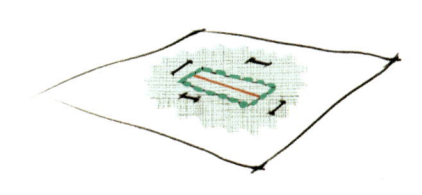

D. Um das Kästchen herum steppen.

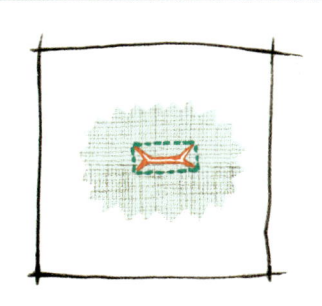

E. In das Knopfloch einschneiden.

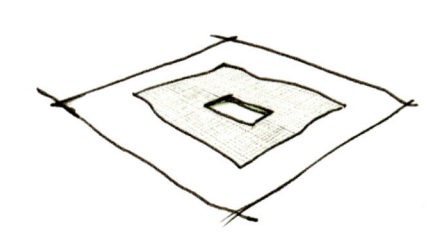

F. Den „Patch" auf die linke Seite drehen.

G. Den „Patch" in Falten legen.

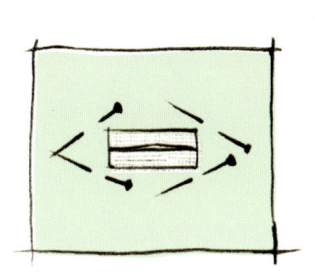

H. Die Kanten feststecken.

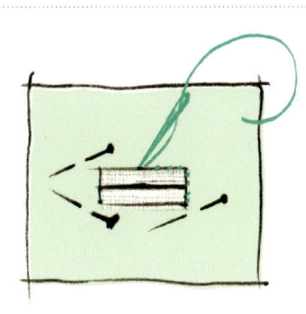

I. Im Nahtschatten steppen.

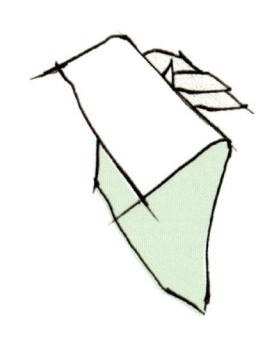

J. Das Dreieck freilegen.

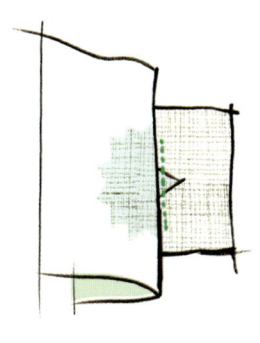

K. Über das Dreieck steppen.

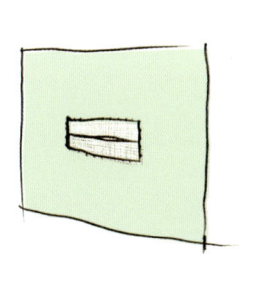

L. Fertiges Knopfloch.

7. Den „Patch" auf die linke Stoffseite wenden, indem er durch das eben eingeschnittene Loch gezogen wird (Abb. F, Seite 61).

8. Von der rechten Stoffseite aus den „Patch" in zwei Falten legen und die Ecken mit Stecknadeln fixieren (Abb. G, H, Seite 61). Hinweis: Sollte sich die Kante des Knopflochs kräuseln, erneut bei Schritt 6 einsteigen und in jeder Ecke noch knapper bis zur Steppnaht einschneiden.

9. Eine Handnähnadel mit zum Kleidungsstoff passenden Garn einfädeln und mit Rückstichen im Nahtschatten um das Knopfloch herum nähen, das heißt, die Stiche genau in die erste Stepplinie setzen, damit man sie nicht sieht (Abb. I, Seite 61).

10. Die Enden des Knopfloches wegklappen, sodass die kleinen Dreiecke des „Patches" freiliegen. Über den „Patch" steppen, so nah wie möglich an der Bruchkante des Kleidungsstoffes, und dabei das Dreieck mitfassen. Eine kurze Stichlänge einstellen und nicht verriegeln (Abb. J, K, Seite 61). Das Knopfloch ist fertig (Abb. L, Seite 61).

Eine Belegöffnung herstellen

Nachdem Belege außen am Kleidungsstück angebracht sind, müssen sie mit zu den Paspelknopflöchern im Stoff passenden Öffnungen versehen werden, damit die Knöpfe hindurchgeschoben werden können. Dafür verwende ich meine Organza-„Fenster"-Methode.

1. Den Beleg unter dem Knopfloch feststecken. Die Position der Öffnung auf dem Beleg markieren, indem durch jede Knopfloch-Ecke Stecknadeln gestochen werden (Abb. A). Die Nadelpunkte markieren und mit Kreide oder einem selbstauflösenden Markierstift verbinden (Abb. B).

2. Den Beleg vom Kleidungsstück wegklappen und ein gerade zugeschnittenes Stück Seidenorganza über die rechteckige Markierung auf dem Beleg stecken.

3. Durch den Organza um das Rechteck herumsteppen (Abb. C, Seite 62), wie in Schritt 5 für das Paspelknopfloch beschrieben (siehe Seite 61).

EINE BELEGÖFFNUNG HERSTELLEN

A. Knopfloch-Ecken mit Stecknadeln durchstechen.

B. Die Nadel-Markierungen mit Kreide verbinden.

C. Organza über die rechteckige Markierung auf den Beleg stecken und rundherum steppen.

D. Aufschneiden.

E. Organza auf links wenden.

F. Die Kanten der Öffnung auf der Knopflochrückseite mit Saumstichen einfassen.

4. Das Rechteck auf gleiche Weise aufschneiden wie beim Paspelknopfloch (Abb. D, Seite 62).

5. Das Organza-Stück durch den Schnitt ziehen und auseinanderbügeln, damit man auf der rechten Belegseite nichts davon sieht (Abb. E, Seite 62).

6. Nochmals die Belegöffnung mit dem Paspelknopfloch abgleichen und mit Stecknadeln fixieren. Die Kanten der Belegöffnung mit Saumstichen an der rückwärtigen Knopflochseite festnähen (Abb. F, Seite 62).

KNÖPFE ÜBERZIEHEN

Mit Stoff überzogene Knöpfe verleihen Blusen und Kleidern einen klassischen Touch und sie lassen sich leicht herstellen. Man benötigt eine Packung überziehbare Knöpfe und dann kann es losgehen.

1. Aus Stoff Kreise laut der in der Packungsanweisung vorgeschriebenen Größe (Abb. A) zuschneiden.

2. Von Hand etwa 6 mm entfernt von der Kante einmal um die Kreiskante herumheften. Dabei die Fadenenden jeweils lang hängen lassen.

3. Die Fadenenden zusammenziehen, aber nicht vollständig, der Stoffkreis sollte jetzt wie eine kleine Mulde geformt sein.

4. Das obere Knopfteil kopfüber in die Stoffmulde drücken (Abb. B).

5. Die Fadenenden vorsichtig weiter zusammenziehen, sodass der Stoff sich um den Knopf schmiegt.

6. Nun die Fadenenden straff ziehen und das untere Knopfteil aufstecken (Abb. C). Wenn die alleinige Kraft der Hände nicht ausreicht, eine Garnspule zum Herunterdrücken zu Hilfe nehmen.

7. Die Fadenenden abschneiden und voilà! Fertig sind wunderhübsche bezogene Knöpfe (Abb. D).

KNÖPFE ÜBERZIEHEN

A. Kreise aus Stoff zuschneiden.

B. Kreis heften, zusammenraffen und das Knopfoberteil hineinstecken.

C. Fäden eng um das Knopfoberteil ziehen, Knopfunterteil aufstecken.

D. Voilà!

Säume

GERADER SAUM
(Methode zum Saumeinfassen)

Nichts ist einfacher als einen geraden Rock zu säumen! Die Saumzugabe wird flach gebügelt und dann von Hand mit Heftstichen positioniert. Ich bevorzuge farbige Saumeinfassungen für meine geraden Säume. Das ist sowohl schön als auch praktisch, weil es die Saumschnittkante vor dem Ausfransen bewahrt. Die meisten Vintage-Schnittmusteranleitungen verlangen nach einer Saumeinfassung aus Viskoseband. Die Marke, die ich benutze, heißt Hug Snug und hat eine schicke Retro-Verpackung.

Nachdem der Saum abgesteckt und gebügelt und alle unebenen Stellen begradigt sind, wird er nahe der Unterkante zum Fixieren geheftet (Abb. A). Das Saumband flach darauf stecken, sodass es die Kante etwa 6 mm überlappt. Mit der Maschine knappkantig aufsteppen (Abb. B). Nun den Rock unter dem Saumband von Hand mit Hexenstichen (siehe Seite 51) säumen. Nur ein oder zwei Gewebefäden auf die Nadel aufnehmen, damit die Saumstiche auf der rechten Rockseite nicht zu sehen sind. Währenddessen die Saumkante plus Band mit dem Daumen ein Stück hochklappen (Abb. C). Der fertige Saum wird großartig aussehen! Wer mag, kann auch den Saumstich verwenden. Dann allerdings nicht hinter, sondern auf dem Saumband nähen (Abb. D). Die Heftfäden entfernen.

RUNDSAUM
(Kräusel-Methode)

Einen Glocken- oder Tellerrock zu säumen ist ein wenig kniffliger. In der Saumzugabe entsteht Mehrweite, wenn diese nach innen geklappt wird. Damit der Saum an den entsprechenden Stellen trotzdem schön flach wird, muss die Mehrweite eingehalten werden. Das erfordert etwas Tüftelei. Zuerst sollte man den Rock etwa 24 Stunden aushängen lassen (wegen des Zuschnitts im schrägen Fadenlauf, siehe Seite 47). Danach den Saum markieren. Den Rock dazu am besten an einer Kleiderpuppe genau und gleichmäßig abstecken.

Die Saumlinie bügeln (Abb. A) und die Kante mit Heftstichen von Hand fixieren (etwa 1,3 cm von der Saumkante entfernt). Die Saumzugabe rundherum gleichmäßig zurückschneiden. Mit der Nähmaschine einen langen Kräuselstich nähen, etwa 1,3 cm vom Anfang der Saumzugabe entfernt. An den Fadenenden ziehen, sodass der Saum sich etwas kräuselt (Abb. B). Sobald der Saum auf die passende Länge eingekräuselt ist, wird die Schnittkante mit elastischer Saumspitze eingefasst (Abb. C). Denn Saum nun noch rundherum mit Hexenstich oder Saumstich festnähen wie links beschrieben.

SCHMALSAUM
(für Tellerröcke aus dünnen Stoffen und Futterstoffe)

Es ist eine kleine, aber feine Technik. Die Saumkante wird schmalkantig, also etwa 3 mm vom Rand entfernt, mit der Maschine gesteppt, das sollte man bei der Wahl der Saummethode berücksichtigen.

Als Erstes wird die Saumlinie mit 6 mm Zugabe um den Rock herum markiert. Auf der Saumlinie entlangsteppen (Abb. A). Den Saum an der Nahtlinie umbügeln. Nun 3 mm von der Kante entfernt erneut steppen. Den überstehenden Saumstoff mit einer Applikationsschere zurückschneiden (Abb. B). Den so entstandenen schmalen Saum (Abb. C) nochmals umbügeln und erneut 3 mm von der Kante entfernt steppen. Jetzt wird der Saum das letzte Mal gebügelt. Etwas schneller geht die ganze Prozedur mit einem Schmalsäumerfuß (siehe Seite 28). Dieses Nähfüßchen ist anfangs vielleicht etwas schwer zu handhaben, aber sehr nützlich! Der Umgang mit ihm lässt sich leichter zeigen als hier erklären, also auf zu YouTube.

GERADER SAUM

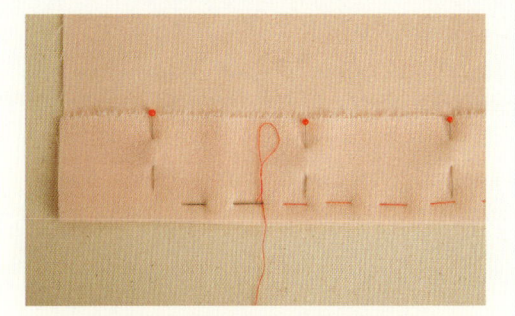

A. Den Saum stecken, bügeln und heften.

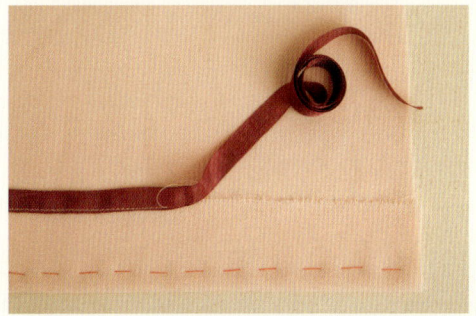

B. Die Saumkante gerade schneiden, dann auf dem Saumband steppen.

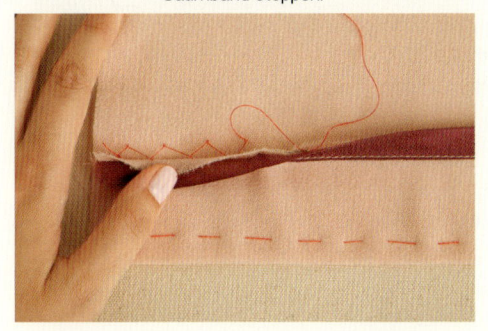

C. Von Hand mit Hexenstichen unter dem Saumband säumen.

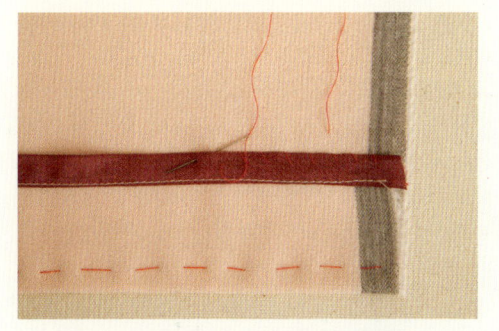

D. Oder mit Saumstichen auf dem Saumband.

RUNDSAUM

A. Die Saumlinie am gesamten Rock umbügeln.

B. Einen Kräuselstich nähen und die Fadenenden ziehen.

C. Die Schnittkante mit Saumspitze einfassen.

SCHMALSAUM

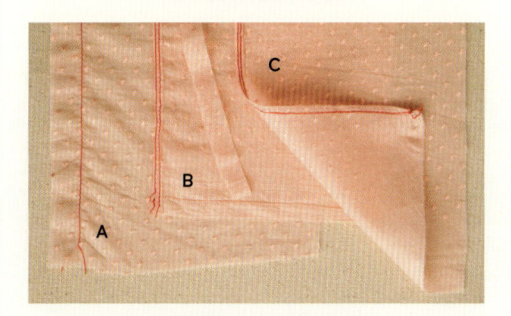

Schmalsaum in drei Schritten.

MIT CRINOLBORTE SÄUMEN

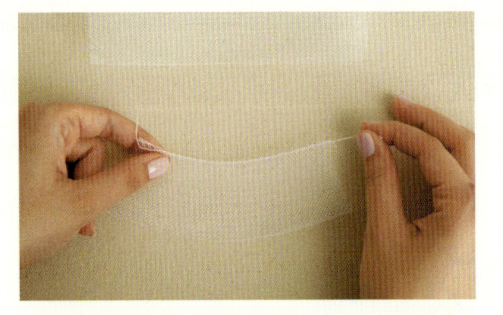

(formgebende und formhaltende Funktion bei Säumen von Tellerröcken etc.)

Crinolborte für Säume zu verwenden ist einer meiner absoluten Lieblingsnähtricks. Die Einlage funktioniert als Beleg und als Saumverstärkung, und sie gibt Säumen Form und Halt (zum Beispiel bei einem Trompetenrock oder bei dem Tellerrock auf Seite 102). Außerdem muss die Mehrweite beim Säumen nicht berücksichtigt werden, weil automatisch ein runder, flacher Saum entsteht.

Ursprünglich wurde Crinolborte aus Rosshaar hergestellt, heutzutage macht man sie aus Polyester oder Nylon. Sie ist in verschiedenen Breiten erhältlich. Je breiter die Saumeinlage, desto steifer wird der Saum, je schmaler, desto unauffälliger. Ich mag es auffällig! Daher bevorzuge ich für meine Röcke und Kleider eine Einlagenbreite von 5 cm und sogar mehr. Die breiteren Einlagen schließen an der Oberkante mit einem dicken Faden ab, der den gesamten Einlagestreifen leicht rund formt, perfekt für den gerundeten Saum eines Tellerrocks (Abb. A). Mithilfe kleiner Schlingen, die herausschauen, kann man den Streifen an Ort und Stelle in Form ziehen, nicht erst an den Enden, ist das nicht genial?

Bereits bei der Projektplanung sollte man sich überlegen, ob die Crinolborte 1) als Verstärkung für einen unsichtbaren Saum dienen soll, in diesem Fall wird die Einlage mit Hexenstichen an den darunter liegenden Stoff genäht; oder 2) für einen knappkantig abgesteppten Saum gedacht ist. Für Business- oder Abendkleidung eignet sich erstere Methode. Für Alltagskleidung passt Letztere.

Folgendermaßen wird es gemacht: Den Kleiderstoff in der gewünschten Länge plus einer Zugabe von 1,3 cm vorbereiten. Bei dicken Stoffen noch ein wenig mehr dazugeben, weil hier die Länge im gefalteten Zustand abnimmt. Dann die Einlage auf die rechte Stoffseite legen, kantengenau ausrichten und 6 mm von der Unterkante entfernt aufsteppen (Abb. B).

A. Dieser Faden formt den Saum nach dem Aufnähen.

B. Die Einlage auf die rechte Stoffseite steppen.

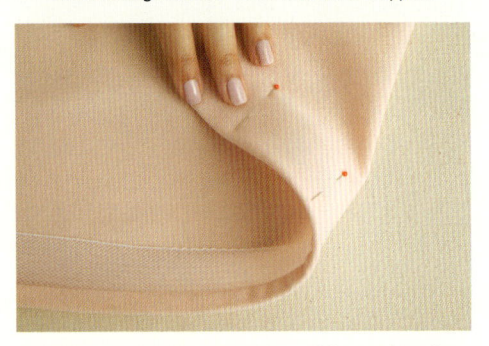

C. Die Einlage zur Rockinnenseite umfalten und stecken.

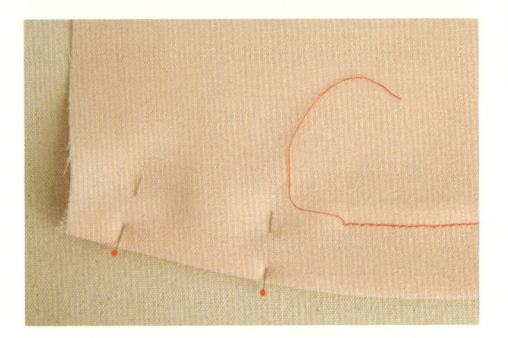

D. Stecken, dann knappkantig absteppen (optional).

Hier noch nicht mit Stecknadeln feststecken, da die Borte beim Steppen flach gedrückt werden soll.

Wird sie zu sehr gezogen, kann sie sich verziehen. Stattdessen beide Lagen langsam und vorsichtig steppen und Stoff und Einlage immer wieder aufeinander ausrichten.
Zum Schluss wird das eine raue Ende der Borte mit einer Saumeinfassung oder einem Stoffrest eingefasst, damit es nicht kratzt. Dieses Ende dann unter das andere raue Ende schieben; so ist auch dieses kratzige Endstück bedeckt, wenn der Saum dann in Gänze nach innen umgeklappt wird.

Jetzt die Borte nach innen falten und den Saum bügeln. Die Borte nicht direkt mit dem Bügeleisen berühren; ausschließlich den Stoffsaum plätten. Soll der Saum rund werden, schrittweise an den Schlaufen des dicken Randfadens der Borte ziehen, sodass sie sich rundet; und gleichzeitig den Saum in Form bringt – fantastisch, oder?

Anschließend den Saum stecken. Wer seinen Saum knappkantig absteppt, steckt die Nadeln auf die rechte Stoffseite, diese Seite liegt beim Nähen oben (Abb. C). Nun eine geeignete Saumbreite wählen, damit die Crinolborte nahe ihrer oberen Kante mitgefasst wird, zum Steppen eine Stichlänge von 3,5 mm einstellen (Abb. D).

Während des Steppens den Stoff mit der linken Hand links vom Nähfuß führen, das verhindert das Verziehen. Falls das doch passiert, Fuß vom Nähpedal, Nähfuß anheben (die Nadel bleibt im Stoff) und den Stoff glatt streichen. Den fertigen Saum bügeln.

Soll ein Kleidungsstück mit Verstärkungsstoff unterlegt werden, wird die Crinolborte von Hand mit Hexenstichen an diese Stofflage genäht – so ist von außen nichts zu sehen.

SÄUME MARKIEREN

In meinen Anfänger-Nähkursen übernehme ich häufig das Saummarkieren für meine Schülerinnen. Und sie alle fragen sich das gleiche: „Wie um Gottes willen hätte ich das alleine hinbekommen?" Ein gute Frage, bei der ich etwas weiter ausholen muss.

Wer eine Schneiderpuppe besitzt, kann sie wunderbar als Hilfe zum Markieren einsetzten. Der Puppe Kleid oder Rock überziehen, mit einer Nadel die gewünschte Saumlänge kennzeichnen und vom Fußboden aus rundherum alle paar Zentimeter markieren, entweder mit einer Elle, oder besser noch (und einfacher!) mit einem Saumabrunder (siehe siehe Seite 25).

Wer keine Puppe hat, kann eine Freundin fragen, ob sie das Markieren übernimmt; geht auch das nicht, gibt es folgende Möglichkeiten:

1. **VON OBEN NACH UNTEN MARKIEREN.** Den Rock anziehen. Einen hüfthohen Tisch als Orientierung für die Nadelmarkierungen zu Hilfe nehmen. Man dreht sich gleichzeitig um die eigene Achse und steckt auf Tischhöhe. Dann den Rock ausziehen und mit einer Elle gleichmäßig die Maße nach unten auf die gewünschte Länge übertragen und mit Kreide markieren.
2. **PI MAL DAUMEN.** Das ist frustrierend und ich kann es nicht wirklich empfehlen. Aber bei Röcken mit gleichmäßigem Saum (etwa Bleistiftröcke) kann man es so machen: Den Saum abstecken, den Rock anprobieren und per Augenmaß im Ganzkörperspiegel überprüfen, ob er gleichmäßig ist. Das könnte einige Versuche kosten. Aber bitte nicht im Traum daran denken, diese Methode bei einem Tellerrock auszuprobieren!

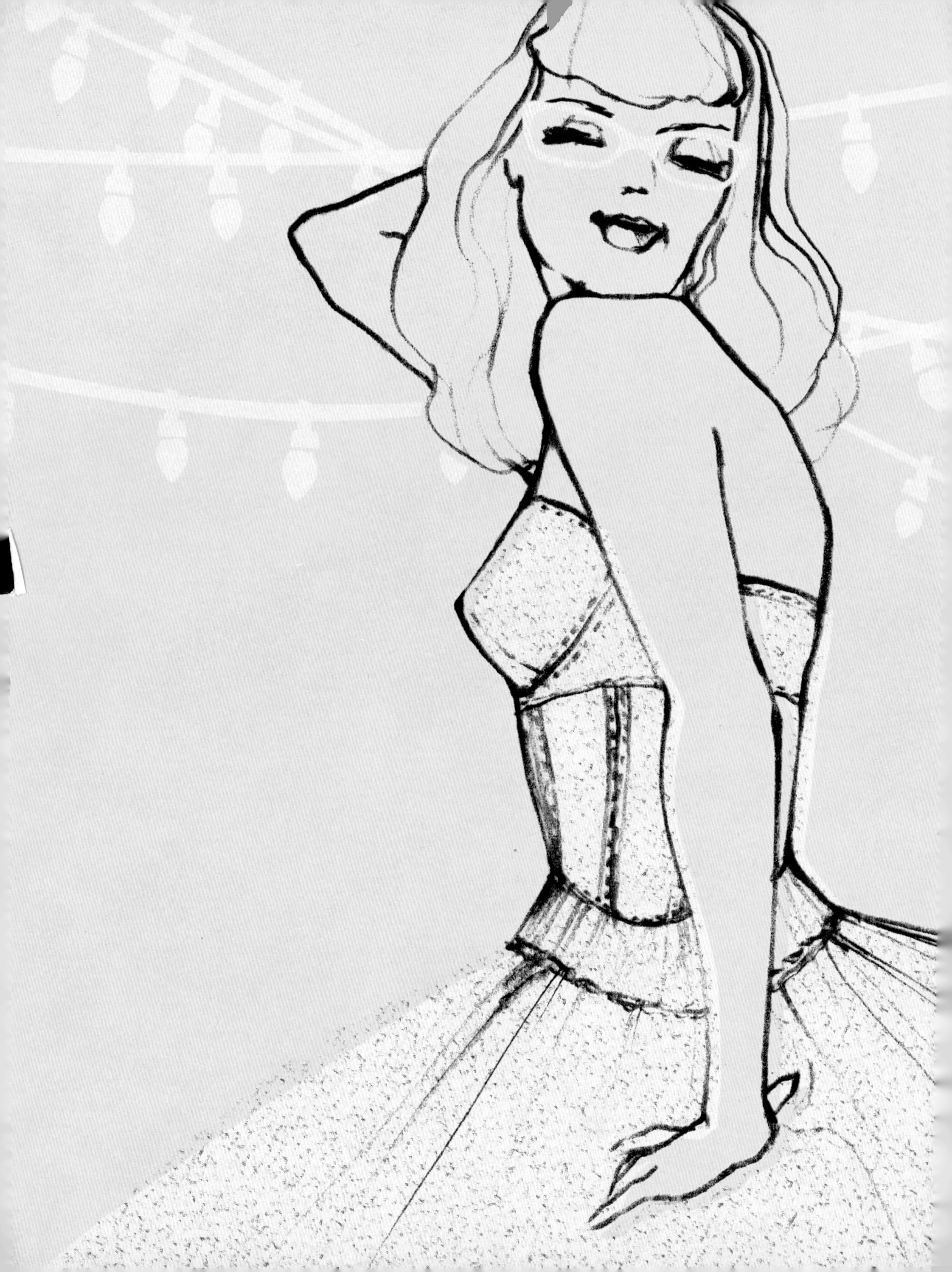

KAPITEL VIER

Verstärken und maßschneidern

VERSTÄRKUNGEN   71
- Einlagen   72
- Kleidungsstücke mit Stoff verstärken   74
- Oberteile versteifen   75
- Verstärkungsstiche und Nahtband   77

MASSSCHNEIDERN   78
- Vorderfront eines Jacketts maßschneidern   79
- Reversbrüche verstärken   79
- Revers pikieren   80
- Kragen pikieren   80
- Oberkragen   82
- Belege   82
- Futter   82
- Ärmel einsetzen   82

In diesem Kapitel geht es noch immer um Techniken, insbesondere um die Methoden, die ein Kleidungsstück in Vintage-Form bringen.

Als ich vor einiger Zeit eine Mode-Ausstellung zum Goldenen Zeitalter der 40er- und 50er-Jahre-Mode in Nashville besuchte, war wie ich gebannt bei der Entdeckung, dass sich die Meisterkreationen jener Ära in zwei Kategorien einteilen ließen: komplex konstruierte Roben für den Abend und meisterhaft maßgeschneiderte Kostüme für den Alltag. Die Kleider hatten Versteifungen und Krinolinen; und einige waren sogar mit speziellen, extra entworfenen Unterkleidern versehen. Einer meiner Lieblingsdesigner aus dieser Zeit ist Charles James, dessen Kleider derart mit Draht, Flanell und genähten Einlagen versteift und verstärkt waren, dass sie gewissermaßen von allein standen. Es war atemberaubend. Ein weiteres Highlight der Ausstellung waren Paspelknopflöcher, Jackettaufschläge und Schößchen von Balenciaga. Wahre Könner der Schneiderkunst haben diesen Kleidungsstücken ihren Stempel aufgedrückt.

Deshalb widme ich das folgende Kapitel ebenjenen Techniken des Goldenen Zeitalters: versteifte Oberteile, pikierte Revers und viele mehr.

Verstärkungen

Verstärkungen bestehen aus Stoff oder anderen Materialien und dienen dazu, dem Kleidungsstück Form zu geben und diese auch zu behalten. Eine Verstärkung verhindert zum Beispiel, dass ein Halsausschnitt sich zu sehr dehnt oder ausleiert. Das spielt unter anderem dann eine Rolle, wenn Schnittmuster im schrägen Fadenlauf konstruiert sind (siehe Seite 45) und ohne Stabilisierung manchmal nicht mehr zusammenpassen. Bei der Vielzahl von Verstärkungen sind die gebräuchlichsten Formen zum einen aufbügelbare Einlagen, die eine Klebeseite haben, und zum anderen Stoffeinlagen zum Einnähen, die (so ein Zufall!) direkt in das entsprechende Teil eingenäht werden. Einlagen verstärken häufig Hosen- oder Rockbünde, Kragen und Manschetten. In den Abbildungen unten sind noch weitere Körperregionen zu sehen, die ebenfalls verstärkt werden können. In Ergänzung dazu finden Versteifungen, Flanell und Rosshaareinlage Verwendung.

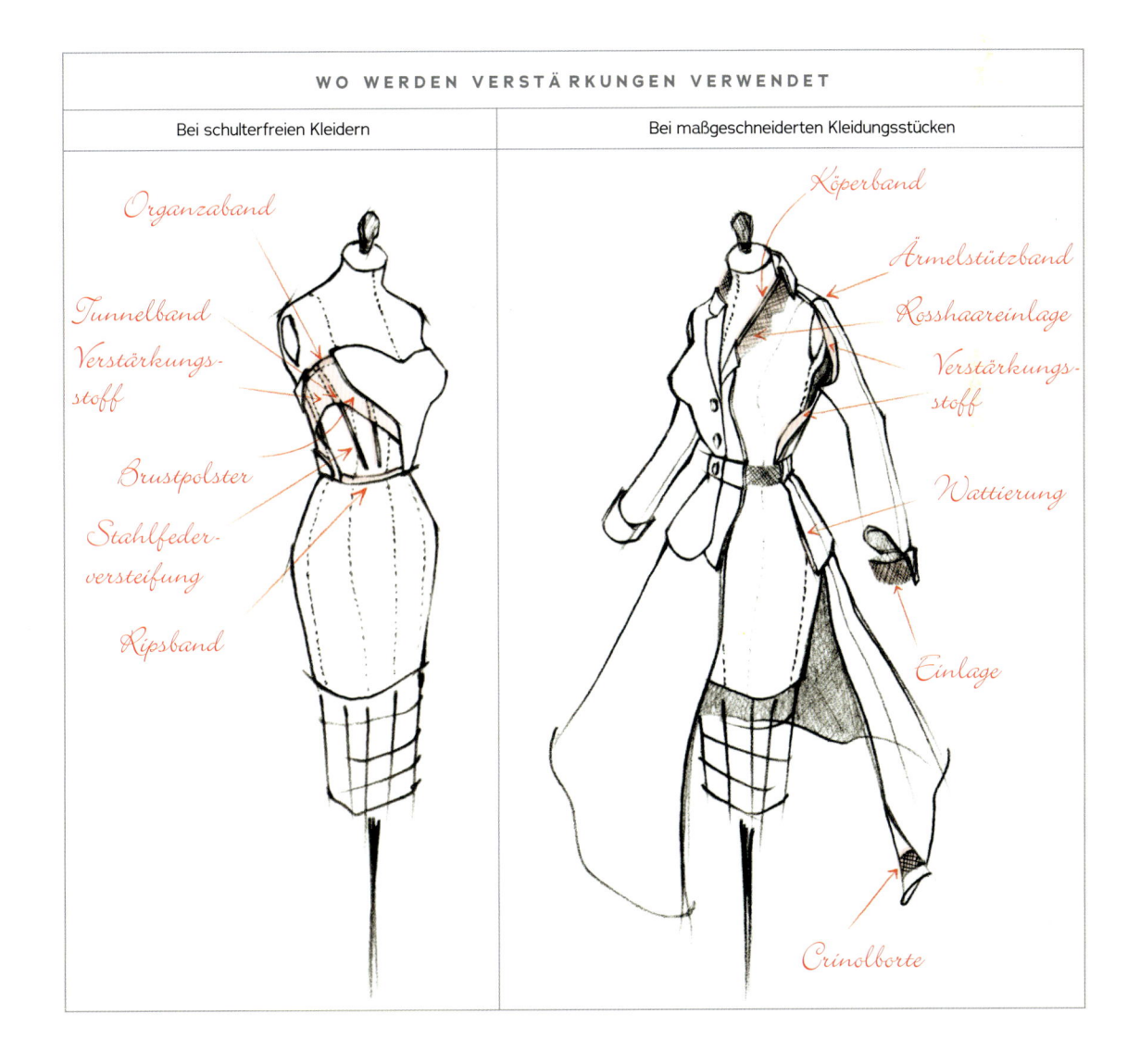

WO WERDEN VERSTÄRKUNGEN VERWENDET	
Bei schulterfreien Kleidern	Bei maßgeschneiderten Kleidungsstücken
Organzaband, Tunnelband, Verstärkungsstoff, Brustpolster, Stahlfederversteifung, Ripsband	Köperband, Ärmelstützband, Rosshaareinlage, Verstärkungsstoff, Wattierung, Einlage, Crinolborte

VERSTÄRKEN UND MASSSCHNEIDERN

> ### PASSENDE EINLAGEN AUSWÄHLEN
>
> Welche Einlage sich für ein Kleidungsstück am besten eignet, unterscheidet sich von Projekt zu Projekt. Hier ein paar Richtlinien:
>
> **1.** Das Gewicht der Einlage sollte zur Schwere des Stoffs passen.
>
> **2.** Durchsichtige Stoffe brauchen eine Extra-Behandlung. Entweder benutzt man eine spezielle Einlage zum Einnähen aus Seidenorganza, oder man verzichtet komplett auf Einlagen und fasst die Kanten sowie Hals- und Armausschnitte mit Schrägband ein.
>
> **3.** Im Zweifel sollte man die Einlage-Stoff-Kombination vorher testen. Dazu ein Stück des Stoffs auf ein Stück Einlage legen, dann beides zusammen hin und her rollen und prüfen, ob es die gewünschte Stabilität aufweist. Ruhig verschiedene Möglichkeiten ausprobieren, so bekommt man ein Gefühl dafür, was am besten zusammenpasst.

EINLAGEN

Die erste Entscheidung, die man bei der Verwendung von Einlagen treffen muss: zum Einnähen oder zum Aufbügeln? Einlagen zum Einnähen werden auf den Kleiderstoff genäht, entweder von Hand oder mit der Nähmaschine. Aufbügelbare Einlagen haben eine Klebeseite und werden mit einem Dampfbügeleisen bei großer Hitze auf den Stoff aufgebügelt. Heutzutage gibt es eine Vielzahl unterschiedlicher Arten und Anwendungszwecke für die aufbügelbaren Einlagen, aber für Schnittmuster, die vor den 70er-Jahren veröffentlicht wurden, benötigt man immer Einlagen zum Einnähen. Bevor industriell gefertigte Einlagen Standard wurden, benutzten Schneider sehr oft steife Bekleidungsstoffe wie Taft.

Einlagen zum Einnähen

Zunächst gilt es zu überlegen, welche Teile des Kleidungsstücks eine Verstärkung benötigen (häufig Kragen, Belege oder Taillenbund). Dann werden diese Teile aus dem gewünschten Einlagematerial zugeschnitten und anschließend links auf links auf die entsprechenden Stoffteile gesteckt und entlang der Kanten in der Nahtzugabe festgeheftet. Damit nichts verrutscht, empfiehlt es sich, von Hand zu heften (siehe Seite 52). Alle Nahtzugaben, die nicht in einen Saum eingenäht werden, wie etwa Belege des Halsausschnitts, sollten auch versäubert werden. Ganz einfach geht das, besonders bei dünnen Stoffen, mit einem weiten Zickzackstich, weil sich dann nichts wellen oder aufrollen kann. Dickere Stoffe fasst man an den Kanten mit Schrägband ein (siehe Seite 56) – besonders hübsch sieht das in einer Kontrastfarbe zum Hauptstoff aus.

Im Folgenden werden verschiedene Einlagen zum Einnähen mit ihren Charakteristika vorgestellt. Für alle gilt jedoch: immer einlaufvorbehandeln (siehe Seite 41)!

INDUSTRIELL GEFERTIGTE EINLAGEN ZUM EINNÄHEN:

Sie sind in Kurzwarengeschäften erhältlich, in unterschiedlichen Stärken von leicht über mittelstark bis stark. Abhängig von der Schwere des Bekleidungsstoffs entscheidet man sich für eine bestimmte Stärke. Außerdem wird zwischen gewebten und gewirkten Sorten

EINLAGEN ZUM EINNÄHEN (von links nach rechts): Taft, Seidenorganza, Rosshaareinlage, Gewebeeinlage, Batist

unterschieden. Die gewebten Einlagen haben einen Fadenlauf und somit, wie andere Webstoffe auch, einen festeren Griff. Die gewirkten haben keinen Fadenlauf und lassen sich leichter zuschneiden.

SEIDENORGANZA: Sehr gut geeignet als Einlage für leichte und durchsichtige Stoffe. Schimmert die Einlage durch, lässt sich das kaschieren, indem man den Farbton des Organza mit dem eigenen Hautton abstimmt.

NESSEL: Wird häufig für das Herstellen von Probekleidungsstücken verarbeitet, ist aber auch ein fabelhafter Einlagestoff, besonders für mittelschwere Stoffe.

TAFT: Dank seiner steifen, formgebenden Eigenschaften ein perfektes Einlagematerial. Passt zu mittel- bis schweren Seidenstoffen, Baumwolle und Wollstoffen.

ROSSHAAREINLAGE: Eine Einlage, die speziell beim Maßschneidern genutzt wird. Es gibt sie in verschiedenen Stärken, und ihr Baumwollgewebe hat einen Kamel- oder Rosshaaranteil. Man verwendet sie zum Pikieren (siehe Seite 53). Heutzutage auch als Aufbügelvariante erhältlich

Einlagen zum Aufbügeln

Diese Einlagen sind einfach zu bekommen und zu benutzen. Insofern spricht nichts gegen ihre Verwendung auch in der Vintage-Schneiderei, es sei denn, man möchte gerade eine puristische Ader ausleben.

Besonders gut eignen sich die Bügeleinlagen, um kleine Stoffbereiche zu stabilisieren, zum Beispiel die Rückseiten von Paspelknopflöchern (siehe Seite 60). Vor dem Aufbügeln auf ein Schnittteil sollte man erst an einem Probestoffstück testen, ob die Materialen zueinanderpassen.

GEWEBEEINLAGE: Eignet sich hervorragend für leichte bis mittelschwere Baumwollstoffe. Müssen im gleichen Fadenlauf wie der Bekleidungsstoff zugeschnitten werden.

TRIKOTEINLAGE: Eine leichte Bügeleinlage, die perfekt für alle leichten Stoffe ist. Sie gibt Stoffen Elastizität und Dehnbarkeit.

WIRKEINLAGE/RASCHELEINLAGE: Eine mittelschwere Einlage, die speziell zu Wollstoffen passt.

BÜGELEINLAGEN AUFBÜGELN

Zuerst sollte man sich immer vergewissern, dass man auch die richtige Seite zum Aufbügeln erwischt hat. An kleinen Klebstoffsprenkeln erkennt man, diese Seite kommt direkt auf den Stoff. Bügeleinlagen müssen einlaufvorbehandelt werden, dafür bügelt man sie mit einem Bügeltuch und viel Dampf. Danach wird die Einlage mit der Klebeseite nach unten auf das zu verstärkende Stück Stoff gelegt. Die Lagen dann mit der Sprühflasche befeuchten, ein Bügeltuch aus Organza darüberlegen und das Bügeleisen im Wechsel aufsetzen und anheben, das ist besser, als hin und her zubügeln. Das Bügeleisen außerdem für fünf bis zehn Sekunden auf einer Stelle gedrückt halten, dann zur nächsten wechseln.

EINLAGEN ZUM AUFBÜGELN (von links nach rechts): Wirkeinlage/Rascheleinlage, Rosshaareinlage zum Aufbügeln, Gewebeeinlage zum Aufbügeln, Trikoteinlage.

KLEIDUNGSSTÜCKE MIT STOFF VERSTÄRKEN

Bei dieser Verstärkung bekommt der Bekleidungsstoff einfach eine zweite Lage aus Stoff, bevor die Schnittteile zusammengenäht werden. Das ist aus mehreren Gründen praktisch: 1) Der Verstärkungsstoff gibt dem Bekleidungsstoff Form und Stabilität; 2) Er unterstreicht die Farbe des Außenstoffs; 3) Man kann auf ihn die Schnittmustermarkierungen übertragen; und 4) Er fungiert als unterstützende Stofflage zum Verankern von Stichen. Wird zum Beispiel ein Saum nur am Verstärkungsstoff fixiert, sind die Stiche von außen unsichtbar. Vor allem bei Seidenstoffen wie Duchessesatin, wo man jeden kleinen Pikser sofort sieht, ist das nützlich.

Der gebräuchlichste Verstärkungsstoff ist Seidenorganza, er ist leicht zu markieren, lässt sich gut bügeln und sorgt beim Außenstoff für Halt und Passform.

Weitere geeignete Stoffe (nach Stoffschwere vom leichtesten zum stärksten) sind Organdy, Baumwolle, Batist, Seidenkrepp, Nessel, Taft und Rosshaareinlage. Die Wahl des Stoffs hängt vom Effekt ab, den man hervorrufen möchte. Bevor man sich entscheidet, sollte man mit Stoffproben experimentieren. Abgesehen davon ist man mit Seidenorganza immer auf der sicheren Seite, es sei denn, man verarbeitet einen Stoff, der noch luftiger und fließender beschaffen ist. Dann sollte man entsprechend einen noch feineren Verstärkungsstoff wählen.

Das Verstärken selbst funktioniert so: Die Schnittteile zuerst nur aus dem Verstärkungsstoff zuschneiden. Alle Schnittmustermarkierungen inklusive der Angabe des Fadenlaufs darauf übertragen (siehe Fotos unten, das Schnittteil ist ein Schößchen und der Abnäher sowie der Fadenlauf sind deutlich angezeichnet). Dann das Verstärkungsstück flach und in Fadenlaufrich-

EIN KLEIDUNGSSTÜCK MIT STOFF VERSTÄRKEN

A. Den Verstärkungsstoff mit Markierungen auf den Außenstoff stecken.

B. Den Außenstoff mithilfe des Verstärkungsstoffs als Vorlage zuschneiden.

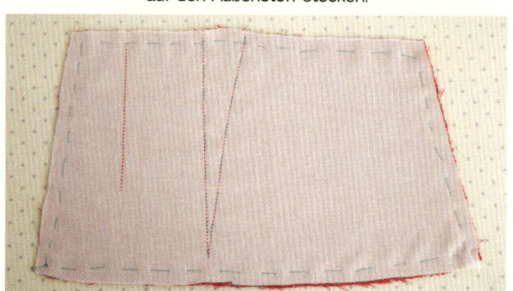

C. Den Verstärkungsstoff auf den Außenstoff heften.

D. Die Nahtzugaben im Hexenstich versäubern.

tung auf das Außenstoffteil legen (aber nicht im Stoffbruch) und feststecken.

Noch ein Tipp: Die Stecknadeln von innen nach außen einstechen. So bleibt der Verstärkungsstoff straff und glatt (Abb. A). Als nächstes den Außenstoff zuschneiden, mit dem Verstärkungsstoff als Vorlage (Abb. B). Die Teile glätten und anschließend in den Nahtzugaben zusammenheften, bei Abnähern ebenfalls auf der Markierung entlangheften (Abb. C). Ab jetzt werden die beiden Lagen wie ein Teil verwendet.

Die Nahtzugaben für ein flaches Endergebnis ohne Dellen oder Huckel mit Hexenstich auf dem Verstärkungsstoff festnähen (Abb. D).

OBERTEILE VERSTEIFEN

Wenn ein Kleidungsstück Falten schlägt, wo es nicht soll, oder an unerwünschten Stellen durchhängt, kann man ihm mithilfe einer Versteifung wieder Stabilität und Stütze geben. Auch für die Belege bei hochtaillierten Röcken ist das vorteilhaft, um ein Ausbeulen des Taillenbunds zu verhindern.

Um herauszufinden, wo genau etwas versteift werden soll, leistet ein Probestück gute Dienste. Daran kann man, etwa mit Stäbchenband, Testversteifungen einnähen. (Stäbchenband lässt sich schnell und einfach schneiden und nähen, wie weiter unten noch erklärt wird.) Die Stellen, die am häufigsten versteift werden, sind Vorderseiten bei Oberteilen sowie Seiten- und Rückennähte. Verwendet man Verstärkungsstoff, können die Versteifungen überall darauf angebracht werden, nicht nur in den Nähten. Vor dem Zusammenheften mit dem Außenstoff umschließt man die Stäbe mit Tunnelband.

Es gibt drei Sorten von Versteifungen, die beim Schneidern zum Einsatz kommen: Wigona-Stahlfedern, Stäbchenband aus Polyester (Rigeline) und Spiralfedern aus Stahl. (Das ist meine Lieblings-, weil universelle Variante.) Eine Wigona-Stahlfeder wird mit einer Zange auf die Länge der zu versteifenden Stelle minus 6 mm für ein wenig Spiel zugeschnitten. Danach schiebt man

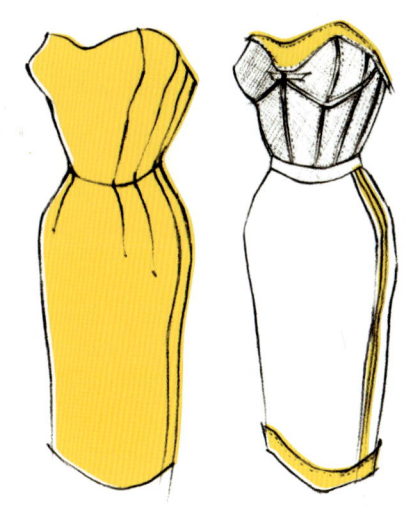

Ein Oberteil versteifen.

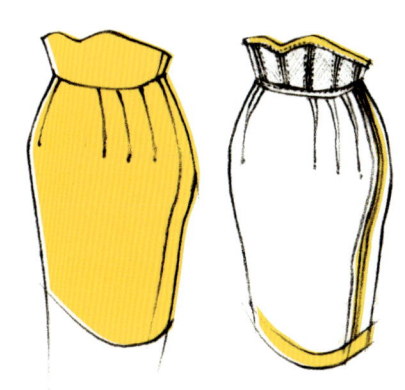

Einen hochtaillierten Rock versteifen.

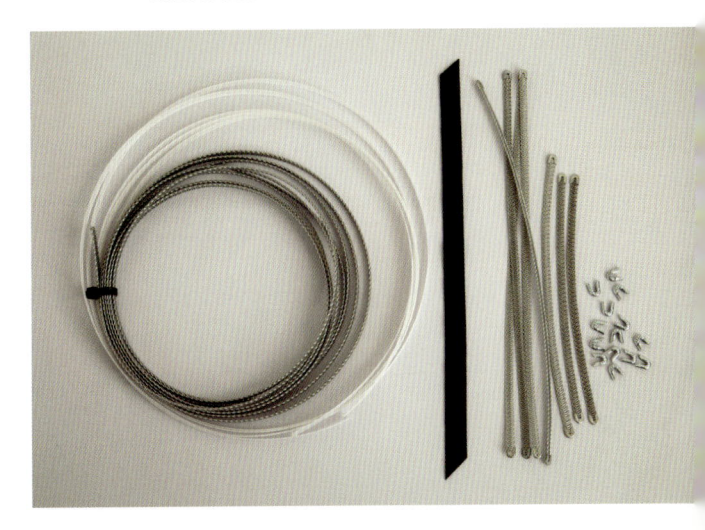

VERSTEIFUNGEN (von links nach rechts): Rigeline und Spiralfedern als Meterware, Tunnelband, fertig abgelängte Spiralfedern, Metallkäppchen.

RIGELINE

A. Feststecken und knappkantig beidseitig aufsteppen.

SPIRALFEDERN AUS STAHL

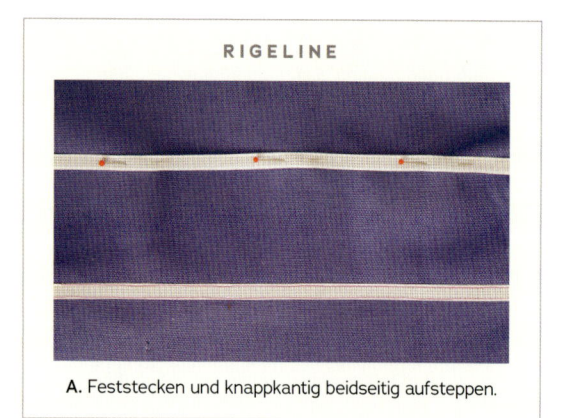

A. Feststecken und schmalkantig absteppen.

B. Mit einer Drahtzange auf Wunschgröße einkürzen.

C. Nach dem Einkürzen ein Metallkäppchen aufsetzen und zurechtbiegen.

sie in ein Tunnelband und fixiert das Ganze oben und unten mit ein paar Stichen. Das überstehende Tunnelband danach einkürzen und dann die Feder schmalkantig auf das entsprechende Stoffteil nähen.

Rigeline benutze ich, wenn es schnell gehen soll. Das Stäbchenband lässt sich ganz einfach mit einer Schere zerschneiden und es gibt kein Tunnelband. Allerdings sollte man die scharfkantigen Zuschnittenden vor dem Nähen abrunden und mit einer Kerze anschmelzen, damit sie nicht durch den Stoff stechen. Rigeline wird auf die entsprechende Stelle gesteckt und dann beidseitig aufgesteppt (Abb. A).

Aber nun zu den Spiralfedern aus Stahl. Sie sind sehr robust und haltbar, aber zugleich leicht, flexibel und lassen sich in alle Richtungen biegen, im Gegensatz zu den anderen beiden Sorten, die brechen oder sich verbiegen können. Man benötigt eine Zange zum Zerteilen und sie werden zum Verarbeiten in Tunnelband geschoben.

Für eine Federbreite von 6 mm sollte die Breite des Tunnelbands 1 cm betragen. Statt vorgefertigter Tunnelbänder kann man auch Schrägband oder hübsches Dekoband benutzen. Die Vorgefertigten stellen allerdings sicher, dass die Stahlfedern sich nicht durch den Stoff drücken. Um Nähte zu versteifen, wird zunächst das Tunnelband der Länge nach auf der Nahtzugabe festgesteckt und anschließend schmalkantig beidseitig abgesteppt (Abb. A). Für andere Stellen das leere Tunnelband zuerst auf den Verstärkungsstoff steppen. Damit es nicht schief wird, zuvor mit Lineal und Kreide eine gerade Linie anzeichnen. Nach dem Aufsteppen wird die Stahlfeder in das Tunnelband geschoben. Falls eine fertig abgelängte Spiralfeder nicht passt, das Stück mit einer Drahtzange zurechtkürzen (Abb. B). Dabei am besten nicht alles auf einmal durchschneiden, sondern jeweils nur den dünnen Teil der Spirale. Auf das Ende setzt man zum Schluss ein Metallkäppchen und biegt es fest (Abb. C).

VERSTÄRKUNGSSTICHE UND NAHTBAND

Beide Methoden dienen der Stabilisierung und Formgebung von Stellen, die im schrägen Fadenlauf zugeschnitten werden und gerundete Nahtlinien haben, etwa Halsausschnitte.

Verstärkungsstiche werden sofort nach dem Zuschneiden mit der Nähmaschine bei normaler Stichlänge in die Nahtzugaben des Schnittteils genäht, etwa 1,3 cm von der Schnittkante entfernt. Bei einem Halsausschnitt geht man in zwei Schritten vor: Auf der einen Seite des Ausschnitts (bzw. der Schulternaht) beginnen und bis zur Mitte nähen, dort stoppen. Dann von der anderen Seite (bzw. Schulternaht) in die Mitte nähen und dort stoppen.

Nahtband ist ein schmales Fixierband für Hals-, Taillen- und Schulternähte, damit diese in Form bleiben (Abb. A). Es wird ebenfalls sofort nach dem Zuschneiden auf das Schnittteil genäht. Entweder kauft man vorgefertigtes Nahtband, oder aber man benutzt die Webkanten von Stoffen oder im Fadenlauf zugeschnittene Streifen von Seidenorganza. Für gerade Nähte eignet sich auch Köperband. Das Anbringen funktioniert wie folgt: Die Nahtlinie auf dem Stoff anzeichnen, das Nahtband auf der Markierung feststecken und dann in der Nahtzugabe von Hand festheften (Abb. B).

Für runde Nähte eignen sich Schrägstreifen aus Organza, die sich nicht mehr dehnen: Dafür einen 4 cm langen Streifen zuschneiden, ein Ende auf dem Bügelbrettüberzug feststecken, mit der Hand soweit wie möglich auseinanderziehen, kräftig bügeln und dabei weiter mit dem Bügeleisen ausdehnen. Nun ist der Streifen das perfekte Nahtband für gerundete Nahtlinien, weil der schräge Fadenlauf es noch ermöglicht, Bogenformen zu folgen (Abb. C).

NAHTBAND

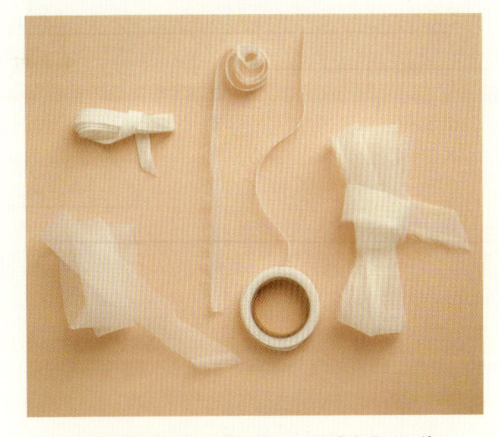

A. Von links nach rechts: Organza-Schrägstreifen, Köperband, gedehnte Organza-Schrägstreifen, Nahtband, Organzastreifen in gerader Webrichtung.

B. Eine gerade Halslinie mit Nahtband verstärken.

C. Eine runde Halslinie mit einem gedehnten Organza-Schrägstreifen stabilisieren.

Maßschneidern

Im Grunde besteht die Kunst des Schneiderns aus dem Zusammenspiel von Einlagen, Handstichen und behutsamem Bügeln, um einem Kleidungsstück Form und Festigkeit zu geben. Das ist im Prinzip alles, was man verstehen muss. Der Stoff allein verleiht einem Revers nicht dessen schönen, sanften Schwung. Dafür braucht es Rosshaareinlage, Pikierstiche, Köperband und Heftungen. Das Schneiderhandwerk ist beinahe eine magische, alchemistische Kunst. Wie erstaunlich zum Beispiel, wenn ein wundervoller Reversbruch oder Kragen unter den eigenen Händen Gestalt annimmt, wenn man ihn pikiert! Ich habe die Projekte in diesem Buch auf die Damenschneiderei begrenzt – sie ist etwas weniger komplex als die Herrenschneiderei. Aber man bekommt eine gute Vorstellung vom Schneidern, und man muss sich nicht mit schwer zu bekommendem Nähzubehör herumärgern.

Außerdem liebe ich es wie gesagt, von Hand zu nähen. Das ist sehr entspannend und ich stelle mir dabei immer vor, ich wäre eine Maßschneiderin in Londons berühmter *Goldener Meile des Schneiderns*, der *Savile Row*.

ZUBEHÖR ZUM SCHNEIDERN: (im Uhrzeigersinn von oben links): Schulterpolster, Ärmelstützband, Seidengarn, Bienenwachs, Köperband, Schrägstreifen von Mohair und Rosshaareinlage, Einlagen, kleine Schneiderschere.

AUFBAU EINES GESCHNEIDERTEN JACKETTS

- Revers
- Kragensteg
- Bruchlinie
- Kragenumschlag
- Jacketvorderseite

Um mit den Schneidertechniken vertrauter zu werden, nehmen wir ein geschneidertes Jackett unter die Lupe. Es hat eine Reihe maßgeschneiderter Bestandteile und die wichtigsten sind Kragen und Revers. Der Kragen besteht aus drei Teilen: Kragensteg, Bruchlinie und Kragenumschlag. Der Kragensteg befindet sich dicht am Hals und steht vom Körper ab. Die Bruchlinie bezeichnet die Stelle, an der der Kragen nicht mehr absteht, und der Kragenumschlag meint den Bereich des Kragens, der bereits gen Revers umgelegt ist. Damit er sein dreidimensional geformtes Äußeres erhält, wird die Kragenunterseite mit Rosshaareinlage pikiert.

Daneben wird auch die Vorderfront des Jacketts einschließlich des Revers verstärkt. Das Revers hat eine eigene Bruchlinie, den Reversbruch, dort wo die Jackettvorderseite nach außen umgeschlagen wird, diese Stelle pikiert man ebenfalls. Für extra viel Stabilität wird der Reversbruch außerdem Köperband versehen. Damit Kragen und Revers ihre Form behalten, werden sie zum Schluss auf einem Bügelei bzw. einem Handtuch mit einem Bügeleisen gedämpft. Danach lässt man sie trocken.

Die übrige Jackettvorderseite besteht neben dem Außenstoff aus einer Lage von festem Verstärkungsstoff wie Nessel. Paspelknopflöcher (siehe Seite 60) sollten sehr früh in den Konstruktionsprozess des Kleidungsstücks eingeplant werden. Später kann man dann noch rechteckige Öffnungen in den Verstärkungsstoff arbeiten, damit die Knöpfe hindurchpassen.

VORDERFRONT EINES JACKETTS MASSSCHNEIDERN

Zunächst verstärkt man die Jackett-Schnittteile komplett mit Nessel oder einer anderen festen Stoffeinlage, indem man die Lagen aufeinander heftet (siehe Seite 74). Das gibt dem Ganzen Festigkeit und stabilisiert hier auch die Armausschnitte. Zusätzlich wird, nur für das Revers, noch Rosshaareinlage zugeschnitten. Nessel und Rosshaar näht man mit Zickzackstichen aufeinander und dann auf den Außenstoff.

REVERSBRÜCHE VERSTÄRKEN

Der Reversbruch wird an der inneren Kante der Rosshaareinlage stabilisiert: Einen Streifen Köperband entsprechend der Kantenlänge zuschneiden, knapp unterhalb der Bruchlinie positionieren und ein Ende feststecken. Vom anderen Ende des Bands 6 mm entfernt eine Markierung anzeichnen und diese ebenfalls fixieren, so kräuselt sich der darunterliegende Stoff (Abb. A, B). Die Kräuselungen glatt streichen, das Köperband endgültig aufstecken und mit Hexenstichen festnähen, dabei vom Außenstoff nur ein oder zwei Gewebefäden auf die Nadel nehmen (Abb. C). Mit dieser Methode wird die Bruchlinie haltbar, sie sorgt aber gleichzeitig für einen schönen Fall des Jackenaufschlags.

REVERSBRUCH VERSTÄRKEN

A. 6 mm vom Ende des Köperbands entfernt eine Markierung anzeichnen.

B. Am Köperband ziehen, sodass die Markierung genau über dem Ende der Bruchlinie liegt.

C. Das Köperband mit Hexenstichen festnähen.

EIN REVERS PIKIEREN

Nach dem Verstärken des Reversbruchs wird der Jackenaufschlag pikiert, um ihn zu formen. Pikierstiche sind die Krux des Schneiderns und dank ihnen gelingen viele Vintage-Jacketts und -Mäntel erst perfekt.

Was man beim Pikieren generell beachten sollte:

- Beim Nähen einen Finger unter dem Reversbruch lassen, so wird der Stoff in die gewünschte Form modelliert.
- Nicht in die Nahtzugaben pikieren.
- Keine Sorge, wenn sich der Außenstoff ein bisschen dellt, das ist hinterher nicht zu sehen.
- Am Ende einer Stichreihe den Stoff nicht drehen, stattdessen wieder nach oben weiterheften, so bleiben die Stiche schön akkurat.
- Die Länge der Stiche und die Abstände zwischen ihnen sollten aufeinander abgestimmt sein. Wenn der Stichabstand beispielsweise 1,5 cm beträgt, sollte auch die Stichlänge bei 1,5 cm liegen.

Die Pikierstiche in einer gerade Linie nach unten nähen (siehe Seite 53). Dabei das Revers entlang der Bruchlinie mit den Fingern zurechtformen (Abb. A). An der Revers-Außenecke etwas kleinere Stiche arbeiten. So wird sie von innen in Richtung Körper modelliert. Nach dem Pikieren ein Handtuch zusammenrollen, unter das Revers legen und jetzt mit dem Bügeleisen dämpfen, was das Zeug hält. Das Revers dabei aber nicht platt pressen (Abb. B). Schließlich wird ein weicher Umschlag geformt und kein scharfer Knick. Über Nacht trocknen lassen und fertig!

EINEN KRAGEN PIKIEREN

Ein pikierter Kragen hat Stand und legt sich perfekt um den Hals herum.

Zunächst schneidet man gemäß Schnittmuster aus Rosshaareinlage ein Unterkragenteil zu. Dann schneidet man die Nahtzugaben der hinteren Mittelnaht weg, legt die Kanten übereinander und näht sie mit Zickzackstichen wieder zusammen. Danach werden Bruchlinie und Nahtzugaben auf der Einlage angezeichnet (Abb. A). Anschließend die Einlage auf das Schnittteil aus Stoff legen und entlang der Bruchlinie mit langen Heftstichen aufeinandernähen (Abb. B).

Als Nächstes wird der Kragensteg pikiert (Bereich unter der Bruchlinie). Dafür 6 mm lange Pikierstiche arbeiten und den Stoff dabei mit dem Zeigefinger unter der Bruchlinie rollen (Abb. C). Nicht in die Nahtzugaben nähen.

Den Kragen drehen und den Kragenumschlag (den Bereich über Bruchlinie) pikieren. Diese Stiche länger arbeiten (etwa 1,5 cm). Währenddessen den Kragen weiter mit den Fingern in Form ziehen (Abb. D).

EINEN KRAGEN PIKIEREN

A. In geraden Linien Pikierstiche nähen.

B. Das Revers mit einem Handtuch darunter dämpfen.

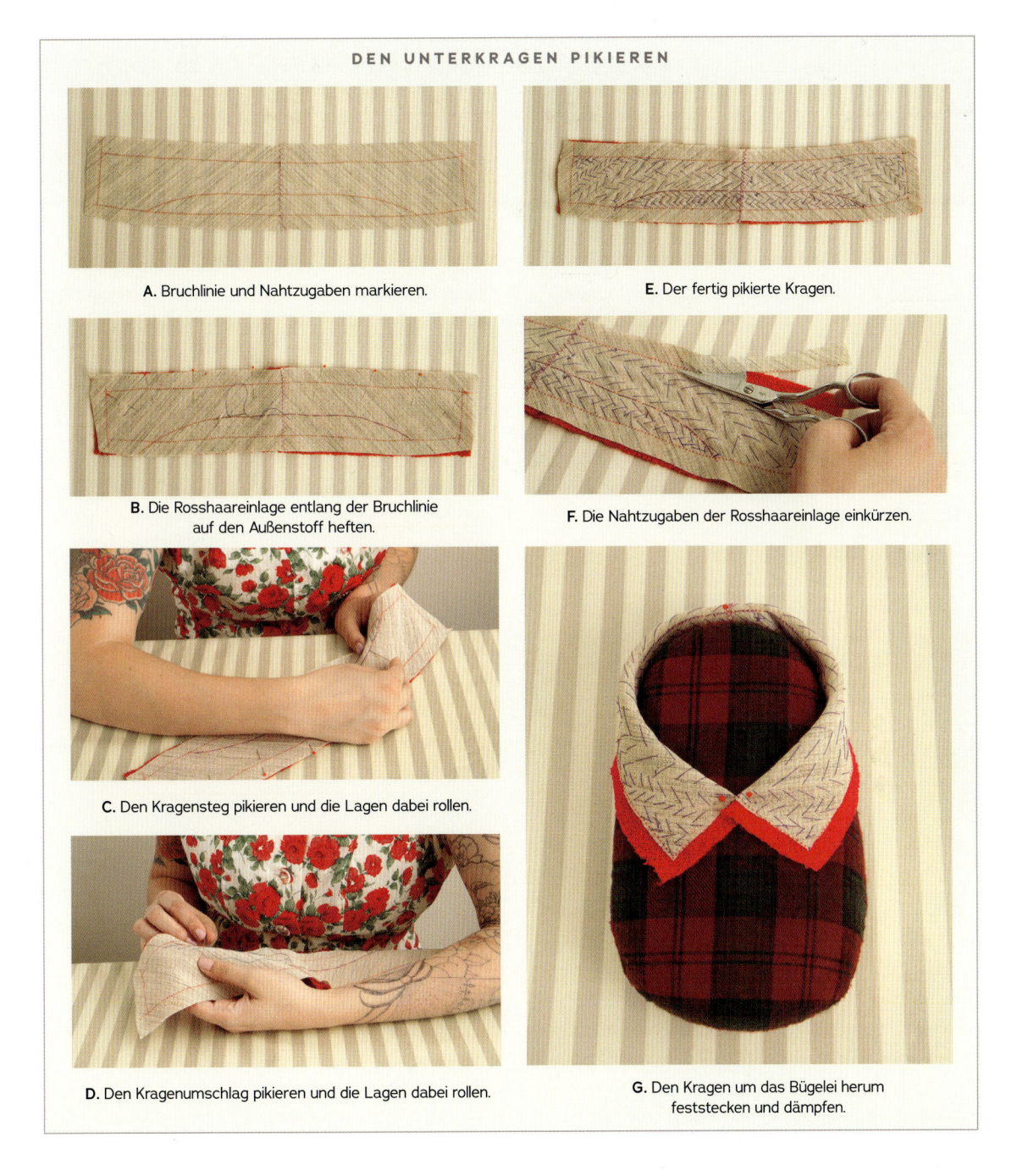

DEN UNTERKRAGEN PIKIEREN

A. Bruchlinie und Nahtzugaben markieren.

B. Die Rosshaareinlage entlang der Bruchlinie auf den Außenstoff heften.

C. Den Kragensteg pikieren und die Lagen dabei rollen.

D. Den Kragenumschlag pikieren und die Lagen dabei rollen.

E. Der fertig pikierte Kragen.

F. Die Nahtzugaben der Rosshaareinlage einkürzen.

G. Den Kragen um das Bügelei herum feststecken und dämpfen.

Der fertig pikierte Kragen sieht so aus (Abb. E). Jetzt noch bei der Rosshaareinlage die Nahtzugaben einkürzen (Abb. F). Nun kann der Kragen um ein Bügelei gelegt und festgesteckt werden. Dann das Ganze reichlich mit Wasser besprühen und ordentlich dämpfen (Abb. G). Die Bruchlinie jedoch auf keinen Fall mit Druck bügeln. Jetzt kann der Kragen auf dem Bügelei bis zum nächsten Tag trocknen. Das ist Magie!

VERSTÄRKEN UND MASSSCHNEIDERN | 81

DER OBERKRAGEN

Wenn der Unterkragen fertiggestellt ist, wird der Oberkragen vorbereitet. Der Unterkragen wird meistens im schrägen Fadenlauf mit einer hinteren Mittelnaht zugeschnitten (das macht ihn biegsamer für die Pikier-Ausformung). Im Gegensatz dazu ist der Oberkragen nicht formgebend. Man schneidet ihn dementsprechend im geraden Fadenlauf zu und er hat auch keine Mittelnaht. Er wird aber mit einer Einlage versehen, die zur Schwere des Unterkragens passen sollte.

Am besten eignet sich dafür aufbügelbare Wirk- oder Rascheleinlage, weil sie zwar leicht ist, aber trotzdem Stabilität verleiht. Aus dem Oberkragenschnittteil also einmal Stoff und einmal Einlage zuschneiden, und die Einlage dann aufbügeln (siehe Seite 73).

Danach werden Ober- und Unterkragenteil rechts auf rechts zusammengenäht; die Nahtzugaben anschließend unterschiedlich breit zurückschneiden, einkürzen und an den Rundungen einknipsen und einkerben. Im nächsten Schritt die Nahtzugaben mit einem Bügelamboss (siehe Seite 30) flach auseinanderdrücken. Den Kragen wenden. An dieser Stelle lege ich den Kragen oft nochmals auf das Bügelei und dämpfe beide Lagen zusammen. Nach dem Trocknen an den Halsausschnitt des Jacketts oder Mantels heften.

BELEGE

Als nächstes werden die Belege vorbereitet und an das Kleidungsstück genäht. Schnittmuster für Jacketts und Mäntel haben immer Schnittteile für vordere Belege, manche zusätzlich auch eines für den hinteren Halsbeleg. Prinzipiell empfehle ich, Belege mit einer aufbügelbaren Einlage zu verstärken. Ein rückwärtiger Halsbeleg wird an den Schulternähten mit den vorderen Belegen zusammengenäht. Dafür die Nahtzugaben auseinanderbügeln. Den Beleg rechts auf rechts kantengenau auf das Kleidungsstück stecken und entlang der Außenstoffschnittkante festnähen.

Ansonsten (ohne hinteren Halsbeleg) die Nahtzugaben der Schulternähte flach auseinander drücken. Jeden Beleg rechts auf rechts kantengenau auf den entsprechenden Bereich des Kleidungsstücks stecken und festnähen. Die Nahtzugaben anschließend unterschiedlich breit zurückschneiden, einkürzen und an den Rundungen einknipsen und einkerben sowie danach mit dem Bügelamboss auseinander drücken. Die Belege nach innen klappen. Die Nahtzugaben der Schulternähte mit Saumstichen versäubern. Die Nahtlinie gen Innenseite verschieben, mit schrägen Heftstichen (siehe Seite 53) einmal um die Jackettöffnung herumnähen. Zum Schluss die Belege dämpfen.

FUTTER

Bei handgeschneiderten Kleidungsstücken wird das Futter typischerweise von Hand eingenäht: Verstärkungsstiche mit Stichlänge 1,5 cm um die Kanten des Futters herumarbeiten und die Nahtzugaben von der anderen Seite aus bügeln, sodass sie eingedrückt werden. Das Futter in der Kleiderinnenseite platzieren, feststecken und mit Staffierstichen (siehe Seite 51) festnähen.

Mit der Nähmaschine wird es so gemacht: Das Futter rechts auf rechts auf den Belegen feststecken und absteppen und 10 cm vor dem Jackettsaum stoppen. Das Futter in Richtung der Belege bügeln und, mit der rechten Seite außen liegend, in das Jackett einschlagen. Die Unterkante mit Staffierstichen von Hand festnähen. (Hinweis: Gibt es keinen hinteren Beleg, wird das Futter an den Nahtzugaben des Kragens an der hinteren Halslinie befestigt.)

EINEN MASSGESCHNEIDERTEN ÄRMEL EINSETZEN

Dieser Arbeitsschritt ist einer meiner liebsten! Hat man die Ärmel eingenäht, nimmt ein Mantel endlich richtig Gestalt an. Und wenn man meine Methode benutzt, ist es auch ganz, ganz einfach. Der Designer Cristóbal Balenciaga war bekannt dafür, dass er seine Ärmel immer und immer wieder einsetzte, bis sie wirklich perfekt aussahen. Mit meiner Technik fühlt man sich wie ein Balenciaga – beim ersten Versuch!

EINEN MASSGESCHNEIDERTEN ÄRMEL EINSETZEN

A. Von der Mitte aus die erste Hälfte des Schrägstreifens auf das Armkugelteil nähen.

B. Die andere Hälfte ebenso aufsteppen.

C. Der in den Ärmel eingenähte Schrägstreifen.

D. Den Ärmel über dem Ärmelbrett dämpfen.

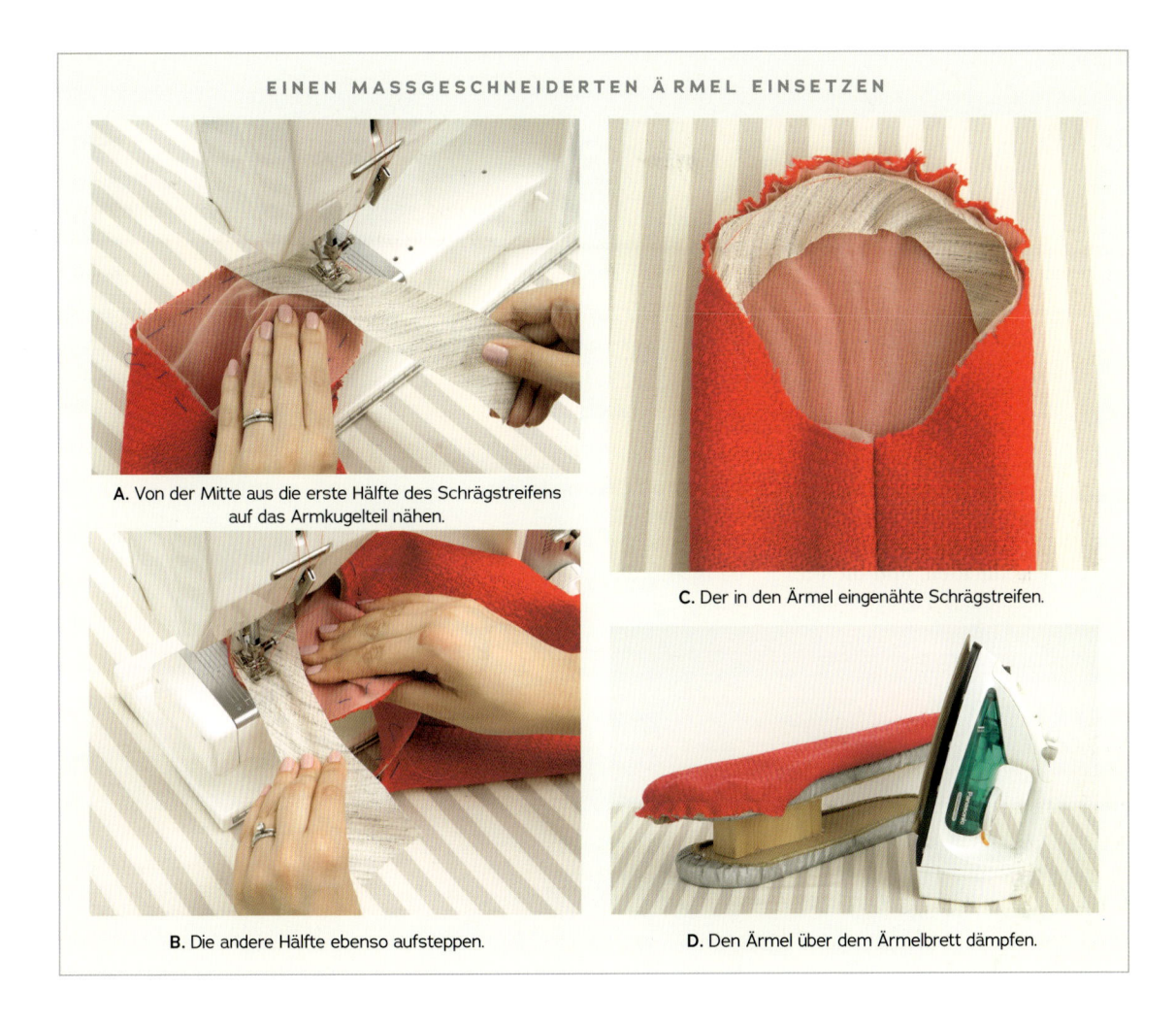

Zunächst werden die Armkugeln etwas biegsamer gemacht – mit Schrägstreifen aus einem weiteren Stoff, etwa Rosshaareinlage, Mohair oder anderer Wolle.

Es werden zwei Schrägstreifen à 5 cm x 30,5 cm benötigt. Für den ersten Ärmel den Schrägstreifen in der Mitte falten und mit der Mitte der Armkugel ausrichten. Den Streifen feststecken, schnittkantengenau ausgerichtet links auf links auf das Armkugelteil legen. In der Mitte mit dem Absteppen beginnen, bei 6 mm Nahtzugabe, und die Armkugel halb umrunden. Beim Nähen den Streifen ziehen, damit er sich dehnt und gleichzeitig den Ärmelstoff mit der anderen Hand etwas schneller schieben (Abb. A). So schmiegt sich die Armkugel in den Schrägstreifen und wird schulterähnlich vorgeformt. Nach dem Nähen nur noch vorsichtig den Streifen ziehen, aber nicht mehr schieben. Genauso die zweite Nahthälfte absteppen, wieder von der Mitte aus. Der Ärmel liegt diesmal rechts neben der Nadel (Abb. B). Ist die Armkugel nicht schön geformt (Abb. C)? Nun den Ärmel noch über dem Ärmelbrett dämpfen (Abb. D). Er sollte jetzt perfekt in den Armausschnitt passen! Das Ganze für den zweiten Ärmel wiederholen.

Eingesetzt wird der Ärmel ganz normal: Am Kleidungsstück platzieren, feststecken und heften. Den Schrägstreifen am Ende nicht einkürzen, sondern gen Ärmel bügeln für einen besseren Sitz und Halt der Armkugel.

Vintage-Nähbegriffe – englisch/deutsch

Die Grundlagen des Nähens und Schneiderns haben sich über die Jahre nicht geändert, aber die Nähbegriffe durchaus. Durch neue Technologien wurden Nähmaschinen und Kurzwaren weiterentwickelt, sodass einige Terminologien und Anweisungen in englischsprachigen Vintage-Schnittmustern veraltet sind. Auch einige Schnittdetails (wie zum Beispiel Zwickel) mögen zunächst fremd klingen, weil sie in der aktuellen Frauenmode keine Verwendung finden. Im Folgenden übertrage und erkläre ich deshalb einige verwirrende Begriffe. Damit wird die Benutzung von englischsprachigen Vintage-Schnittmustern zum Kinderspiel.

BELTING: Bezeichnet ein, heutzutage nicht mehr erhältliches, Verstärkungsband für die Taillenlinie von Röcken und Kleidern und lässt sich durch Ripsband ersetzen. Stattdessen kann man den Taillenbund auch einfach mit einer Einlage stabilisieren, wie moderne Schnittmuster es verlangen. Der Begriff „Belting" wird heutzutage für steifes Material zum Überziehen von Gürteln verwendet. Diese Nähtechnik kommt in Vintage-Schnittmustern natürlich auch vor.

BUTTONHOLE TWIST: Meint dickes Seidenstickgarn, mit dem Knopflöcher von Hand gearbeitet werden.

HALF-SIZE PATTERN: Schnittmuster für zierliche Frauen. Sie haben im Gegensatz zu den Normalgrößen ungerade Schnittmuster-Ordnungsnummern.

NECK-TYPE ZIPPER: In einigen Vintage-Schnitten sind die Halsausschnitte extrem eng anliegend konstruiert. Man benötigt einen extra Reißverschluss, um mit dem Kopf hindurchzupassen. Insofern wurde, wie damals en vogue, ein Reißverschluss seitlich eingesetzt, und zusätzlich ein zweiter, kleiner Reißverschluss an der hinteren Halsmittelnaht. Das kann man umgehen, indem man auf den seitlichen Reißverschluss gänzlich verzichtet und stattdessen einen langen Reißverschluss in die hintere Mittelnaht einnäht.

PRINTED PATTERN: Moderne Schneiderinnen sind an die aufgedruckten Markierungen auf ihren Schnittmustern gewöhnt. Insofern kann man es sich heute kaum noch vorstellen, dass Hersteller in den 50er-Jahren „printed patterns" als Riesenneuheit anpriesen. Aber davor waren alle Schnittmustermarkierungen perforiert. (Eine Perforierungslegende steht auf Seite 19.)

SEAM BINDING: In den meisten Vintage-Schnittmustern wird für die Saumverarbeitung nach einem gewebten Viskose-Saumband verlangt. Als Saumband ist es nach wie vor erhältlich.

SELF-COVERED BELT: Ein Gürtel, der mit dem Stoff überzogen wird, aus dem das Kleidungsstück besteht. Auf Seite 148 wird gezeigt, wie man selbst einen herstellen kann.

SLIDE FASTENER: Veralteter Ausdruck für Reißverschluss.

STRAIGHT OF GOODS: Vintage-Begriff für den „Fadenlauf". Immer wichtig, egal welcher Ausdruck verwendet wird.

UNDERARM GUSSET: Der „Achselzwickel" ist ein dreieckig geformtes Schnittteil, das bei eng anliegenden Kimono-Ärmeln in die Achselnähte eingepasst ist, damit der Arm Spiel und Bewegungsfreiheit erhält (wie beim Bleistiftkleid auf Seite 175).

WADDING: Damit ist das Wattieren bestimmter Körperpartien gemeint, etwa der Schultern. Mittlerweile kann man es sich einfach machen und vorgefertigte Schulterpolster kaufen. Wer die Polster für Schultern oder auch Brust und Hüfte selbst herstellen möchte, besorgt sich Watte in einem Quilt-Zubehörladen o.Ä. Ich quilte dafür gerne kleine wattierte Baumwollstücke zusammen, weil sie atmungsaktiv sind und sich gut waschen lassen.

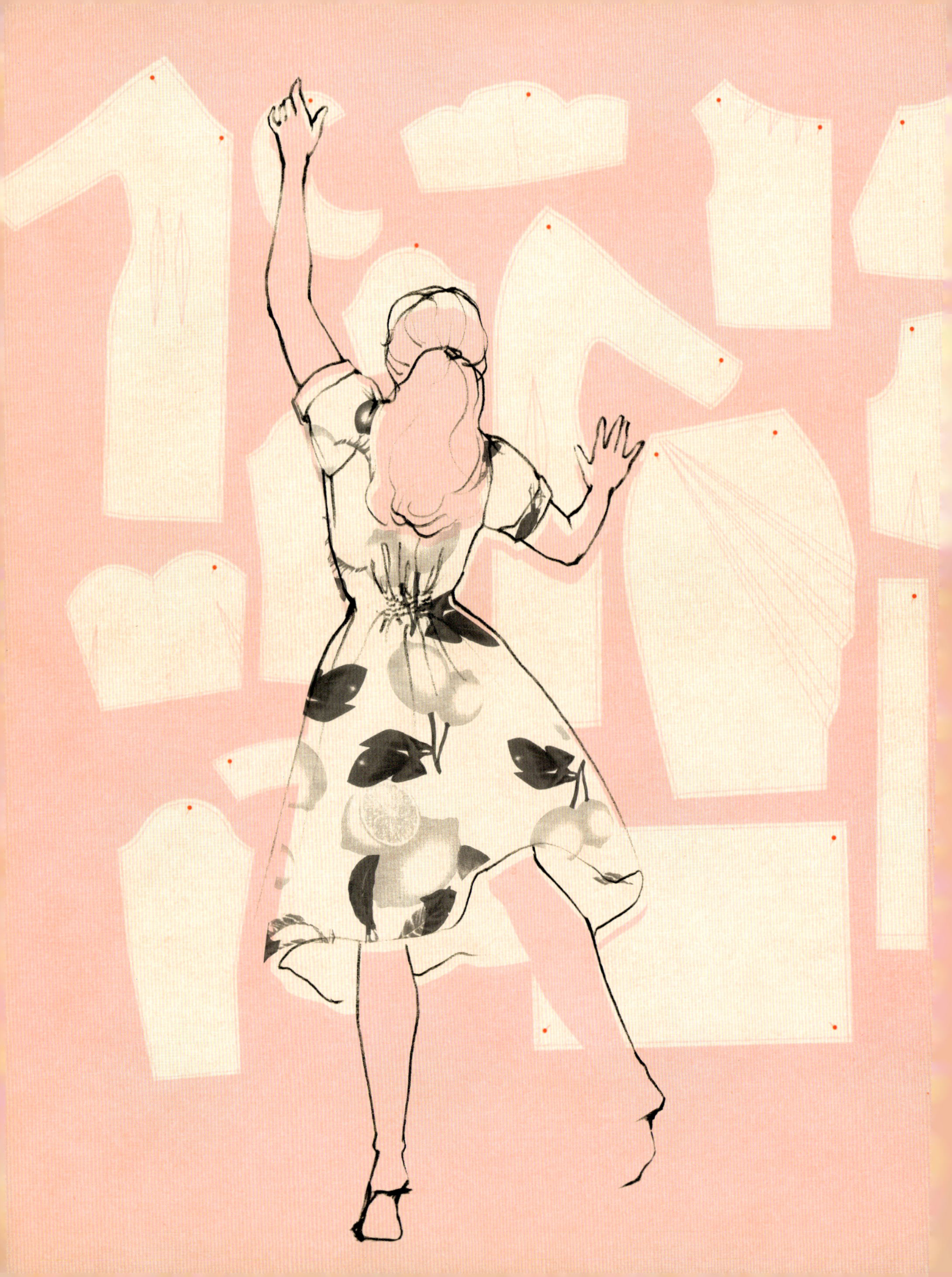

KAPITEL FÜNF

Schnittmuster entwerfen

ZUBEHÖR	89
SCHNITTMUSTER VARIIEREN	90
• Halsausschnitte	90
• Belege	91
• Weite zugeben	92
• Weite wegnehmen	95
• Abnäher verlegen	95
SCHNITTE ENTWERFEN	**98**
• Einen Kräuselrock	98
• Einen Tellerrock	102
• Kragenformen	104

Für das Entwerfen von Schnittmustern braucht es ein paar Voraussetzungen: 1) man muss einen Grundschnitt konstruieren für die fünf Basisbestandteile (als da wären Vorder- und Rückseite eines Oberteils, Vorder- und Rückseite des Rockteils sowie ein Ärmel); sowie 2) den Grundschnitt verändern für maßgeschneiderte Varianten. Es gibt darüber hinaus Grundschnitte für Hosen, lange Mäntel und Kleider ohne Taille, aber darauf wird in diesem Kapitel nicht eingegangen.

Designer beginnen selten ein neues Projekt mit einem von Grund auf neu konzipierten Entwurf; vielmehr greifen sie zu einem bereits existierenden Grundschnitt und modifizieren ihn. Ich habe Schnittkurse auf College-Niveau belegt, aber das meiste über Schnittmuster habe ich in alten Vintage-Schneiderhandbüchern gelernt. Die wesentlichen Informationen waren in einer auch für Laien verständlichen Sprache zusammengefasst, und es gab nachvollziehbare Erklärungen, wie sich Schnittmuster logisch durchdacht verändern lassen. Und das Ganze, ohne sich in Details über Skizziertechnik, Werkzeichnung, Reißschiene oder Zirkel zu verlieren. Wer möchte, kann mit der Schnittkonstruktion beginnen, indem er einfach eines der Schnittmuster aus diesem Buch verändert.

Im folgenden Kapitel zeige ich einige Grundlagen, die man beherrschen sollte, um Schnitte zu modifizieren. Außerdem gebe ich Tipps für die Erstellung von Schnitten – einen Kräuselrock, einen Tellerrock und einen Bubikragen – ohne Schnittvorlage.

Zubehör

Ein Lineal ist für die Schnittmusterkonstruktion unentbehrlich, meines ist ein transparentes Patchworklineal, 10 cm breit und 45 cm lang, und ich weiß wirklich nicht, wie ich ohne zurechtkäme. Außerdem benötigt man diese Utensilien:

SCHNITTMUSTERPAPIER/SEIDENPAPIER (A): Der neue Schnitt wird darauf gezeichnet, insofern braucht man eine Menge davon. In Kurzwarengeschäften aber auch in Künstlerbedarfsläden kann man zum Beispiel fündig werden und sollte gleich eine ganze Rolle mitnehmen.

FARBIGE BLEISTIFTE ODER FEINLINER (B): Es ist ratsam, immer eine Reihe farbiger Stifte zur Hand zu haben, um Korrekturen zu kennzeichnen.

KURVENLINEAL (C): Dieses ohrförmige Teil ist hilfreich beim Zeichnen von gerundeten Linien für runde Halsausschnitte und Armausschnitte.

KURVENLINEAL II (D): Eine schöne Ergänzung der Nähausstattung ist dieses etwas längere Kurvenlineal mit einer fein geschwungenen Spitze. Nützlich, um gerundete Hüftlinien bei einem Rock oder Hosen anzuzeichnen. Beide Lineale sind auch oft zusammen als Set erhältlich.

SCHNEIDERWINKEL (E): Er wird auch Reverswinkel genannt und leistet gute Dienste beim Zeichnen perfekter 90-Grad-Winkel.

KOPIERRÄDCHEN (F): Es wird verwendet, um Abnäher und andere Markierungen korrekt und genau zu übertragen.

FALLBLEISTIFT (G): Damit markiere ich die Änderungen auf dem Schnittmuster. Ein scharf angespitzter normaler Bleistift eignet sich genauso gut.

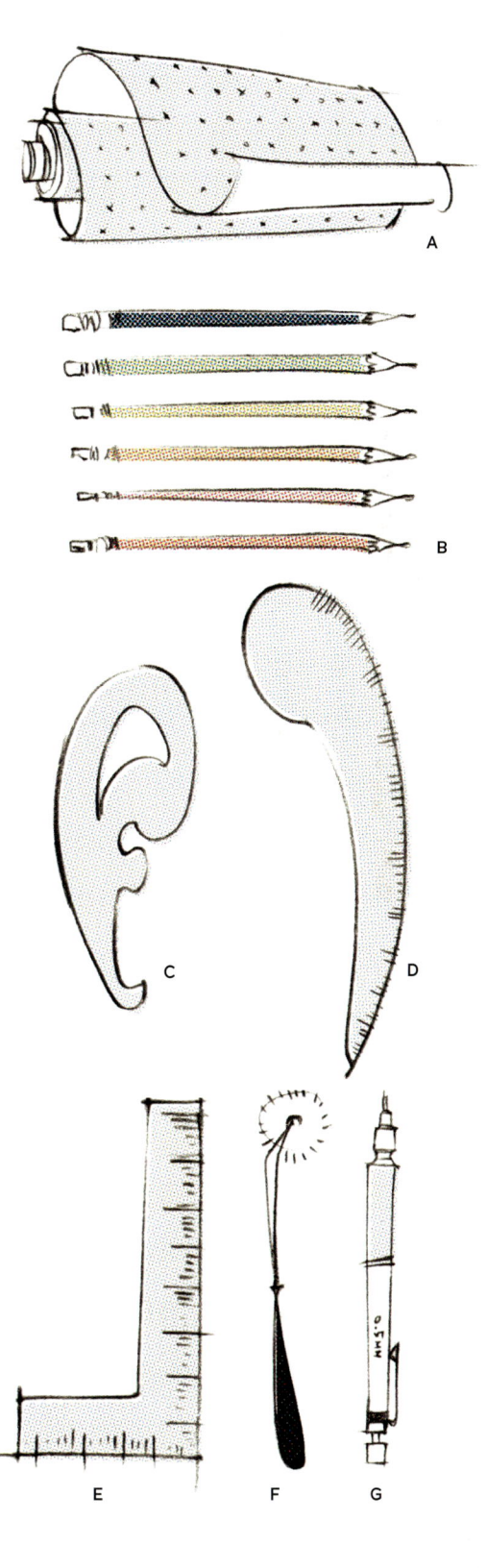

Schnittmuster variieren

HALSAUSSCHNITTE

Eine der ersten Techniken zum Schnittadaptieren, die ich gelernt habe, war das Verändern von Halsausschnitten. Wie oft sieht man ein schönes Schnittmuster, mag aber den Halsausschnitt nicht?

Nehmen wir zum Beispiel an, im Schnitt ist für den Hals ein klassischer Rundhalsausschnitt vorgesehen, man möchte aber stattdessen einen U-Boot-Ausschnitt. Dafür überlegt man sich, wie weit und tief die Halslinie reichen soll und markiert diese dann mit dem Kurvenlineal auf dem Schnittmuster (Abb. A). Voilà (Abb. B)! Die Abbildungen zeigen die Änderungen zum besseren Verständnis auf dem ausgebreiteten Schnittteil. Normalerweise wird auf der Schnittteilhälfte angezeichnet.

Beim Markieren die Nahtzugaben der neuen Nahtlinien nicht vergessen, dann kann man zuschneiden.

Noch eine Warnung: Wenn man einen hochgeschlossenen Halsausschnitt tiefer setzt, besteht das Risiko, dass er am Ende absteht, weil es im Originalschnitt nicht so vorgesehen war. Daher sollte man ein Probestück mit dem neuen Ausschnitt machen und ihn wenn nötig mit kleinen Abnähern korrigieren (siehe Seite 116).

VOM RUNDHALS ZUM U-BOOT-AUSSCHNITT

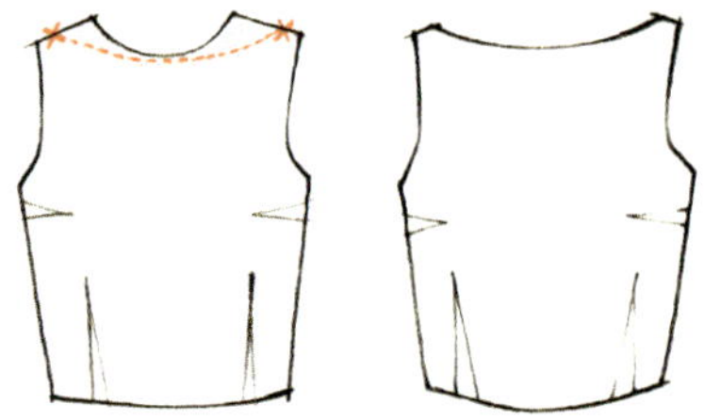

A. Den gewünschten U-Boot-Ausschnitt anzeichnen.
B. Fertig geändertes Schnittteil.

SCHNITTMUSTER ERSTELLEN

Goldene Regel

Bei allen Variationen von Rundhalsausschnitten sollte sich der vordere Mittelpunkt immer senkrecht im Lot zur vorderen Mitte des Oberteils befinden. Wenn der Punkt nur rechtwinklig ausgerichtet ist, erhält man eher einen leichten V-Ausschnitt als eine gerundete Linie.

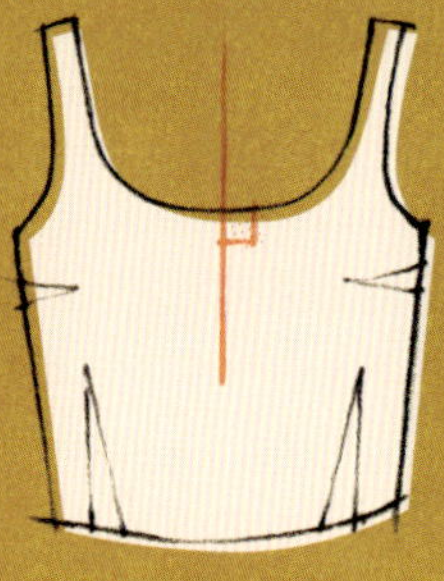

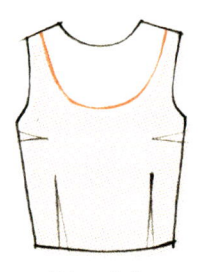

U-Ausschnitt 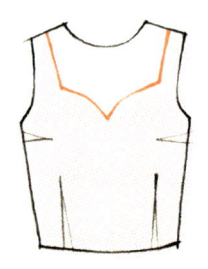   Herzförmiger Ausschnitt 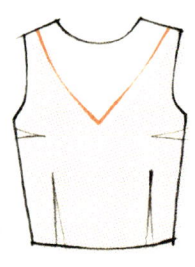   V-Ausschnitt 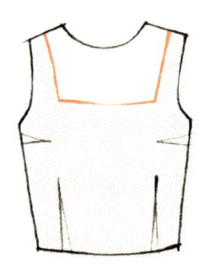   Carrée-Ausschnitt

BELEGE

Belege sind kleine Schnittteile, die Schnittkanten von Hals- und Ärmelausschnitten, Rock- und Hosenbünden oder Säumen sauber abschließen. Der Umriss des Schnittmusters stimmt mit dem Hauptschnittteil überein, es ist (meistens) aber nur 5 cm breit, plus einer Nahtzugabe von 1,5 cm. Oft entwirft man sich seine Belege selbst. Etwa bei einem veränderten Halsausschnitt. Oder, man hat so viele individuelle Änderungen vorgenommen, dass es einfacher ist, die Belegschnittteile neu zu erstellen, anstatt die Originalvorlagen zu verändern. Oder, im Schnittmuster wird ein Verstärkungsstoff verlangt, man möchte aber lieber Belege. No Problemo!

Einen Beleg für den Halsausschnitt erstellt man folgendermaßen: Schnittmusterpapier über das Schnittteil legen. 6,5 cm von der entsprechenden Schnittteilkante entfernt mit dem Patchworklineal eine Linie ziehen. Dies wird die Außenkante des Belegschnittteils (Abb. A). Dann fortfahren mit Hals- und Schulterlinie, und fertig ist der Beleg (Abb. B). Alle Schnittmustermarkierungen wie Fadenlauf etc. ebenfalls übertragen. Ein Beleg für ein Vorderteil wird gewöhnlich im Stoffbruch zugeschnitten (außer bei Konstruktionen mit einer vorderen Mittelnaht). Diese Methode kann man auch für Belege von Armausschnitten oder Säumen anwenden. Dann aber ein Kurvenlineal zum Zeichnen der runden Linien benutzen.

Einzige Ausnahme: Bei Belegen aus einem Stück funktioniert diese Methode nicht. Belege dieser Art nimmt man für ärmellose Kleidungsstücke. Als zweite Stofflage bedecken sie gleichzeitig Hals- und Armausschnitte, statt in mehreren kleinen Stoffstreifen innen herumzufliegen. Man beginnt mit dem Zeichnen bei der Umrisslinie des Armausschnitts, dann Schulter- und schließlich Halslinie. Etwa 5 cm unter der Halslinie und Armlochlinie aufhören. Für die Unterkante wird eine geschwungene Linie als Abschluss gezeichnet. Eventuell zum Schluss noch die Nahtzugaben einzeichnen.

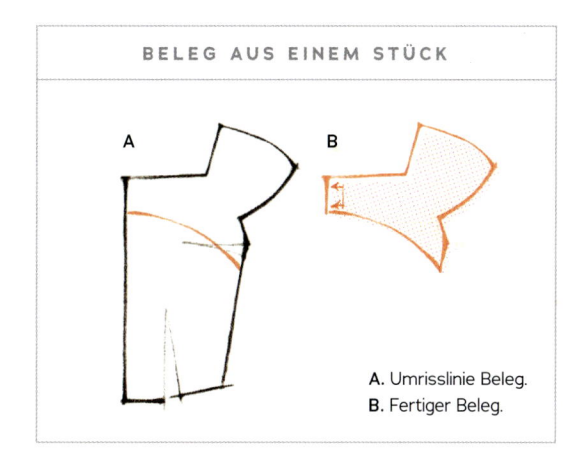

BELEG AUS EINEM STÜCK

A. Umrisslinie Beleg.
B. Fertiger Beleg.

BELEG FÜR HALSAUSSCHNITT

A. Umrisslinie Beleg.
B. Fertiger Beleg.

SCHNITTMUSTER ERSTELLEN

Goldene Regel

Große Änderungen am Schnittmuster sollte man immer mit einem Probestück testen. Ich habe das noch nie bereut! Wenn beispielsweise aus einem Rundhalsausschnitt ein tiefer V-Ausschnitt wird, der dann leider doch etwas absteht, ist es noch nicht zu spät zum Optimieren.

WEITE DAZUGEBEN

Das ist eine grundlegende, häufig verwendete Methode beim Erstellen eines Schnittmusters. Unter anderem kann man dadurch einen Bleistiftrock in einen ausgestellten Rock verwandeln, einen Halsausschnitt mit dekorativen Raffungen versehen, oder ein Oberteil bzw. einen Rock in Fältchen legen.

Es gibt drei Möglichkeiten, um Weite dazuzugeben: 1) die Nahtlinien weiter setzen; 2) das Schnittteil komplett in Streifen schneiden für eine gleichmäßig verteilte Zugabe; 3) das Schnittteil nicht ganz auseinanderschneiden für eine punktuelle Zugabe.

1. Nahtlinien weiter setzen

So kann man einen geraden Rock nach unten hin um zum Beispiel 5 cm verbreitern: Am unteren Ende der aktuellen Seitennähte auf jeder Seite 5 cm dazugeben. Die neuen Endpunkte mit den Hüftpunkten oben verbinden und auch die Saumlinie entsprechend verlängern (bitte ein Lineal benutzen). Voilà! Diese Methode funktioniert nur bis zu einer Weitezugabe von 7,5 cm.

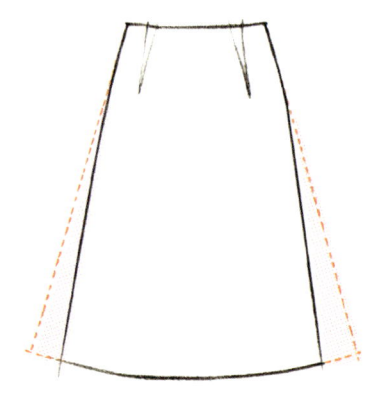

Von der Hüfte zum Saum Weite dazugeben.

2. Schnittmuster komplett in Streifen schneiden

Bei größeren Schnittveränderungen schneidet man das Schnittteil von oben nach unten auseinander und schiebt die einzelnen Streifen auseinander, sodass mehr Platz zwischen ihnen ist. Einen geraden Rock in A-Form zu bringen – oder nur einen Bereich des Rocks zu ändern, etwa aus dem Saum einen Volantsaum zu machen – funktioniert wie folgt: Zuerst auf das gesamte Schnittteil (bzw. den entsprechenden Saumbereich) im Abstand von 5 cm vertikale Linien aufzeichnen (Abb. A). (Für den Volantsaum zunächst entscheiden, wo er beginnen soll, dann diesen Bereich vom Schnittmuster abschneiden.) Das Schnittteil (bzw. den Bereich) dann auf ein großes Stück Schnittmusterpapier übertragen. Danach das Schnittteil an den markierten Linien in Streifen schneiden (Abb. B). Empfehlenswert ist es, die Streifen vorher zu nummerieren, damit nichts durcheinandergerät.

Nach Wunsch eine Mehrweite festlegen und diesen Wert durch die Anzahl der Streifen teilen. Wenn man also drei Streifen hat und 15 cm mehr Weite hinzufügen möchte, ist die Zahl der Wahl die Fünf; zwischen den Streifen werden dementsprechend jeweils 5 cm dazugegeben. (Beim Volantsaum ist das Verhältnis 2½ : 1, das bedeutet, der Saum sollte zweieinhalb mal weiter sein als der Rockbereich, an den er angebracht wird.)

Die Streifen auf dem neuen Stück Schnittmusterpapier verteilen, festkleben und die Nahtzugaben einzeichnen (Abb. C). Außerdem das Schnittmuster abgleichen, das heißt auf fehlerhafte Stellen überprüfen und diese korrigieren (siehe Kasten unten).

SCHNITTMUSTER ERSTELLEN

Goldene Regel

Das Schnittmuster prüfen

Bevor das neue Schnittteil zum Zuschneiden benutzt wird, kontrolliert man nochmals, ob alle Nahtlinien gerade sind und die Nähte und Abnäher zueinanderpassen. Abnäher faltet man dazu in die Richtung ein, in die sie nach dem Nähen gebügelt werden. Man kann auch, wenn nötig, neue Linien zeichnen, entweder für eine glatte Schnittteilkante, oder auch, wenn man einen Abnäher versetzt hat.

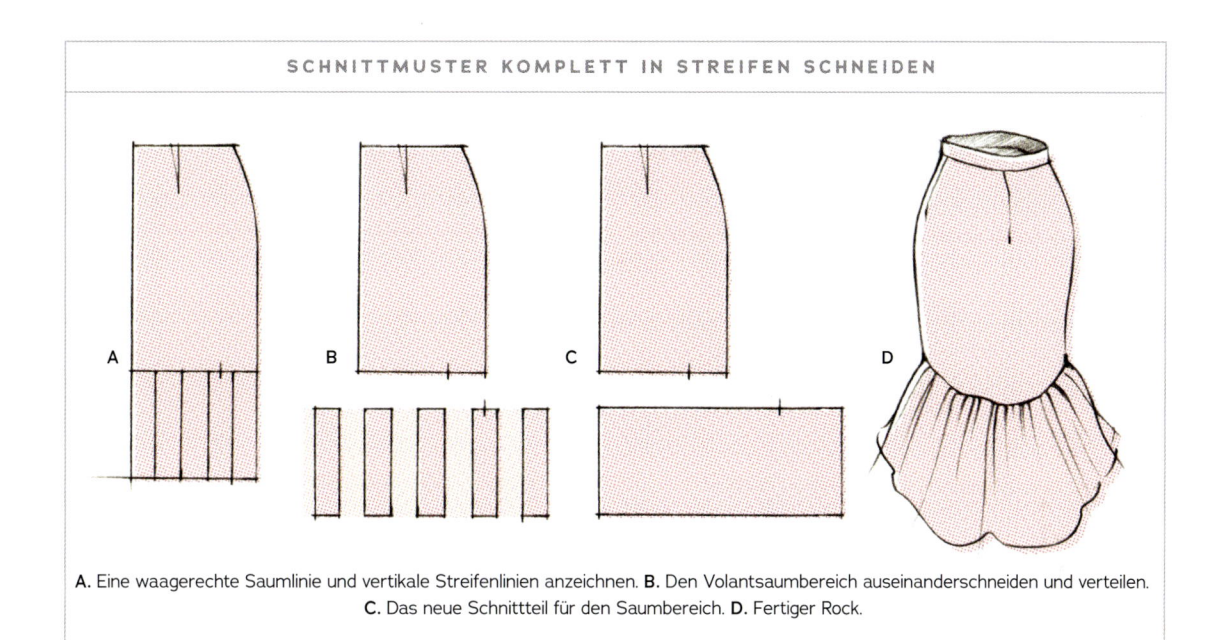

SCHNITTMUSTER KOMPLETT IN STREIFEN SCHNEIDEN

A. Eine waagerechte Saumlinie und vertikale Streifenlinien anzeichnen. **B.** Den Volantsaumbereich auseinanderschneiden und verteilen.
C. Das neue Schnittteil für den Saumbereich. **D.** Fertiger Rock.

Im Fall des ausgestellten Rocks muss nun zusätzlich noch der betonte Hüftschwung der geraden Rockform abgeschwächt werden, er würde nämlich ansonsten wie eine Flosse abstehen. Und wer will das schon?! Beim Volantrock sollte man außerdem nicht vergessen, dass sowohl an der Rockunterkante als auch an der oberen Saumkante Nahtzugaben hinzugefügt werden müssen.

3. Das Schnittteil nicht ganz auseinanderschneiden

Für die dritte Methode dient wieder der schon bekannte gerade Rock als Veranschaulichungsbeispiel. Diesmal wird er in einen Tulpenrock umgewandelt. In den frühen 60er-Jahren war das ein sehr populärer Rock. Er verleiht dem Körper eine kurvenförmige Silhouette und gibt Volumen an den Hüften, nicht am Rockende.

So wird es gemacht: Das Schnittteil im Abstand von je 5 cm einschneiden (siehe Abb. A, Seite 94), aber nicht komplett durchschneiden, sondern ein kleines Stück am Saum ganz lassen (Abb. B). Werden die Streifen nun verteilt, fächern sie sich nur im oberen Bereich auf (Abb. C). Perfekt, oder? An der Taille nicht zu viel Weite hinzufügen, niemand will

Tulpenrock

SCHNITTMUSTER ENTWERFEN

DAS SCHNITTTEIL NICHT GANZ AUSEINANDERSCHNEIDEN

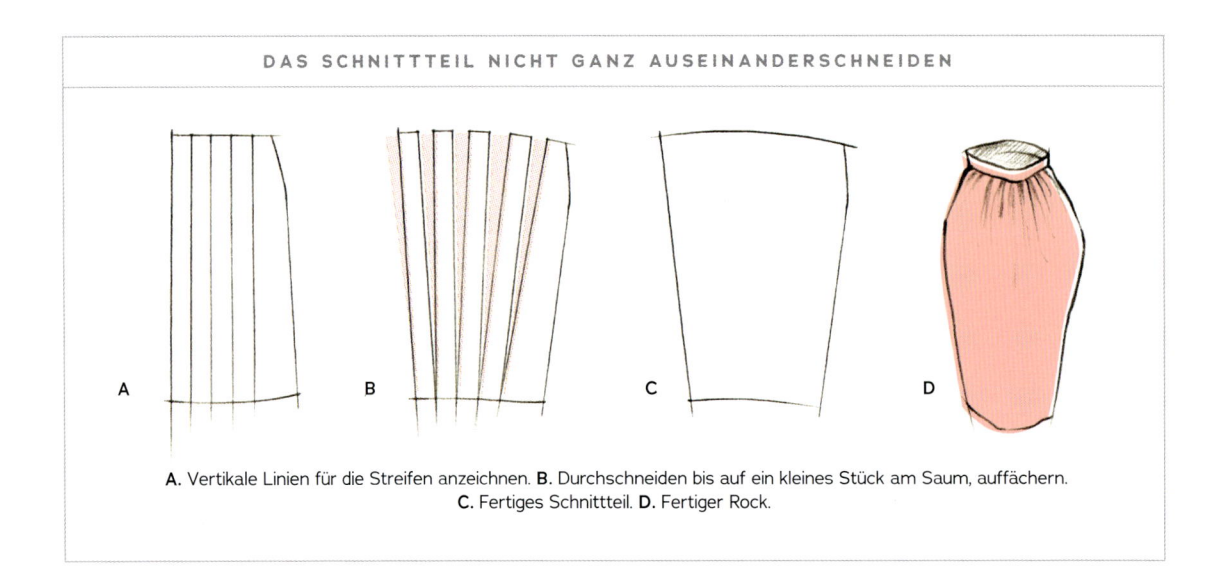

A. Vertikale Linien für die Streifen anzeichnen. B. Durchschneiden bis auf ein kleines Stück am Saum, auffächern.
C. Fertiges Schnittteil. D. Fertiger Rock.

da aufgeplustert aussehen. 7,5 cm oder weniger genügen als Abstand zwischen den Streifen.

Für einen Schwingrock mit ausgestelltem Saum kann man diese Technik ebenfalls benutzen. Beim In-Streifenschneiden wird am Taillenbund ein Stück ganz lassen, nicht am Saum. Dann nach Herzenslust auffächern!

Auch Raffungen am Halsausschnitt für luftige Blusen und Kleider lassen sich mit dieser Methode „zaubern": Dort, wo sie verlaufen sollen, einige Linien aufzeichnen, die im gleichen Abstand voneinander strahlenförmig von oben nach unten über das Vorderteil führen (Abb. A). Die Linien vom Halsausschnitt zur Unterkante des Vorderteils einschneiden, dort ein kleines Stück ganz lassen (Abb. B). Die Streifen in einem Verhältnis von 2:1 auseinanderschieben und ein neues Schnittmuster erstellen (Abb. C). Das heißt, das neue Schnittteil ist im Raffungsbereich zweimal so breit wie das alte.

Die Technik lässt sich auch für geraffte Flügelärmel, Glockenärmel oder Raffungen am Taillenbund und für Passen einsetzen.

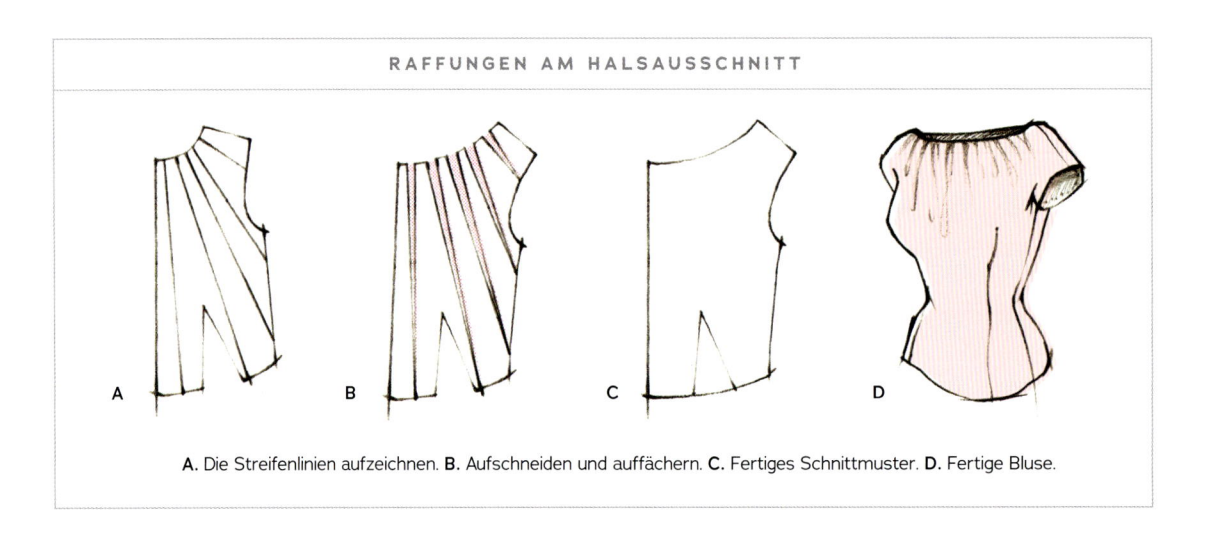

RAFFUNGEN AM HALSAUSSCHNITT

A. Die Streifenlinien aufzeichnen. B. Aufschneiden und auffächern. C. Fertiges Schnittmuster. D. Fertige Bluse.

WEITE WEGNEHMEN

Bei einem Schnittteil die Weite zu verengen, kann ebenfalls sehr von Nutzen sein. Und die drei zuvor beschriebenen Methoden funktionieren glücklicherweise auch andersherum! Seitennähte verschmälert man, indem man die Nahtlinien neu zeichnet und den Saum enger konstruiert. Aus dem ausgestellten Rock wird so ein schmaler Rock, der sich am Saum noch etwas mehr verjüngt. (Ein toller Trick, der einen geraden, schmalen Rock in ein richtig heißes Teil verwandelt!) Dafür an der Saumkante auf jeder Seite 5 cm markieren und die Seitennähte oben von der Hüfte beginnend bis zu den Markierungen unten neu anzeichnen.

Für ausgeprägte Schnittverkleinerungen zerschneidet man das Schnittteil in Streifen und klebt sie überlappend wieder zusammen, beispielsweise um den Sitz eines zu weiten Ärmels zu korrigieren.

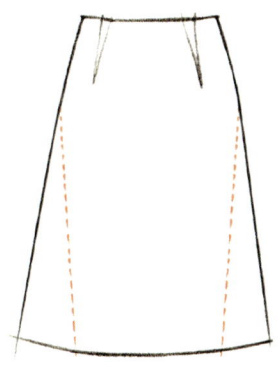

Einen Rocksaum verengen.

ABNÄHER VERLEGEN

Abnäher kann man in ihrer Position oder ihrer Form verändern. Der Abnäher selbst wird als kleine keil- oder rautenförmige Falte in den Stoff genäht. Die Modifizierung von Abnähern ermöglicht viel Gestaltungsspielraum beim Entwerfen neuer Schnittvarianten. Zum Beispiel habe ich den französischen Abnäher bei der Schluppenbluse auf Seite 157 für die Bluse mit Tropfenausschnitt auf Seite 162 in eine Kräuselweite an der Schulter geändert.

ABNÄHER AUF DEM VORDERTEIL

Schulterabnäher
mittlerer Abnäher
Brustabnäher
Französischer Abnäher
Taillenabnäher

Auf dem vorderen Oberteil formen Abnäher immer die Brust, egal, wo sie sich befinden. Sie können im 360-Grad-Radius darum herum überallhin verschoben werden, die Brust selbst jedoch bleibt, wo sie ist. Das bedeutet, Abnäher können am Halsausschnitt, an einer Seitennaht, am Taillenbund, an der Schulter oder sogar in der vorderen Mitte angesetzt werden. Für eine besonders schmeichelhafte Passform hören sie in der Regel 1,5 cm von der Brustspitze entfernt auf.

Ich verlege Abnäher am liebsten mit der Schwenkmethode: Angenommen, man möchte einen Taillenabnäher (Abb. A, Seite 95) in einen Französischen Abnäher (auch seitlicher Abnäher genannt, beginnt ein kleines Stück über dem Taillenbund auf der seitlichen Naht und zeigt schräg auf die Brustspitze) verändern.
Mit einer Hand das Schnittteil auf ein Stück Schnittmusterpapier legen. Mit der anderen Hand und einem Bleistift den Punkt kennzeichnen, wo der Französische Abnäher beginnen soll. Dann die äußeren Kantenumrisse des Schnittteils auf das Schnittmusterpapier übertragen. Dazu beim Bleistiftpunkt beginnen und den Rand im Uhrzeigersinn umfahren, bis das erste „Abnäherbeinchen" des Originalabnähers erreicht ist (Abb. B, Seite 96).

SCHWENKMETHODE ZUM VERLEGEN VON ABNÄHERN

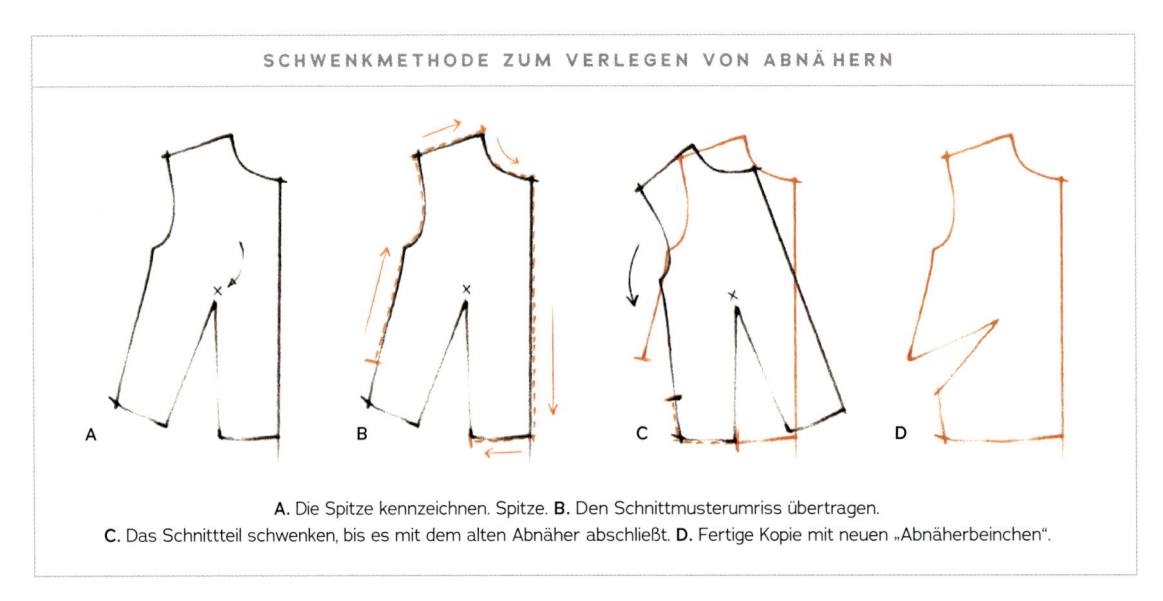

A. Die Spitze kennzeichnen. Spitze. **B.** Den Schnittmusterumriss übertragen.
C. Das Schnittteil schwenken, bis es mit dem alten Abnäher abschließt. **D.** Fertige Kopie mit neuen „Abnäherbeinchen".

Anschließend die Bleistiftspitze in die Abnäherspitze stechen und das Schnittmuster nach links schwenken, bis der Originalabnäher abschließt. (Abb. C).

Dann fortfahren das Schnittteil zur übertragen, bis zur Ausgangsbleistiftmarkierung für den Französischen Abnäher. Prüfen, ob der Endpunkt des Abnähers auf das Schnittmusterpapier übertragen ist und dann das Original-Schnittteil entfernen. Jetzt müssen noch die Abnäherlinien von Spitze und „Beinchen" verbunden werden (Abb. D).

Zum Schluss den Abnäher einfalten und mit einem Kopierrädchen die Nahtlinie entlangfahren. Beim Öffnen sind kleine Perforierungen erkennbar, dort, wo der Abnäher einen kleinen Keil geformt hat. Diese Perforierung anzeichnen, das wird die neue Schnittlinie.

Man kann darüber hinaus auch einen breiten Abnäher in mehrere kleine aufteilen. Einen feinen Effekt erzielen zum Beispiel drei kleine Abnäher an einem U-Boot-Ausschnitt: Nach Belieben drei Linien anzeichnen, wo die Abnäher positioniert werden sollen (Abb. A). Die Markierungen in Richtung Abnäherspitze bis ganz kurz davor einschneiden (Abb. B). Nun den Originalabnäher ausschneiden, die Lücke schließen, und die neuen Abnäher fächern sich wie von Zauberhand auf (Abb. C)! Noch prüfen, ob sie gleichmäßig verteilt sind, fertig.

EINEN ABNÄHER IN DREI KLEINE VERLEGEN

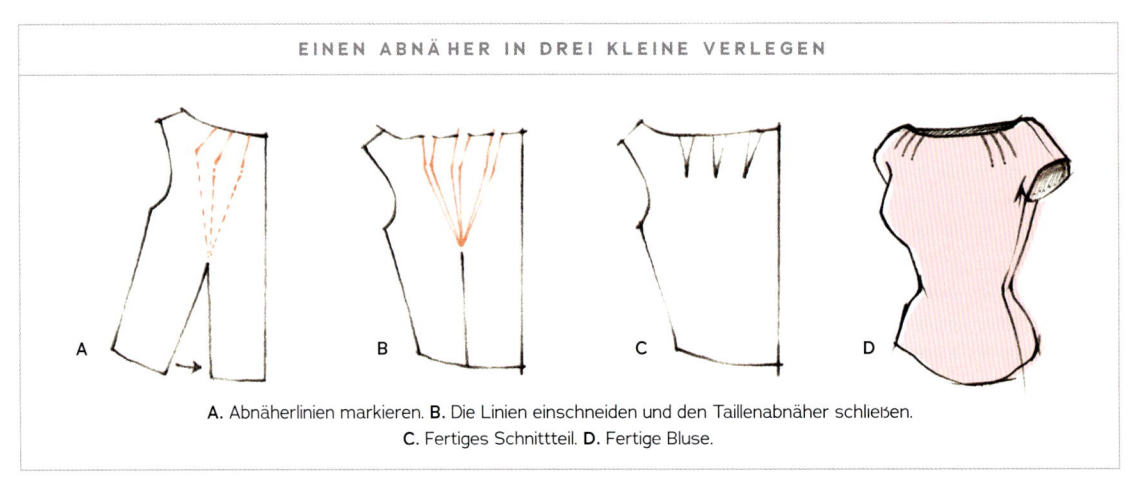

A. Abnäherlinien markieren. **B.** Die Linien einschneiden und den Taillenabnäher schließen.
C. Fertiges Schnittteil. **D.** Fertige Bluse.

Inspirierende Designer

Eine moderne Schneiderin ist nichts ohne Mode-Inspiration. Hier stelle ich einige Designer aus vergangenen Tagen und heutigen Zeiten vor, die ich sehr schätze:

VERGANGENHEIT

Claire McCardell war die Königin der amerikanischen Sportmode. Ihre praktischen und gleichzeitig eleganten Haus- und Sportkleider sind zum Niederknien schön.

Christian Dior hat den „New Look" begründet, einen der ikonischsten Vintage-Styles überhaupt. Allein die „Glockenblumen-Linie" mit der zerbrechlichen Taille, den sanft gerundeten Schultern und dem wadenlangen, verschwenderisch weiten Rock Für einen ähnlichen Effekt kann man die Schnittmuster für Jacketts und weite Röcke aus diesem Buch miteinander kombinieren, das wirkt sehr feminin.

Ceil Chapman war Marylin Monroes Lieblingsdesignerin; man sieht sofort, warum. Sie beherrschte es meisterlich, Kurven glamourös in Szene zu setzen, und ihre Cocktailkleider sind der ultimative Sex-Appeal, finde ich.

Jean Desses entwarf die hübschesten, luftigsten Abendkleider. So Retro, und ein absoluter Augenschmaus.

Charles James könnte eher als Architekt denn als Designer durchgehen. Seine skulpturalen Kleiderroben mit ihren komplexen „Unterbauten" sind Meisterleistungen der Ingenieurswissenschaft. Es wird behauptet, dass man in seinen Kleidern unmöglich sitzen konnte. War es das wert? Ich denke schon.

Kleid von Charles James.

HEUTE

Betsey Johnson—keine kann besser wie eine Ballkönigin aus den 50er-Jahren wirken als sie.

John Galliano ist eine umstrittene Persönlichkeit, aber seine Entwürfe sind einen Blick wert. Die Kollektionen des Designers für Dior waren eine Hommage an – und oft auch eine Dekonstruktion des – „New Look".

Nanette Lepore Designs stehen mit ihrem Understatement für den modernen Girly-Retro-Look.

Michael Kors hat eine ganze Kollektion entworfen, zu der er sich von der Serie *Mad Men* anregen ließ. Unbedingt sein zauberhaftes Etuikleid, den *Gardenia Sheath Dress*, anschauen!

Sonia Rykiel ist die Designerin meiner Wahl, wenn ich Nähinspiration für Streifen-Designs suche.

Schnitte entwerfen

Normalen Schnitten kann man mit einfachen Mitteln einen hübschen Vintage-Touch hinzufügen, indem man Retro-Elemente dazu entwirft, etwa Schleifen, Volantbesätze, Schößchen, Kräuselungen, aufgesetzte Taschen, Kragen … Im Projektteil des Buches zeige ich, wie man viele dieser Details selbst designen kann. Hier jedoch geht es erst einmal ausschließlich um Röcke und Kragen.

Fertiger Kräuselrock.

EINEN KRÄUSELROCK ENTWERFEN

Der Kräuselrock ist ein schwingender Rock mit einem gerafften Taillenbund. Das Schnittmuster besteht aus zwei Rechtecken: eines für den Rock und eines für den Taillenbund. Leicht, oder?

Das Rockteil konstruieren

Ein großes Rechteck für Vorder- und Rückseite des Rocks wird auf Schnittmusterpapier gezeichnet. Bei mir ist das Schnittteil in der Regel etwa 102 cm breit, aber man kann den Wert auch schmaler oder breiter ansetzen, je nachdem, wie weit ausgestellt der Rock werden soll. Ein breites Teil hat am Ende viele Raffungen und wirkt bauschig, bei einem schmaleren Teil treten diese Effekte nicht so auffällig zutage. Auch die Länge kann man nach Belieben bestimmen. Meine Röcke sind meistens etwa 64 cm lang; das ist in etwa Kniehöhe bei einer Körpergröße von 1,70 m. (Hinweis: Für die ideale Länge Röcke ausmessen, die man bereits hat.) Ich mag es, wenn diese Art von Rock einen schönen breiten Saumabschluss hat, den ich oft mit Crinolborte verstärke (siehe Seite 66), für Volumen und Form, also gebe ich unten nochmals 10 cm dazu.

Das Schnittteil ist nun 102 cm breit und 74 cm lang. Auf jeder Seite kommen jetzt noch 1,5 cm Nahtzugabe dazu, und schon habe ich mein fertiges Schnittteil!

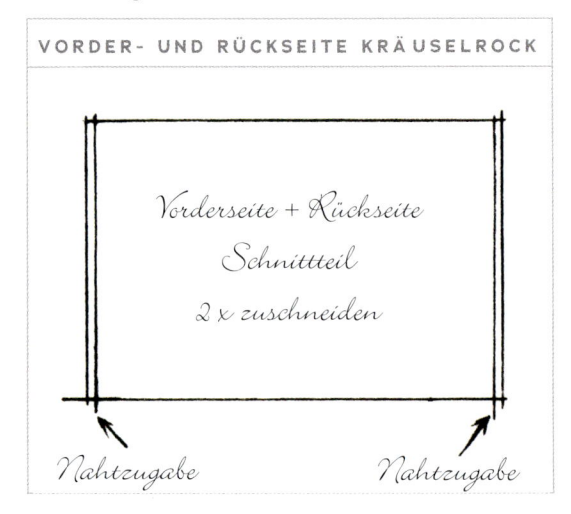

VORDER- UND RÜCKSEITE KRÄUSELROCK

Vorderseite + Rückseite
Schnittteil
2 x zuschneiden

Nahtzugabe   *Nahtzugabe*

Den Taillenbund konstruieren

Diese Methode funktioniert für jeden Rocktyp, weil das Verschlussprinzip aus einem seitlichen Reißverschluss und einem Untertritt für Knopf bzw. Haken und Öse besteht. (Für einen hinten eingesetzten Reißverschluss geht die Methode auch. Allerdings braucht man dann eine hintere Mittelnaht, insofern muss das Schnittteil für den Rock etwas geändert werden. Dazu ein extra Schnittteil für die Rückseite entwerfen, das, inklusive Nahtzugaben, halb so groß wie die Vorderseite ist.)

1. Zunächst wird auf Schnittmusterpapier ein langes dünnes Rechteck aufgezeichnet. Für einen Taillenumfang von 76 cm wären die Maße 76 cm lang und 8 cm breit. Das Rechteck dann der Länge nach in der Mitte falten; dies ist der 4 cm breite Taillenbund.

2. Nun zum linken kurzen Ende noch 2,5 cm hinzufügen für den Untertritt.

3. Zum Schluss an allen Seiten eine Nahtzugabe von 1,5 cm dazugeben.

Das sind die zwei Schnittteile für den Kräuselrock!

Zuschneiden

Aus dem Rockschnittteil zwei Teile und aus dem Taillenbundteil ein Teil zuschneiden. Das Stoffteil für den Bund mit Einlage verstärken (siehe Seite 72).

Den Rock nähen

1. Die Oberkanten von Rockvorder- und Rückteil kräuseln. Man kann dazu die gewohnte Methode benutzen, bei der zwei Reihen Heftstichen genäht und danach die Unterfäden zusammengezogen werden. Aber es gibt auch eine andere Variante: Man näht mit einem weiten Zickzackstich in der Nahtzugabe über ein dünnes Stück Schnur, aber nicht in die Schnur selbst (Abb. A, Seite 100).

Dann zum Kräuseln an der Schnur ziehen (Abb. B). Diese Variante eignet sich wunderbar für dickere Stoffe wie Seidentaft, bei denen während des Zusammenziehens oft der Unterfaden reißt.

TAILLENBUND KRÄUSELROCK

Untertritt   *Taillenbund*   *Nahtzugabe*

Als dritte Möglichkeit kann man elastisches Nähgarn benutzen und die Stiche mit dem Bügeleisen dämpfen, der Stoff zieht sich zusammen und wird so gesmokt (Abb. C, siehe Seite 171).

2. Auf der linken Nahtseite oben am Rock den Reißverschluss platzieren und das Reißverschlussende markieren. Die linke Naht bis zu dieser Stelle zusammennähen (Abb. D).

3. Die Naht auseinanderbügeln und die Nahtzugaben versäubern.

4. Den einseitig verdeckten Reißverschluss einnähen: Die hintere Reißverschlussnahtzugabe 1.3 cm umbügeln; so entsteht ein kleiner Untertritt für die Reißverschlussöffnung. Den Reißverschluss auf der umgebügelten Nahtzugabe feststecken, dabei die Reißverschlusszähnchen an der Umbruchkante ausrichten, und mit einem Reißverschlussnähfuß knappkantig an der Umbruchkante entlang steppen (Abb. E). Die vordere Nahtzugabe 1,5 cm umbügeln und über dem Reißverschluss platzieren, sodass die vordere Umbruchkante die eben genähte Stepplinie bedeckt. Den Reißverschluss links der Zähnchen feststecken. Nun diese Seite von oben nach unten knappkantig absteppen, unten mit der Nadel zur Seite schwenken und über die Nahtlinie steppen und verriegeln, damit das Reißverschlussende fest sitzt (Abb. F).

5. Jetzt den Taillenbund der Länge nach links auf links falten und bügeln. Eine der langen Kanten 1,5 cm umbügeln (Abb. G). Die nicht umgebügelte lange Kante rechts auf rechts auf den Rock stecken und dabei die Kräusel gleichmäßig verteilen. Achtung: Hinten müssen die Rockkräusel bis

DEN ROCK NÄHEN

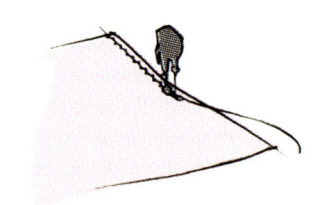

A. Mit Zickzackstichen über die Schnur nähen.

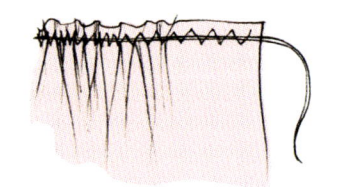

B. Die Schnur zum Kräuseln zusammenziehen.

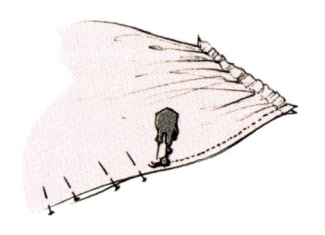

C. Rockvorder- und Rückseite an der linken Seitennaht zusammennähen.

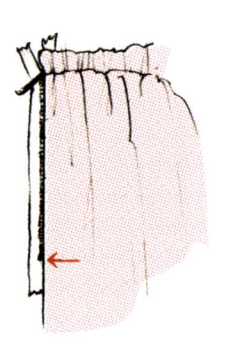

D. Den Reißverschluss platzieren, das Ende markieren und die linke Naht bis zur Markierung nähen.

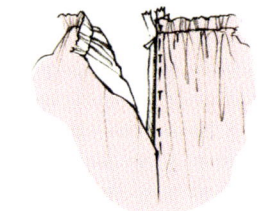

E. Den Reißverschluss feststecken und einnähen.

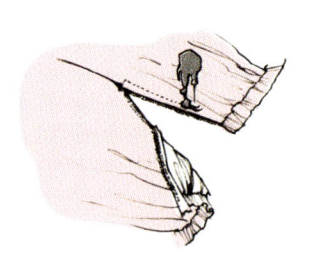

F. Den Reißverschluss knappkantig feststeppen.

G. Den Taillenbund bügeln.

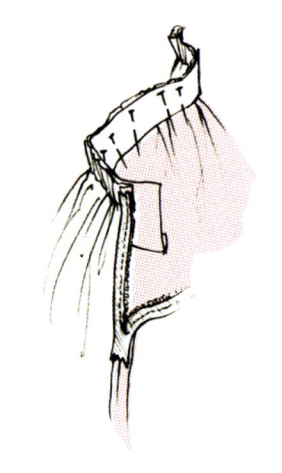

H. Am Rock feststecken und absteppen.

I. Den Bund umfalten und die kurzen Enden absteppen.

J. Taillenbund mit Saumstichen am Rock festnähen.

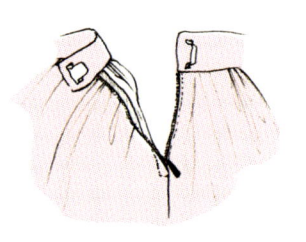

K. Verschluss aus Haken und Öse anbringen.

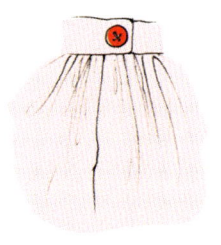

L. Oder, Knopf und Knopfloch anbringen.

über die hintere Reißverschlussöffnung (inklusive Untertritt und Nahtzugabe) hinaus auseinandergezogen werden. Vorn genügt es, den Stoff bis über die 1,5 cm Nahtzugabe zu verteilen. Den Taillenbund absteppen (Abb. H). Die Nahtzugaben zurückschneiden und die Bundnaht hochbügeln. Den Bund nun so umfalten, dass er rechts auf rechts liegt und die kurzen Bundenden absteppen, sodass ein Rechteck entsteht (Abb. I). Die Ecken zurückschneiden und die Nahtzugaben unterschiedlich breit zurückschneiden. Den Bund auf rechts wenden und vorsichtig die Ecken herausdrücken. Im Rockinneren den Bund mit Saumstichen an der Nahtzugabe der Taillennaht festnähen (Abb. J).

6. Als Rockverschluss entweder einen Haken (auf dem Übertritt) und eine Öse (auf dem Untertritt) anbringen (Abb. K); oder einen hübschen Knopf. Dann das Knopfloch in den Übertritt nähen und den Knopf auf dem Untertritt befestigen (Abb. L, siehe auch Seite 59).

7. Fehlt nur noch der Saum: Wer mit Crinolborte säumen möchte, schaut auf Seite 66 nach. Ansonsten wird die Saumkante umgeschlagen, gebügelt und gesteckt. Die Schnittkante entweder nochmals einschlagen oder einfassen (siehe Seite 64) und dann von Hand festnähen oder mit der Maschine knappkantig absteppen.

ROCK UND OBERTEIL ANGLEICHEN

Wenn man verschiedene Rockdesigns entworfen hat, macht es großen Spaß, sie wild mit Oberteilen neu zu kombinieren. Manches Oberteil wirkt völlig anders, je nachdem, ob man es zu einem Bleistiftrock, einem Kräuselrock oder einem Tellerrock trägt.

Kleiner Pferdefuß: Es kann passieren, dass die Seitennähte von Oberteil und Rock nicht perfekt abschließen. Auch die Taillenweite des einen Stücks kann größer ausfallen als die des anderen. Es gibt drei Möglichkeiten, dies zu korrigieren. Ganz einfach geht es, indem man nach dem Nähen in die Nahtzugaben des größeren Kleidungsstücks Heftstiche näht (ist zum Beispiel das Oberteil am Taillenbund zu groß für den Rock, heftet man in der Nahtzugabe des Taillenbundes). Anschließend wird das größere Stück am Unterfaden behutsam zusammengezogen und so an das kleinere angeglichen. (Es wird nur ein wenig justiert. Die Naht soll hinterher nicht dellig oder kräuselig aussehen.)

Die zweite Möglichkeit ist etwas komplizierter, da sie direkt das Schnittmuster verändert: Alle Nahtlinien für Vorder- und Rückseiten von Rock und Oberteil ausmessen und dann ausgleichen, indem Weite dazugegeben oder weggenommen wird, solange, bis die Schnittteile passgenau übereinstimmen.

Richtig knifflig wird es, wenn man einen Rock mit Abnähern an ein Oberteil mit Abnähern anpasst. Die Abnäher müssen zunächst oben und unten rund um die Taillenlinie verlaufen, und sie können etwas nach rechts oder links versetzt werden. Dazu wird jedes Teil sorgfältig vermessen und dann Sitz und Abnäherposition aufeinander abgestimmt. Man sollte die Naht zur Probe erst einmal heften, bevor man sie dauerhaft näht.

EINEN TELLERROCK ENTWERFEN

Ein Tellerrock sieht, wie der Name schon sagt, aus wie ein runder Teller mit einem Kreis in der Mitte als Öffnung für die Taille. Im Entwurf rechts sind die roten Linien die Seitennähte (Abb. A). Für den Rockschnitt konstruiert man einen Viertelkreis, der im Stoffbruch für eine Vorder- und für eine Rückseite zugeschnitten wird (Abb. B).

1. Zuerst den Taillenumfang messen. Sagen wir, er liegt bei 76 cm. Dieser Wert wird durch die Zahl Pi bzw. 3,14 geteilt, um den Durchmesser zu ermitteln. Abgerundet ergibt das 24. Diese Zahl wird nochmals durch 2 geteilt, um den Radius zu errechnen. Dementsprechend liegt der Taillenradius bei 12 cm.

2. Jetzt den Schnittentwurf auf ein großes Stück Schnittmusterpapier bringen: Einen 90-Grad-Winkel konstruieren (Abb. C) und die Seiten jeweils 13 cm länger zeichnen als die gewünschte Rocklänge betragen soll.

3. 12 cm (bzw. der eigene Taillenradius) von der Winkelspitze entfernt mit Punkten die Taillenlinie kennzeichnen (Abb. D).

4. Die Punkte mithilfe eines Kurvenlineals zur Taillenbundnaht verbinden (Abb. E). (Ein runder Teller geht auch, vielleicht sogar besser, weil er die perfekte Rundung hat!)

5. Nun eine Wunschlänge festlegen und 1,5 cm Nahtzugabe dazugeben. Bei, sagen wir, 65 cm Länge wird dieser Wert von der Taillenbundnaht aus um den rechten Winkel herum mit Punkten angezeichnet, wie in Schritt 3 (Abb. F). Die Punkte zur Saumrundung verbinden (Abb. G).

Man kann sich für dieses Prozedere auch einen Zirkel basteln: Maßband mit einer Reißzwecke in der Winkelspitze fixieren. An der entsprechenden Rocklänge in das Maßband ein Loch stechen, eine Bleistiftspitze durch das Loch stecken und die Rundung wie mit einem Zirkel konstruieren.

6. Den Hinweis „Stoffbruch" an einer Seite des Schnittteils ergänzen. Danach 1,5 cm Nahtzugabe zur Taillenlinie und der Seitennaht hinzufügen, aber nur dort, nicht bei der Stoffbruchmarkierung (Abb. H).

Das Schnittmuster ist fertig (Abb. I)! Es wird zweimal im Stoffbruch zugeschnitten. Wie für den Kräuselrock einen Taillenbund entwerfen, zuschneiden und verstärken (siehe Seite 99).

Den Rock genauso nähen wie den Kräuselrock, außer den Kräuselungen an der Taille. Den Taillenbund außerdem vor dem Nähen stabilisieren, damit er nicht ausleiert. Entweder mit Verstärkungsstichen in der Nahtzugabe (mit 1,5 mm Stichlänge, die Nahtenden jeweils verriegeln) oder mit Nahtband (siehe Seite 77). Für das Säumen des gerundeten Saums die Anleitung auf Seite 64 berücksichtigen.

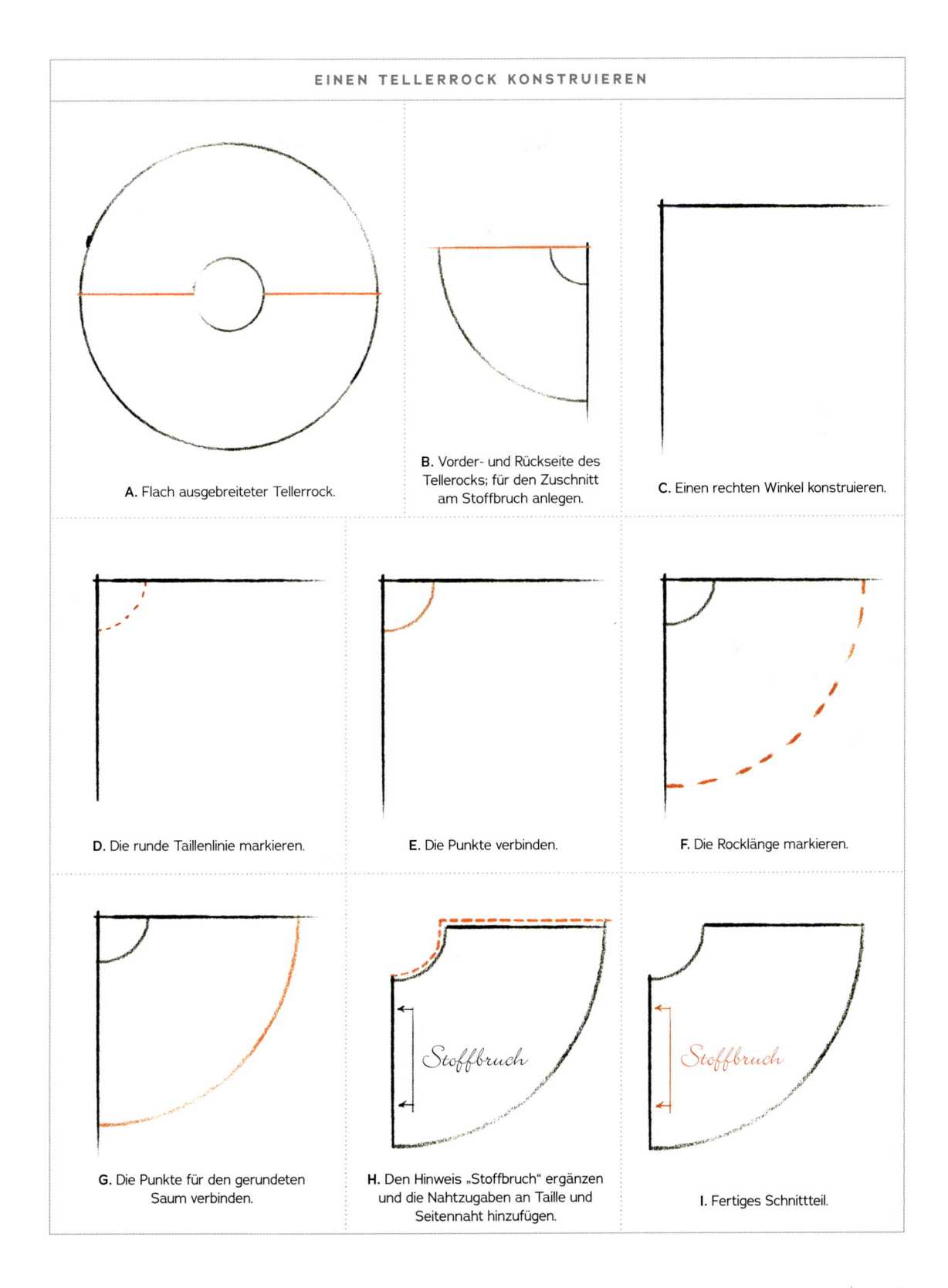

EINEN TELLERROCK KONSTRUIEREN

A. Flach ausgebreiteter Tellerrock.

B. Vorder- und Rückseite des Tellerocks; für den Zuschnitt am Stoffbruch anlegen.

C. Einen rechten Winkel konstruieren.

D. Die runde Taillenlinie markieren.

E. Die Punkte verbinden.

F. Die Rocklänge markieren.

G. Die Punkte für den gerundeten Saum verbinden.

H. Den Hinweis „Stoffbruch" ergänzen und die Nahtzugaben an Taille und Seitennaht hinzufügen.

I. Fertiges Schnittteil.

SCHNITTMUSTER ENTWERFEN | 103

KRAGEN ENTWERFEN

Was Vintage-Kragen angeht, habe ich eine Schwäche für Bubi-Kragen. In die Blusenvariation auf Seite 160 ist er beispielsweise integriert. Dieses reizende Detail verleiht jedem Oberteil mit rundem Halsausschnitt, ob Jackett, Bluse oder Kleid eine charmante Note. Der Bubi kann je nachdem elegant oder verspielt erscheinen, 30er-Jahre Glamour versprühen oder im frechen Sixties-Style daherkommen.

Hat man das Konstruktionsgrundprinzip einmal erfasst, kann man den Bubikragen in jeder erdenklichen Form und Größe entwerfen. Eine hinten geknöpfte 40er-Jahre Bluse fungiert im Folgenden als Demonstrationsobjekt.

Als Basis dient der Halsausschnitt des Oberteils – das ist die Grundform des Kragens. Die Schnittteile für Vorder- und Rückseite der Bluse auf einen Tisch ausbreiten. Mit einem farbigen Stift Halsausschnitt und Schulternähte nachzeichnen.

Die beiden Schnittteile mit den Schulternahtlinien übereinander positionieren und passgenau die Halsausschnittlinien ausrichten.

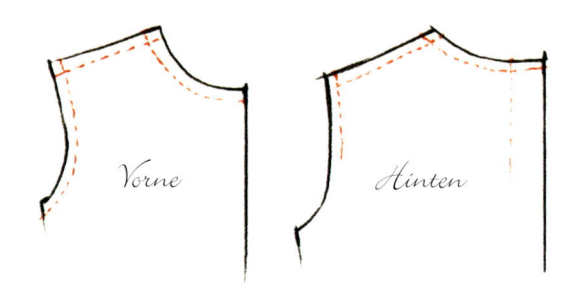

BUBIKRAGEN – KONSTRUKTION

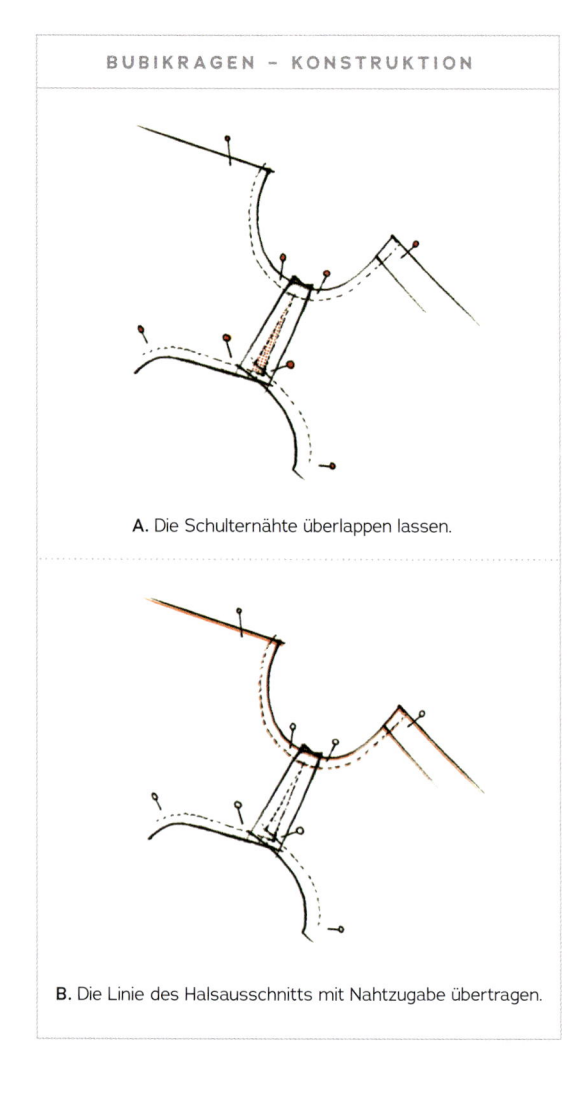

A. Die Schulternähte überlappen lassen.

B. Die Linie des Halsausschnitts mit Nahtzugabe übertragen.

Halsausschnitt und Schulternähte auf dem Schnittmuster nachzeichnen.

Nun kommt ein raffinierter kleiner Trick: Die Schulternähte ungefähr 1,3 cm überlappen lassen, aber nur auf der Armausschnittseite (Abb. A). Das sorgt später für einen schönen Fall des Kragens.

Damit die Schnittteile während des Erstellens nicht ständig wegrutschen, kann man sie entweder mit Stecknadeln aneinander fixieren oder mit Reißzwecken auf eine Korkplatte pinnen. Dann den Halsausschnitt mit Nahtzugabe auf Schnittmusterpapier übertragen (Abb. B). Und nun zum kreativen Teil: Der Kragen wird designt. Zunächst bestimmen, wie breit der Kragen werden soll. Ich finde, 5 cm sind ein schönes Maß, aber das entscheidet jeder nach Belieben!

Ob größer für einen dramatischen Look oder schmaler für einen feinen Schwung – auf jeden Fall dabei Größenverhältnis und Wirkung zum restlichen Oberteil im Blick behalten, sonst wird es schnell clownesk.

Mit dem Patchworklineal jeweils 5 cm vom

BUBIKRAGEN – KONSTRUKTION

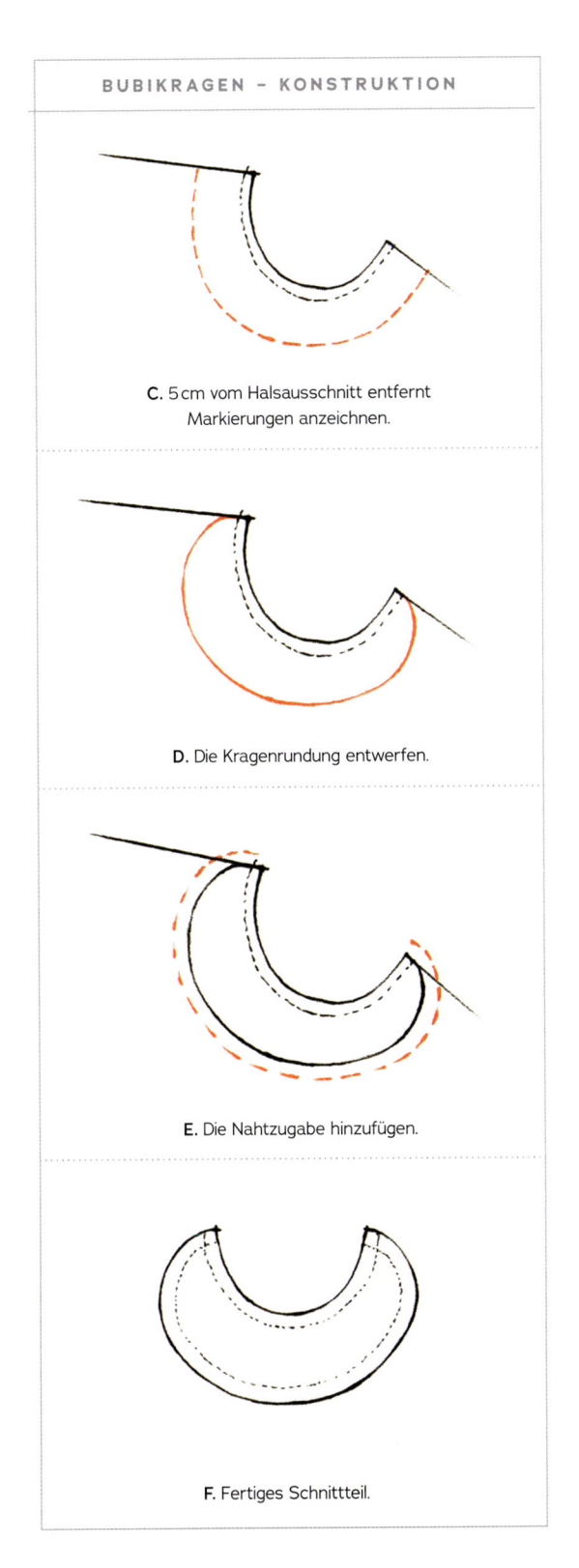

C. 5 cm vom Halsausschnitt entfernt Markierungen anzeichnen.

D. Die Kragenrundung entwerfen.

E. Die Nahtzugabe hinzufügen.

F. Fertiges Schnittteil.

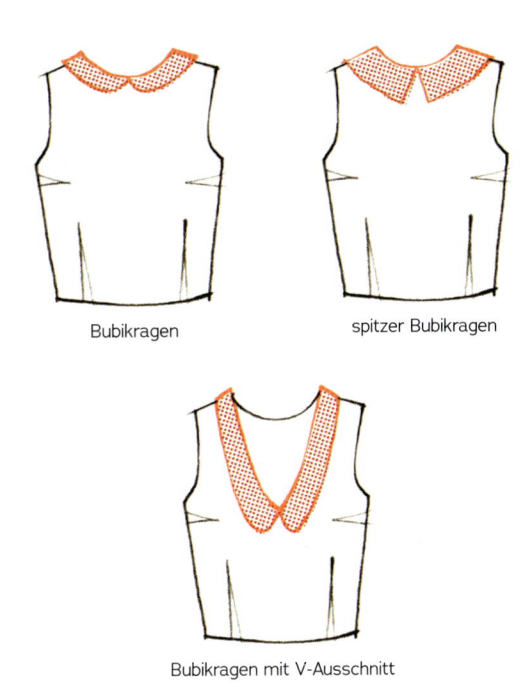

Bubikragen

spitzer Bubikragen

Bubikragen mit V-Ausschnitt

Halsausschnitt entfernt Punkte markieren und um ihn herum in dieser Entfernung Striche anzeichnen (Abb. C). Der Kragen beginnt an der vorderen Mitte und endet in der hinteren Mitte. Jetzt ist der innere Künstler am Zug und zeichnet die Kragenkurve mit dem Kurvenlineal. Das Lineal an der vorderen Mitte des Kragens platzieren und herumschieben, bis die Wunschkurve entstanden ist. Die Rundung abpausen. Die zuvor markierten Punkte um den Hals herum mit der Kurve verbinden (Abb. D). Das Ganze für die hintere Mitte wiederholen (mit der gleichen Kurvenform wie für die Vorderseite).

Nun noch an der äußeren Rundung die Nahtzugabe hinzufügen (Abb. E) und der Entwurf ist vollbracht (Abb. F)!

Als allerletzter Arbeitsschritt wird nun noch ein Schnittteil für den Unterkragen erstellt. Warum das denn? Eine gute Frage! Der Unterkragen wird ein klitzekleines bisschen schmaler als der Oberkragen. So kann die untere Kragennaht schön ausrollen, steht nicht ab und wird zugleich kaschiert.

Für das Schnittteil den Oberkragen auf

SCHNITTTEIL FÜR UNTERKRAGEN ERSTELLEN

A. Das Schnittteil für den Unterkragen an der Außenkante (nicht am Halsausschnitt) 3 mm kleiner zeichnen.

B. Einen Unter- und einen Oberkragen zuschneiden.

Schnittmusterpapier abpausen, aber rund um die Außenkante 3 mm schmaler, nur am Halsausschnitt nicht (Abb. A). Danach die Teile beschriften, den Fadenlauf ermitteln und kennzeichnen (siehe Seite 45), und schon ist alles zum Zuschneiden bereit (Abb. B)!

Den Kragen nähen

Diese Methode arbeitet mit einem Halsbeleg, der Beleg kann jedoch durch einen 4 cm breiten Schrägstreifen ersetzt werden. Den Streifen dann wie einen Beleg verwenden, seine Schnittkante einschlagen und diese mit Handstichen festnähen (siehe Seite 50).

1. Den Unterkragen rechts auf rechts auf den Oberkragen legen (Abb. A) und die Außenkanten aufeinander ausrichten, auch wenn der Unterkragen etwas schmaler ist. Feststecken, damit nichts verrutscht, und die Außenkanten absteppen (aber nicht die Halsausschnittseite) (Abb. B).

2. Die Nahtzugaben einkerben und unterschiedlich breit zurückschneiden (Abb. C).

3. Auf rechts wenden und bügeln. Die Naht liegt auf der Unterseite, von oben ist sie nicht zu sehen. Die Schnittkanten am Halsausschnitt zusammenheften (Abb. D).

4. Den Kragen von rechts auf die Bluse am Halsausschnitt festheften (Abb. E).

5. Ein Belegteil erstellen und rechts auf rechts an den Halsausschnitt heften (auf den Kragen).

6. Durch alle Lagen um den Halsausschnitt herum steppen (Abb. F).

7. Die Nahtzugaben einkerben und unterschiedlich breit zurückschneiden.

8. Den Beleg ins Innere der Bluse falten.

9. Den Beleg niedersteppen, damit er sich nicht nach außen schieben kann (Abb. G, siehe auch Seite 52).

10. Den Beleg an den Schulternähten anriegeln (Abb. H).

DEN KRAGEN NÄHEN

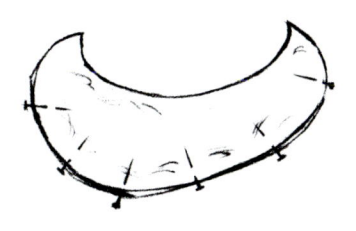

A. Unter- und Oberkragen aufeinander stecken.

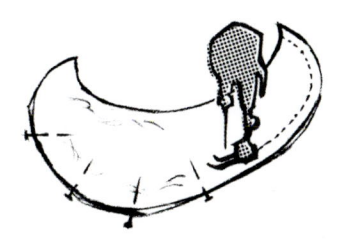

B. Die Außenkanten zusammensteppen.

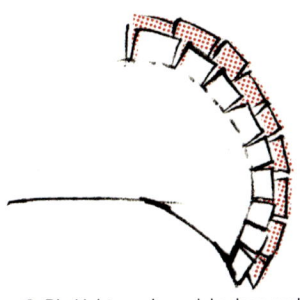

C. Die Nahtzugaben einkerben und unterschiedlich breit zurückschneiden.

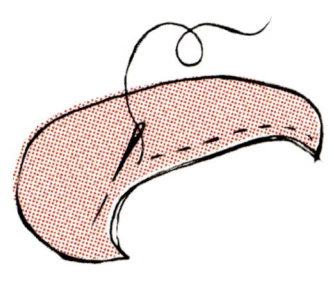

D. Die Schnittkanten der Halsausschnittlinie zusammenheften.

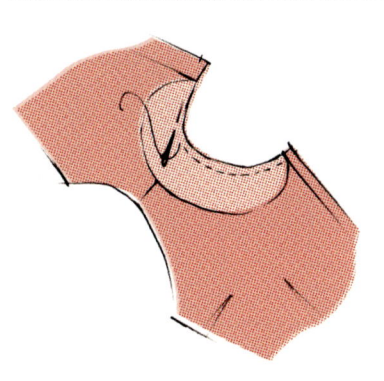

E. Den Kragen an die Bluse heften.

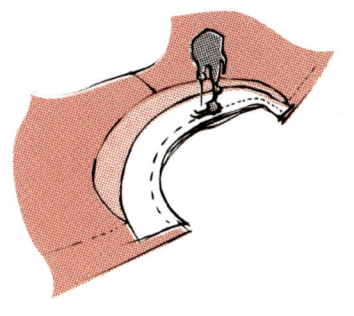

F. Um die Halsausschnittlinie herum steppen.

G. Den Beleg niedersteppen.

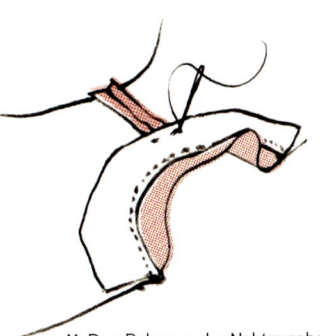

H. Den Beleg an der Nahtzugabe anriegeln.

SCHNITTMUSTER ENTWERFEN

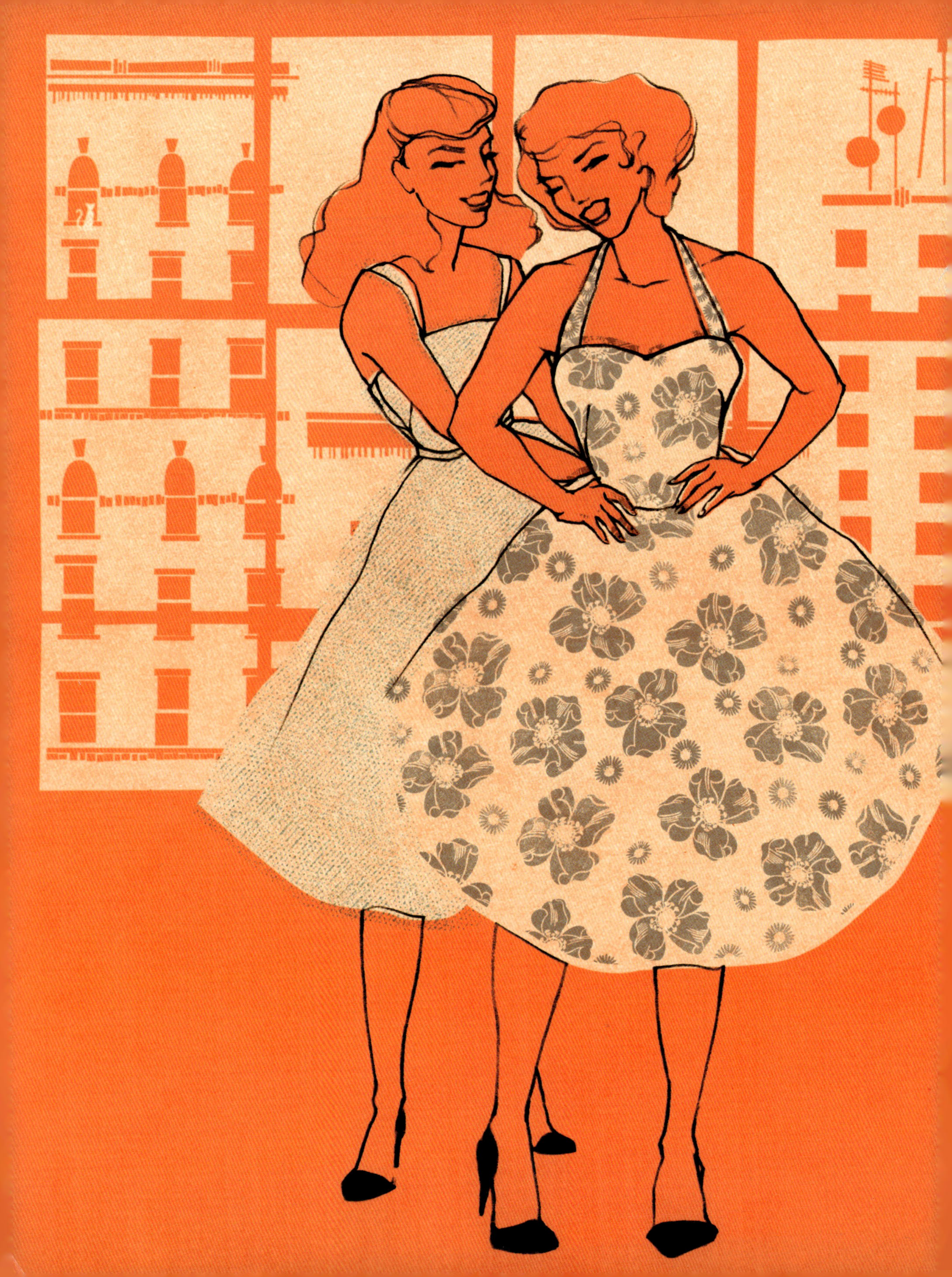

KAPITEL SECHS

Schnitte anpassen

METHODEN 111
- Schnittmustermaße ermitteln 111
- Papierschnittmuster anprobieren 111
- Heften und anprobieren 111
- Probestück 111
- Mehrgrößenschnitte 112
- Meine Methodenkombination 112

SITZ UND PASSFORM KORRIGIEREN 113
- Absteckfalten legen / Zerschneiden 113
- Schnittmusterproportionen wahren 113
- FAQs & Tipps und Tricks 114

GRÖSSE VON VINTAGE-SCHNITTMUSTERN ANPASSEN 121

Ein Schnittmuster an die eigene Figur anzupassen, ist eine der größten Herausforderungen beim Nähen – eine Aufgabe, die Zeit und Mühe kostet. Kleiner Trost: Mit jedem neuen Projekt wird es besser! Und hat man sich einmal etwas geschneidert, das sitzt wie angegossen, will man sowieso nichts anderes mehr.

Zunächst sollte man seine eigenen Maße kennen und auch die Maße des fertigen Kleidungsstücks, wenn sie denn angegeben sind. Die Schlüsselstellen zum Maßnehmen sind Taille, Brust und Hüfte, und sie werden ohne Nahtzugaben oder Abnäher vermessen. Dann kann man diese Werte mit den Körpermaßen vergleichen und bekommt so einen ersten Eindruck, wie der Schnitt am Körper aussehen würde. Die wenigsten besitzen eine Bilderbuchfigur, insofern müssen an bestimmten Stellen immer Änderungen vorgenommen werden. Einige moderne Schnittmuster haben ein Kreuz-im-Kreis-Symbol an bestimmten Schlüsselpunkten auf den Schnittteilen. Neben dem Symbol befindet sich eine Liste mit Größen mit für diese Stelle korrespondierenden Maßen.

Auch eine bequeme Passform muss man berücksichtigen. Vintage-Designs sind oft schmaler und körperbetonter geschnitten als heutzutage üblich. Hier gilt als Faustregel 2,5 cm Spiel an der Taille und 5 cm an Brust und Hüfte zugeben. Schulterfreie Bustiers oder Stretch-Outfits dürfen wiederum ruhig enger ausfallen.

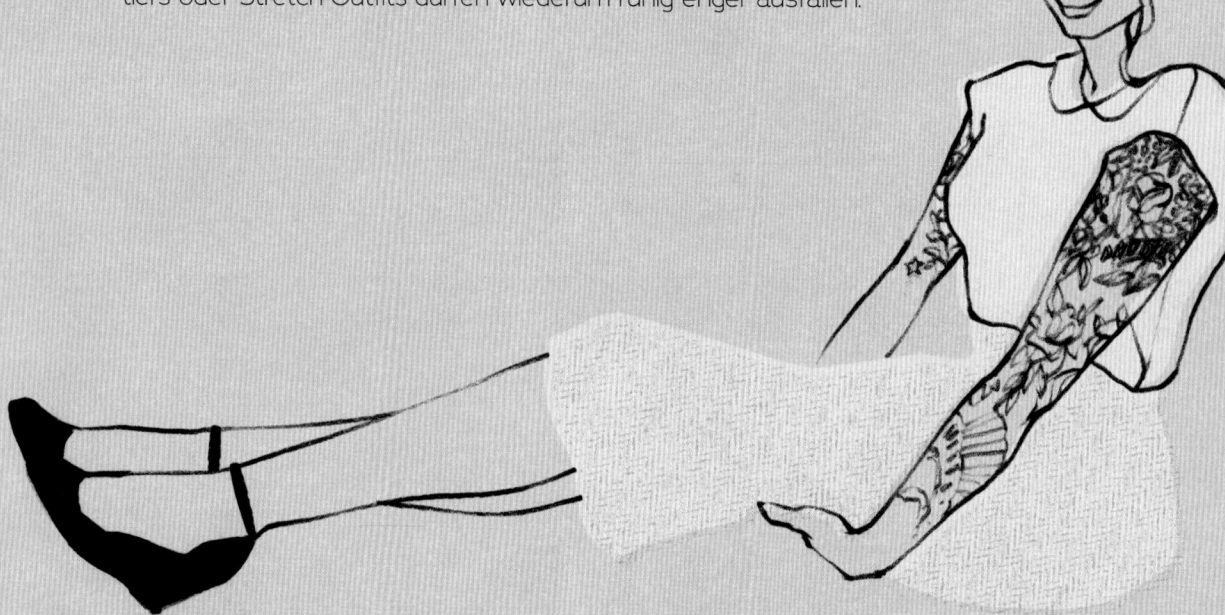

Methoden zum Anpassen von Schnitten

Um ein Gespür dafür zu entwickeln, probiert man am besten mit jedem neuen Kleidungsstück gleich eine neue Methode aus. Zumal bei einem eng anliegenden, schulterfreien Kleid das Anpassen sehr viel aufwendiger ist als beispielsweise bei einem weit schwingenden Rock. Die folgenden Vorgehensweisen werden am häufigsten verwendet:

DIE SCHNITTMUSTERMASSE ERMITTELN

Die Maße werden vom flach ausgebreiteten Schnittmuster genommen und nötige Anpassungen direkt auf den Schnittteilen gekennzeichnet. Wenn man also weiß, dass die Taille 5 cm zu schmal oder zu weit ist, gibt man an den Seitennähten jeweils mehr hinzu bzw. nimmt weg; ebenso bei den Hüften. Aber Achtung: Nie mehr als 5 cm hinzufügen bzw. wegnehmen, da sonst ein verzerrtes Schnittbild entsteht und der Schnitt am Ende nicht mehr funktioniert. Der gewünschte Wert wird durch die Anzahl der Nahtzugaben geteilt und dann jeweils auf die Nähte verteilt. Ein Beispiel: Für die zu erweiternde Taille eines einfachen Oberteils bedeutet dies, Vorder- und Rückseite des Oberteils haben vier Nahtzugaben, zwei an den Seitennähten vorn und zwei an den Seitennähten hinten. Gibt man zur Taillenlinie 5 cm dazu, teilt man diesen Wert 5 durch 4 und erhält 1,25 cm. Dieser Wert wird dann an allen Nähten hinzugefügt. Wird der Schnitt im Stoffbruch zugeschnitten (wie die Schnittmuster hier im Buch), müssen diese 1,3 cm nur auf einer Seite für vorn und hinten dazugegeben werden, weil die Schnittteile nur eine Hälfte des ganzen Teils darstellen. (Das komplette Stoffteil entfaltet sich, nachdem die Lagen aufgeklappt werden.)

PAPIERSCHNITTMUSTER ANPROBIEREN

Die Schnittteile aus Papier werden zusammengesteckt, anprobiert und eventuelle Änderungen gleich daran vorgenommen. Die Methode ist nicht zu 100 Prozent verlässlich, weil Papier sich nicht wie Stoff verhält. Immerhin bekommt man aber einen ersten Eindruck von der Passform.

HEFTEN UND ANPROBIEREN

Die Schnittteile aus Stoff zuschneiden und alle Teile mit langen Stichen (etwa 5 mm) zusammenheften. Anprobieren und sich ergebende Änderungen direkt am Stoff ausführen. Diese Methode klappt nur, wenn die Maße des Schnittmusters denen der eigenen Figur sehr nahe kommen oder man vor dem Zuschneiden noch eine extra Nahtzugabe hinzufügt. Prinzipiell empfiehlt es sich beim Anpassen, zu allen Nahtzugaben (etwa an Seitennähten und Taille) 1 cm dazuzugeben. So hat man am Ende eine vollständige, 2,5 cm breite Nahtzugabe zum Herumspielen.

PROBESTÜCK

Ein Probestück ist der Prototyp eines fertigen Kleidungsstücks und wird aus einem günstigen Stoff genäht. Oftmals verwendet man Nessel, einen ungebleichten Baumwollstoff, der in verschiedenen Schweren erhältlich ist und sich deshalb gut auf das jeweilige Projekt abstimmen lässt. Man kann ein Probestück auch aus einer billigeren Stoffvariante herstellen: Plant man etwa eine Bluse aus Seidenchiffon, macht man das Probestück aus Polyesterchiffon und bekommt eine erste Vorstellung von Fall und Passform.

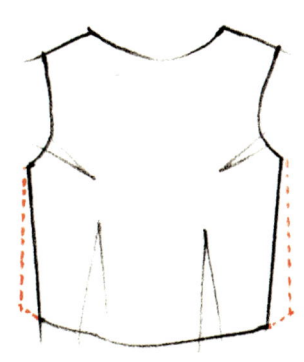

Zu jeder Seitennaht vorn und hinten 1,25 cm hinzufügen, so verbreitert sich die Taille insgesamt um 5 cm.

> **WANN KANN MAN AUF EIN PROBESTÜCK VERZICHTEN?**
>
> Nicht oft, das steht fest. Wenn ich ein einfaches Projekt wie einen geraden Rock nähe und weiß, dass er mir passt (weil ich vorher die Maße des Schnittmusters abgeglichen habe), verzichte ich auf ein Probestück.
>
> Mache ich mir ein Kleid, stelle ich häufig nur ein Probestück für das Oberteil her, besonders wenn das Unterteil ein ausgestellter Rock ist. Bei dieser Rockform brauchen die Hüften eigentlich keine Korrekturen, weil der Rock ja nur darum herumschwingt. Allerdings sollte man Taillenweite von Rock und Oberteil überprüfen. Wird das Oberteil in der Weite verändert, muss auch der Rock darauf abgestimmt werden! (Mehr dazu siehe Seite 101.)

Manchmal ergeben sich dabei noch entscheidende Änderungen. Für das Probestück werden nur die Schnitthauptbestandteile zugeschnitten (also keine Belege oder Taschen, es sei denn, man will auch sie völlig verändern oder möchte das Zusammennähen einmal in Gänze austesten, bevor man sich an den richtigen Stoff wagt). Wer die Probeschnittteile später als richtiges Schnittmuster benutzen möchte (lohnt sich bei häufig verwendeten Schnitten), überträgt auch alle Markierungen. Das Probestück wird dann an den Nähten aufgetrennt, gebügelt und auf den Kleiderstoff gelegt wie ein Papierschnittmuster. Wer einen leicht asymmetrischen Körperbau hat, profitiert ebenfalls davon, weil es damit für die rechte und linke Körperseite ein eigenes Schnittteil gibt.

MEHRGRÖSSENSCHNITTE

Vintage-Schnittmuster sind häufig nur in einer Größe gedruckt, aber heutzutage können wir die wunderbaren Mehrgrößenschnitte benutzen. Man schaue sich etwa die Schnittmuster in diesem Buch an. Für jede Konfektionsgröße gibt es eine andere Linie (durchgezogen, gepunktet oder gestrichelt etc.).

Eine großartige Erfindung für Hobbyschneiderinnen, weil wir in allen nur erdenklichen Kurven und Formen daherkommen. Wer beispielsweise um die Taille Größe 36 hat, aber eine 38 an den Hüften, kann problemlos den Schnitt verbreitern und für die untere Hälfte das größere Schnittmuster verwenden.

Auch fehlende Größen lassen sich leicht erstellen, indem man eine weitere Größenlinie im gleichen Abstand zu einer bereits vorhandenen (entweder größeren oder kleineren) Größe einzeichnet. Dafür misst man sorgfältig alle paar Zentimeter die Abstände aus. Diese sind nämlich nicht immer überall gleich (etwa an den Armausschnitten im Vergleich zur Hüfte).

MEINE METHODENKOMBINATION

Wann und in welchem Zusammenhang man welche Methode zum Schnittanpassen nutzt, kann ganz unterschiedlich sein. Ich gebe an dieser Stelle einen Überblick, wie ich für gewöhnlich vorgehe:

1. Ich ermittele die Maße der Schnittmusterteile. (Man kann diesen Schritt auch gleich mit der Papieranprobe von Seite 111 verbinden.)

2. Basierend auf den ermittelten Werten ändere ich die Schnittteile passend zu meinen Körpermaßen. (Im Prinzip will ich sichergehen, dass ich das Stück am Ende auch angezogen bekomme. Das heißt, bei einem Taillenumfang von 78 cm wäre es sehr ungünstig, ein Probestück für einen Taillenumfang von 71 cm anzufertigen. Lieber gebe ich gleich ein paar Zentimeter dazu.) Ich füge entsprechend Weite hinzu oder verringere sie. Wenn ich ein Mehrgrößenschnittmuster verwende, zeichne ich dann außerdem eine neue Schnittmusterlinie auf (siehe oben).

3. Ich nähe ein Probestück, um die Änderungen zu überprüfen, bringe Abnäher an oder verschmälere Details (siehe unten) oder schneide die Schnittteile auseinander, wo mehr Fülle und Volumen vonnöten ist (siehe Seite 92).

4. Ich übertrage die Veränderungen auf mein Papierschnittmuster.

5. Ich fertige ein zweites Probestück an, wenn nötig. (Manchmal genügt dann ein Probestück nur für den Ärmel oder das Vorderteil, wenn die Änderung nur diese Stelle betrifft.)

6. Ich beginne mit dem Nähen des richtigen Kleidungsstücks, aber steppe die Seitennähte noch nicht, sondern hefte sie zunächst zusammen. So kann ich die Anpassungen bis zum Schluss perfektionieren.

Sitz und Passform korrigieren

Die Grundlagen zur Schnittoptimierung sind nun klar. Aber was genau kann man tun, wenn das Probestück nicht richtig passt, und wie korrigiert man die Stelle, die schlecht sitzt? Den Fehler zu erkennen, ist oftmals kein Problem. Zu erkennen, wie man ihn beheben kann, dagegen schon. Hier helfen diese Techniken weiter:

ABSTECKFALTEN LEGEN / ZERSCHNEIDEN

Viele herkömmlich Vorgehensweisen zum Schnittanpassen sind nach meinem Empfinden sehr kompliziert. Um Mehrweite zu reduzieren bzw. dazuzugeben, benutze ich gerne intuitive Methoden wie das Abstecken von Falten oder das Zerschneiden und Auseinanderschieben von Streifen. Die Änderungen kennzeichne ich dann direkt auf dem Schnittmuster. Diese Techniken haben sich für mich sehr bewährt und auch viele meiner Kursteilnehmer wenden sie gerne an. (Hinweis: Die Methode funktioniert auch ohne fremde Hilfe, aber man benötigt dann einen geeigneten Spiegel, um das Kleidungsstück von hinten überprüfen zu können. Außerdem muss das Probestück sehr häufig anprobiert und wieder ausgezogen werden. Deswegen: Zum Abstecken besser eine nähaffine Freundin um Unterstützung bitten!)

Absteckfalten legen

Beim Probestück reduziert man die Mehrweite, indem senkrechte oder waagerechte Falten abgesteckt werden. Die Falten können rechteckig aussehen, wenn man dieselbe Menge Stoff auf jeder Seite verringert, oder keilförmig, wenn auf einer Seite nach und nach mehr Stoff weggenommen wird als auf der anderen. Danach markiert man die Positionen der Stecknadeln mit Schneiderkreide und überträgt die Korrekturen entsprechend auf das Schnittmusterteil.

Zerschneiden und auseinanderschieben

Braucht das Probestück mehr Weite, zerschneidet man es, schiebt es auseinander und füllt die Lücken mit zusätzlichen Stoffstreifen aus. Man schneidet entweder waagerecht von links nach rechts (um ein Oberteil zu verlängern) oder senkrecht von unten nach oben (um einen Rock breiter zu machen) oder von einer bestimmten Stelle aus zu einer Kante (etwa, um den Brustbereich zu vergrößern). An Nahtlinien trennt man einfach die Nähte auf und steckt den zusätzlichen Stoffstreifen auf beiden Seiten fest.

SCHNITTMUSTERPROPORTIONEN WAHREN

Das Legen von Absteckfalten hier und da hat den Nachteil, dass man dadurch das Schnittmuster verfälschen kann und die Schnittkonstruktion danach nicht mehr stimmt.

Hat man zum Beispiel eine 2,5 cm lange Absteckfalte am Halsausschnitt gelegt (das heißt, auf jeder Seite 1,3 cm reduziert), damit er nicht mehr ab-

ABSTECKFALTE AUF DAS SCHNITT-MUSTER ÜBERTRAGEN

A. Die Absteckfalte aus dem Probestoff herausnehmen.
B. Die vordere Mitte vom Halsausschnitt zur Taille neu konstruieren und die Absteckfalte so auf das Schnittmuster übertragen.

steht, mag das am Probestück noch gut aussehen (Abb. A). Aber testet man die gleiche Absteckfalte auf einem Schnittmusterteil aus Papier, zeigt sich deutlich, wie die Schulterpartie sich Richtung Hals verschieben würde. Schöne Passform ade! Das Problem lässt sich folgendermaßen in den Griff bekommen:

Für die geplante Absteckfalte von 2,5 cm zeichnet man auf dem Schnittmuster an der vorderen Mitte der Halsausschnittlinie eine neue Markierung bei 1,3 cm an.

WAS TUN ...

Mit den zuvor beschriebenen Techniken lassen sich viele Probleme beim Anpassen von Schnitten bewältigen. Wie es genau geht, wird hier Körperpartie für Körperpartie erklärt:

... wenn das Oberteil zu weit ist

Das Probestück anziehen und die Mehrweite an den Seiten einfalten und abstecken. Die Stecknadelpositionen anschließend auf dem Stoff mit einem Stift kennzeichnen. (Unter Umständen ist es schwierig, allein an die Positionen heranzukommen. Nach Möglichkeit sollte einem jemand beim Markieren behilflich sein.) Das Probestück ausziehen, die neuen Seitenlinien auf dem Stoff anzeichnen und danach auf das Schnittmuster übertragen.

... wenn das Oberteil zu schmal ist

Das passiert hoffentlich nicht allzu oft, denn die Schnittmustermaße sind ja eigentlich mit den eigenen Körpermaßen abgeglichen (siehe Seite 111), nicht wahr? Aber, falls es doch einmal vorkommt, einfach die Seitennähte auftrennen und Stoffstreifen zur Verbreiterung an der Öffnung feststecken. (Verwendet man dafür farbige Stoffstreifen, weiß man gleich genau, wie viel hinzugegeben werden muss.)

... bei einem Hohlkreuz

Bei einem Hohlkreuz krümmt sich der untere Rückenbereich beträchtlich nach innen. Wenn der Stoff des Probestücks am unteren Rücken kleine Falten bildet, sind Schnittkorrekturen vonnöten. Das Zuviel an Stoff wird, ausgehend von der Mitte des unteren Rückenbereichs, als waagerechte, keilförmige Falte abgesteckt.

Die Absteckfalte auf das „halbe" Schnittmuster für die Rückseite übertragen. (Da die meisten Schnitte auf den Zuschnitt „im Stoffbruch" konzipiert sind, arbeitet man auch nur auf der

---

SCHNITTE ANPASSEN
Goldene Regel

Den Schneeball-Effekt vorhersehen

Bevor man Veränderungen auf dem Schnittmuster vornimmt, sollte man prüfen, welche Konsequenzen sie für die restliche Schnittkonstruktion haben könnten. Modifikationen am Halsausschnitt ziehen Veränderungen am Kragen nach sich. Eine Korrektur des Armausschnitts hat eventuell Folgen für die Ärmelform. Man sollte sich im Klaren darüber sein, wie eine Änderung sich auf die nächste auswirkt.

KORREKTUR HOHLKREUZ

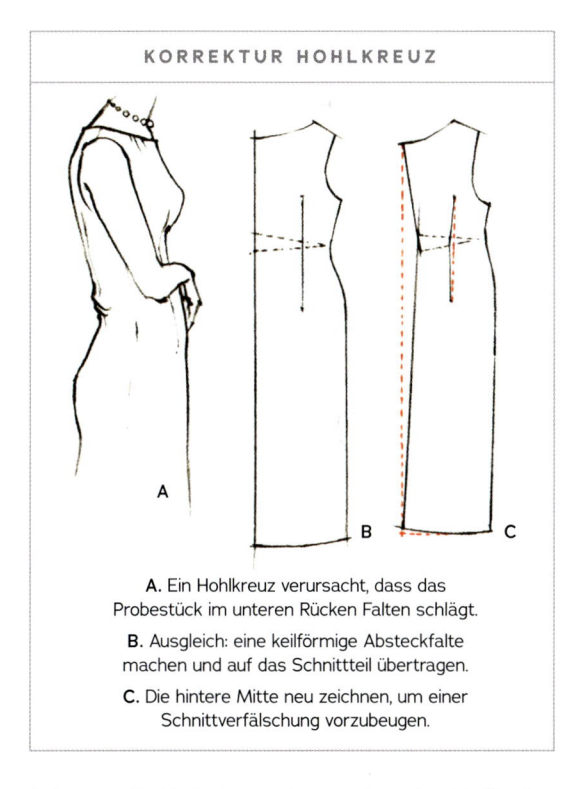

A. Ein Hohlkreuz verursacht, dass das Probestück im unteren Rücken Falten schlägt.
B. Ausgleich: eine keilförmige Absteckfalte machen und auf das Schnittteil übertragen.
C. Die hintere Mitte neu zeichnen, um einer Schnittverfälschung vorzubeugen.

Schnittteilhälfte). Das Schnittteil an der Taillenlinie waagerecht fast komplett durchschneiden, bis auf ein klitzekleines Stück an der Seitennaht. Den Einschnitt gemäß der Größe der Absteckfalte überlappen lassen. (Aber Achtung wegen Schnittverfälschungen, siehe Seite 113!)

KORREKTUR SCHMALE SCHULTERN

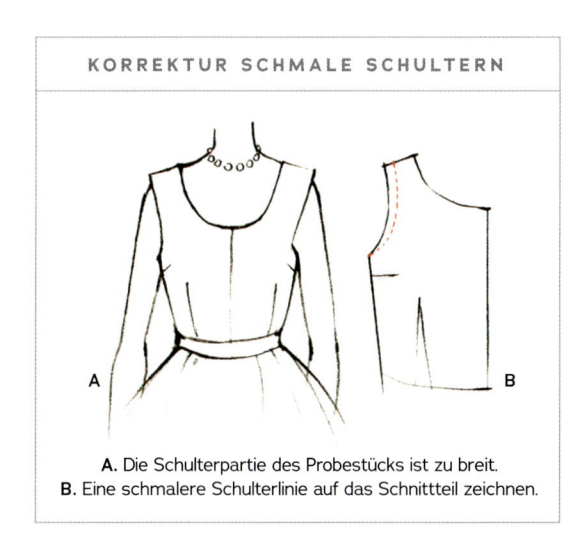

A. Die Schulterpartie des Probestücks ist zu breit.
B. Eine schmalere Schulterlinie auf das Schnittteil zeichnen.

DEN SITZ DER ARMKUGEL ÜBERPRÜFEN

Die Armkugel benötigt mehr Raum und Spiel als der Armausschnitt und wird eingepasst, um die Rundung der Schulter zu formen. Beim Angleichen von Schnitt und Maßen für das Oberteil kann es schnell vorkommen, dass Armausschnitt und Armkugel nicht mehr zueinander passen. Hier gilt als Faustregel: Die Armkugel sollte 2,5 cm bis 3,5 cm größer sein als der Armausschnitt. Zum Prüfen misst man die Nähte von Armkugel und Armausschnitt aus. Dann subtrahiert man den Wert für den Armausschnitt vom Wert für die Armkugel. Wenn das Ergebnis nicht im eben genannten Wunschbereich liegt, muss entweder Spiel hinzugefügt oder Mehrweite verringert werden. Ersteres erreicht man durch das Auseinanderschneiden und Verbreitern des Schnittteils für die Armkugel (Abb. A), letzteres durch das Falten und Überlappen lassen desselben (Abb. B).

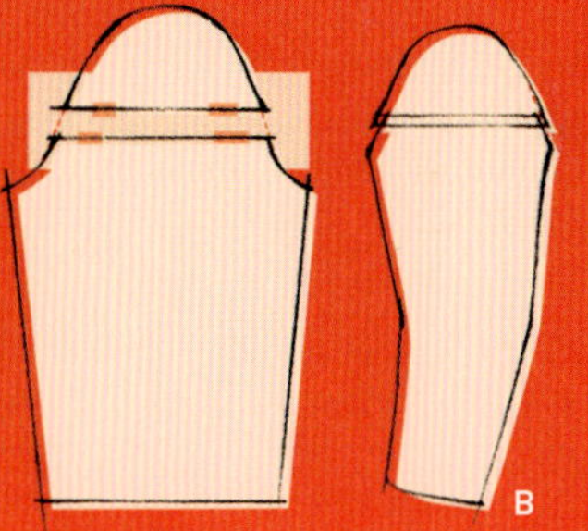

A. Für mehr Spiel auseinanderschneiden und Lücke ergänzen.
B. Für weniger Spiel falten und überlappen lassen.

... bei schmalen Schultern

Der Ärmel wird etwas weiter vorn im Schulterbereich eingesetzt. Wo genau, testet man am Probestück aus. (Ohne die Abänderung sähe man sonst aus, als trüge man riesige Schulterpolster.)

Im Schnittmuster spiegelt sich die Änderung in der verschmälerten Armausschnittlinie wider. Außerdem muss unter Umständen der Sitz der Armkugel optimiert werden (siehe roter Kasten oben).

KORREKTUR BREITE SCHULTERN

A. Die Schulterpartie des Probestücks ist zu schmal.
B. Auf das Schnittmusterteil eine breitere Schulterlinie zeichnen.

KORREKTUR NACH VORN GENEIGTE SCHULTERN

A. Die Schulternaht sitzt zu weit hinten.
B. Das überschüssige Mehr von der vorderen Schulter reduzieren.
C. Überschuss zur hinteren Schulter hinzufügen.

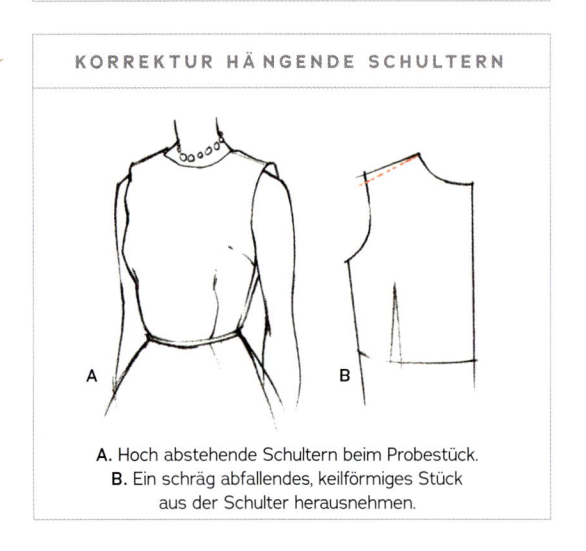

KORREKTUR HÄNGENDE SCHULTERN

A. Hoch abstehende Schultern beim Probestück.
B. Ein schräg abfallendes, keilförmiges Stück aus der Schulter herausnehmen.

... bei breiten Schultern

An der Schulter mehr Weite hinzufügen. Beim Neu zeichnen sollte man den Schulterteil entsprechend verbreitern, damit er mit dem Schulterknochen abschließt. Dabei ebenfalls Sitz und Passform der Armkugel kontrollieren (siehe Seite 115).

... bei nach vorn geneigten Schultern

Wenn die Schultern etwas nach vorn gerundet sind, schließen die Schulternähte nicht mit dem Schultergrat ab. Stattdessen befinden sich die Nähte deutlich dahinter. Sie sollten aber nur ganz knapp hinter diesem Bereich, der vom Hals zur Schulterkante reicht, sitzen. Ist das nicht der Fall, wird der Sitz des Schulterknochens auf dem Probestück markiert, dort muss die Nahtlinie auf dem Schnittmuster versetzt werden. Dazu schneidet man am Schnittteil für die Vorderseite den benötigten Wert weg und fügt ihn am Schnittteil für die Rückseite dazu.

... bei hängenden Schultern

Fällt die Schulterpartie vom Hals schräg ab, steht manches Oberteil an den Schultern merkwürdig hoch. Bei Jacketts und Mänteln löst man dieses Problem mit Schulterpolstern. Im Fall von Kleidern und Blusen muss man den Überschuss auf dem Schnittmuster an der hinteren Schulternaht korrigieren. Die neu gezeichnete Linie fällt vom Hals etwas steiler ab und passt sich an die tatsächliche Schulterform an.

... wenn der Halsausschnitt zu weit ist

Ein abstehender Halsausschnitt kann mithilfe einer senkrechten Absteckfalte in der Mitte der vorderen Halslinie optimiert werden. (Aber Achtung, siehe auch Seite 113!)

... beim Verkleinern eines Oberteils

Bei einer zierlichen Figur mit schmaler Taille kommt es vor, dass Oberteile viel zu lang ausfallen. Idealerweise korrigiert man hier nicht erst am Probestück, sondern schon vorher, im Stadium des Abgleichens der Maße von Schnittmuster und eige-

OBERTEIL VERKLEINERN

A. Eine waagerechte Linie zwischen Brust und Taille markieren.
B. Das Papierschnittteil auseinanderschneiden und überlappen.

OBERTEIL VERGRÖSSERN

A. Eine waagerechte Linie zwischen Brust und Taille markieren.
B. Das Schnittteil zerschneiden und auseinanderschieben.

ner Figur (siehe Seite 112). Wird das Problem erst am Probestück erkannt, legt man zwischen Brust und Taille eine waagerechte, rechteckige Absteckfalte in das Oberteil. Dann die Stecknadelpositionen markieren, das Probestück ausziehen und den zu reduzierenden Wert ausmessen. Danach zerteilt man das Papierschnittteil von Seitennaht zu Seitennaht mit einem waggerechten Schnitt und überlappt die beiden Teile um den zuvor ermittelten Wert. Im Anschluss die Seitennahtlinien neu zeichnen, und, falls der Schnitt durch einen Abnäher geht, auch die „Abnäherbeinchen".

Diese Methode kann auf jedes zu große Schnittteil angewendet werden. Bei Röcken sollte man den Schnitt unterhalb der Hüften aber oberhalb des Knies machen.

... beim Vergrößern eines Oberteils

Nach Möglichkeit sollte man Vergrößerungsbedarf bereits beim Ausmessen und Abgleichen der Maße direkt auf dem Schnittmuster feststellen, nicht erst am Probestück.

Dann wird ein neues Stück Schnittmusterpapier unter das Originalschnittteil gelegt. Anschließend zerschneidet man das Originalschnittteil zwischen Brust und Taille waagerecht, schiebt die Teile um die benötigte Mehrweite auseinander, klebt die neue Positionierung fest und erneuert die Linien der Seitennähte und Abnäher.

... bei wenig Busen

Bei einem kleinen Busen hat das Oberteil im Brustbereich oft zu viel Luft. Man nimmt dann in Richtung des Armausschnitts eine waagerechte Absteckfalte heraus. Zusätzlich muss häufig noch senkrecht eine keilförmige Absteckfalte gemacht werden (siehe Hohlkreuzkorrektur Seite 115).

SCHNITTE ANPASSEN
Goldene Regel

Änderungen nur dort vornehmen, wo man sie braucht. Zu oft wird beim Anpassen versucht, irgendwo irgendetwas zu kürzen. Sagen wir, ein Etuikleid-Oberteil ist zu lang und in der Körpermitte schlägt der Stoff Falten. Auf den ersten Blick scheint das Kürzen der Träger der richtige Ausweg zum Ausgleichen. Leider würde diese Vorgehensweise die Schnittproportionen komplett verzerren, weil der Halsausschnitt dann zu hoch rutscht. Korrekt wäre es daher, die Änderung direkt in der Körpermitte vorzunehmen.

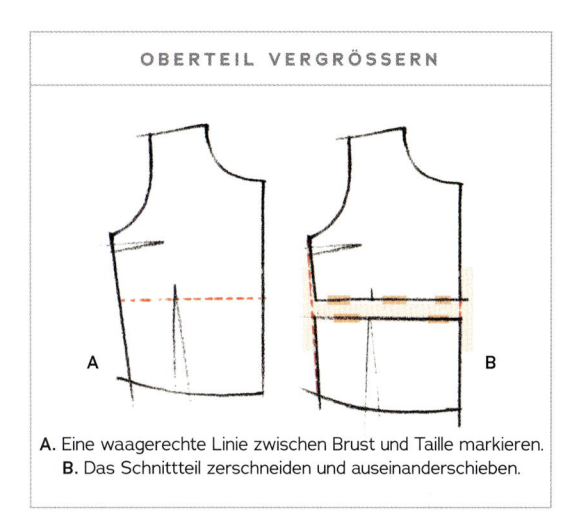

... bei viel Busen

Aus diesem Grund müssen sehr häufig Anpassungen vorgenommen werden. Es gibt viele Methoden, aber ich finde die unten beschriebene am praktikabelsten. Generell muss neben einem Mehr an Breite vor allem Länge hinzugefügt werden. Man kann sich das so ähnlich vorstellen wie bei den Empire-Taillen für vollbusige Damen: Die Taillenlinie verläuft förmlich direkt quer über der Brust anstatt darunter zu sitzen. Das liegt vor allem an dem benötigten Mehr an Länge.

Zunächst sollte man die Werte der Mehrlänge und -breite mithilfe eines Probestücks ermitteln. Dazu das Probestück an der Brust kreuzweise waagerecht und senkrecht einschneiden. Die zerschnittenen Streifen entsprechend des Brustumfangs auseinanderziehen und die Lücken mit extra Stoffstreifen ausfüllen und feststecken. Länge und Breite der neuen Streifen ausmessen.

Das Ganze wird nun mittels dreier Linien auf das Papierschnittmuster übertragen: 1) Eine waagerechte Linie quer über das Oberteil durch den seitlichen Abnäher bis zur Brustspitze zeichnen. 2) Eine senkrechte Linie durch den Taillenabnäher bis zur Brustspitze zeichnen. Die Linie von der Brustspitze aus bis zur Mitte des Armausschnitts diagonal erweitern. 3) Eine waagerechte Linie zeichnen, die auf der Höhe zwischen Brust und Taille von der senkrechten Linie zur vorderen Mitte führt (Abb. A).

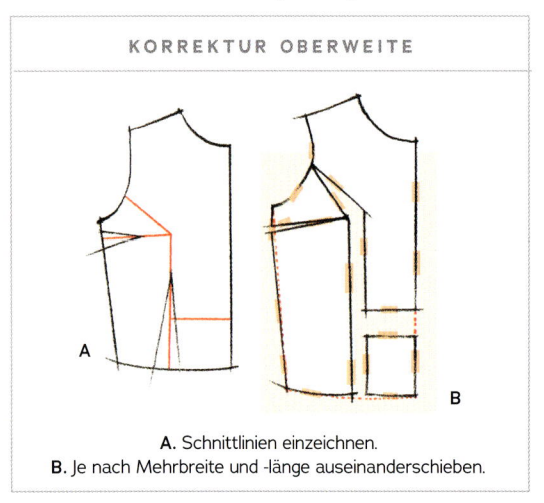

> **SCHNITTE ANPASSEN**
> ## Goldene Regel
> **Fadenlauf neu festlegen**
>
> Macht man Änderungen, die die grundsätzliche Form des Schnittmusters beeinflussen, muss unter Umständen der Fadenlauf neu eingezeichnet werden. Das geht sehr einfach, indem man das Schnittteil waagerecht oder senkrecht zur Hälfte faltet, je nachdem in welcher Richtung der neue Fadenlauf verlaufen soll. Dort den Pfeil markieren, und fertig!

Als erstes die waagerechte Linie an der Brust einschneiden. Danach die senkrechte Linie und die diagonale Verlängerung einschneiden, dabei am Armausschnitt ein Stückchen ganz lassen. Zum Schluss einmal komplett die zweite waagerechte Linie zerschneiden. Die Stücken an Brust- und Taillenabnäher orientiert an den Probestückmaßen auseinanderschieben. Das Taillenstück dann soweit versetzen, bis es wieder mit der Taillenlinie abschließt (Abb. B).

Gemäß der Originalabnäher neue, tiefere Abnäher zeichnen. Kurvige Figuren brauchen tiefe Abnäher und das Schnittteil passt trotzdem noch zu den angrenzenden Teilen.

... wenn man klein gewachsen ist

Oftmals muss die Länge des Oberteils oder des Rocks verringert werden. Aber auch Änderungen am Ärmel kommen vor. Ist der Ärmel zu lang, kann man das Ärmelende kürzen oder im Schnittteil die Mehrlänge wegnehmen, wenn die Form des Ärmelsaumes erhalten bleiben soll. Hat der Ärmel Abnäher, optimiert man die Länge mithilfe von waagerechten Absteckfalten oberhalb und unterhalb des Ellenbogens. Alle Änderungen sollten wenn möglich schon auf dem Papierschnittmuster vorgenommen werden.

KORREKTUR OBERWEITE

A. Schnittlinien einzeichnen.
B. Je nach Mehrbreite und -länge auseinanderschieben.

Auch die Größe von Details sollte man verkleinern, wenn sie die Gesamterscheinung zu sehr dominieren. Beispielsweise lässt sich ein ausladender Kragen an den Außenkanten reduzieren, damit er zu Figur und Stil passt.

... wenn man groß gewachsen ist

In der Regel sollte bereits das Schnittmuster für mehr Länge auseinandergeschnitten und verbreitert werden, nicht erst das Probestück. Diese Methode benutzt man für Ärmel, Oberteil und Rock.

... wenn der Ärmel zu eng ist

Die Korrektur wird auf dem Papierschnittteil ausgeführt, nachdem man das Maß für den Umfang des Oberarms abgeglichen hat. Für die Änderung wird der Armausschnitt selbst nicht beeinträchtigt, indem man in der Mitte einen waagerechten und einen senkrechten Schnitt macht: Dazu das originale Armschnittteil auf Schnittmusterpapier legen, ein Kreuz bestehend aus einer waagerechten und einer senkrechten Linie in die Mitte zeichnen und diese Linien, bis auf kleine Stücke an den Enden, zerschneiden. Anschließend den senkrechten Schlitz um die gewünschte Breite auseinanderziehen und das geänderte Schnittteil mit Klebestreifen fixieren.

Auch die Fadenlaufmarkierung sollte danach neu eingezeichnet werden (siehe Seite 118).

KORREKTUR ZU ENGER ÄRMEL

A. Ein Kreuz auf den Ärmel zeichnen.
B. Zerschneiden und auseinanderschieben, ohne die Armkugel zu beeinträchtigen.

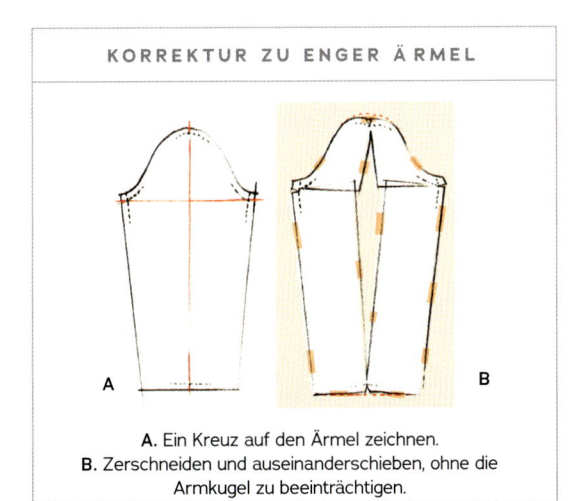

CHECKLISTE

Das Schnittanpassen kann, gerade am Anfang, eine recht heikle Sache sein, bei der man schnell die Übersicht verliert. Im Zweifel hilft diese Checkliste.

1. Zeigen die Brustabnäher zur Brustspitze, aber enden etwa 1,5 cm von ihr entfernt? Falls nicht, die Abnäher kürzen und verringern (siehe Seite 116).

2. Liegt der Halsausschnitt flach? Falls er absteht, siehe Seite 113.

3. Schmiegt sich der Bund schön um die Taille, aber lässt Platz zum Atmen? Falls nicht, an den Seitennähten Weite hinzufügen oder reduzieren (siehe Seite 114).

4. Passt der Rock an den Hüften wie angegossen, lässt aber noch genug Spiel, damit man bequem sitzen kann? Bei waagrechten Falten an den Hüften Weite dazugeben, bei senkrechten, schlaffen Falten Weite reduzieren.

5. Sitzt das Kleidungsstück an der Brust? Nichts spannt, nichts hängt durch? Wenn doch, siehe Seite 118 bzw. 117.

6. Ist die untere Rückenpartie gerade und ohne Falten? Falls nicht, siehe Hohlkreuzkorrektur Seite 114.

7. Schließt die Schulternaht mit dem Schultergrat ab? Liegt die Naht deutlich dahinter, eine Korrektur für nach vorn geneigte Schultern vornehmen (siehe Seite 116).

8. Beginnt der Ärmel exakt an der Schulterwölbung? Sitzt er zu weit darunter, siehe Korrektur für schmale Schultern (Seite 115), sitzt er zu weit darüber, siehe Korrektur für breite Schultern (Seite 116).

Figurformende Wäsche – ja oder nein?

Ich recherchiere und schreibe unheimlich gerne über die Geschichte der Lingerie. Das hat mir sogar den Titel als „die Frau, die über Unterwäsche schreibt" eingebracht. Als selbst ernannte Feministin gerate ich oft in Diskussionen darüber, wie Stützunterwäsche mit einer liberalen Weltsicht zusammengehen soll.

Ohne mich weiter auf dieses verminte Terrain zu begeben, möchte ich sagen, dass es völlig in Ordnung ist, für eine wohlgeformte Wespentaille mit einem Taillenkorsett zu experimentieren oder einen Shapewear-Body auszuprobieren. Aber man muss das natürlich nicht tun, nur weil man meint, es wird erwartet, weil der Look erst dann ein richtiger Vintage-Look ist. Das ist Quatsch! Heutzutage haben wir nämlich glücklicherweise die Wahl.

Absolutes Lieblingsstück meiner Lingerie-Kollektion ist mein Longline-BH. Dieser BH reicht bis hinunter zur Taille und sorgt dafür, dass der Bauch schön flach aussieht. Diejenigen, die man vorne aufhaken kann, lassen sich außerdem besonders leicht an- und ausziehen.

Für eine glatte, gleichmäßige Silhouette kann man den Longline-BH wunderbar mit einem Formslip kombinieren. Auch figurformende Mieder, Tops oder Radlerhosen lassen den Traum von einer Wespentaille wahr werden.

... wenn der Ärmel zu weit ist

Ist nur der untere Ärmel zu weit, steckt man am Probestück senkrechte Falten ab und verschmälert die Ärmelnaht vom Original-Armausschnitt (auf diese Weise wird der Armausschnitt nicht beeinflusst). Danach die Änderungen auf das Papierschnittteil übertragen. Muss der komplette Ärmel verkleinert werden, wird das Schnittteil senkrecht aufgeschnitten und überlappt (siehe Ärmelvergrößerung Seite 119).

Größe von Vintage-Schnittmustern anpassen

Man hat das perfekte Vintage-Schnittmuster ausfindig gemacht, aber es hat die falsche Größe. Wenn das nicht tragisch ist! Daher sehr wichtig – realistisch bleiben. Mein erster Tipp: Mit Vintage-Schnittmustern arbeiten, bei denen sich die Oberbrustweite nicht so viel von der eigenen unterscheidet (siehe auch Seite 17). Meine liegt bei 91,5 cm, und sie ist ein guter Indikator für meine Figur im Ganzen, weil die Schulterpartie sitzt, auch wenn ich im Brust- oder Taillenbereich noch Weite hinzufügen muss. Dementsprechend adaptiere ich sehr selten Größen mit einer Oberbrustweite unter 86,5 cm oder über 96,5 cm, und ich kann ausdrücklich nicht empfehlen, Größen anzupassen, die zu weit von den eigenen Körpermaßen entfernt sind. Hier zwei Methoden zur Größenadaptierung:

1. Wenn das Schnittmuster mit Oberbrustweite, Schultern und Armausschnitten übereinstimmt: Die Schnittteile ausmessen und ermitteln, wie viel Weite an Hüfte und Taille dazugegeben werden muss. Anschließend mit dem Patchworklineal vom Armausschnitt ausgehend die entsprechenden Werte auf jeder Seite hinzufügen (Abb. A). (Bzw. wegnehmen, falls nötig).

2. Wenn das Schnittmuster insgesamt zu groß oder zu klein ist: Die Schnittteile zerschneiden und die Streifen je nachdem auseinanderschieben bzw. überlappen lassen. Ist zum Beispiel die Vorderseite des Oberteils 6,5 cm zu schmal, wird das Schnittteil senkrecht in fünf gleichgroße Abschnitte geschnitten und jeweils um etwa 1,3 cm auseinandergeschoben, um die gewünschte Mehrbreite zu erhalten (Abb. B). Achtung: Die Schulterpartie muss nicht so extrem verbreitert werden wie die Taille, weil sich Schultern bereits innerhalb der verschiedenen Größen nicht so dramatisch unterscheiden. Um den originalen Vintage-Schnitt nicht zu zerstören, empfiehlt es sich, ihn zuerst auf Schnittmusterpapier zu übertragen und die Kopie zu zerschneiden. Zum Schluss mit Kurvenlineal und Patchworklineal die Umrisse des neuen Schnittteils nachfahren.

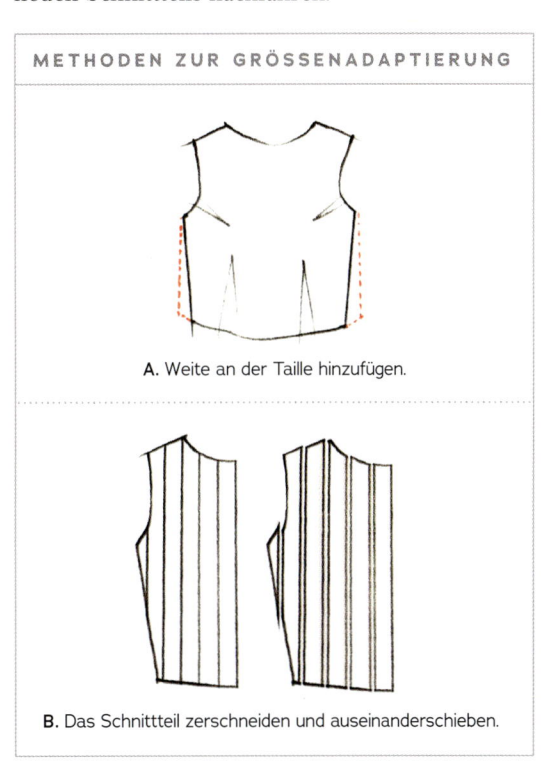

METHODEN ZUR GRÖSSENADAPTIERUNG

A. Weite an der Taille hinzufügen.

B. Das Schnittteil zerschneiden und auseinanderschieben.

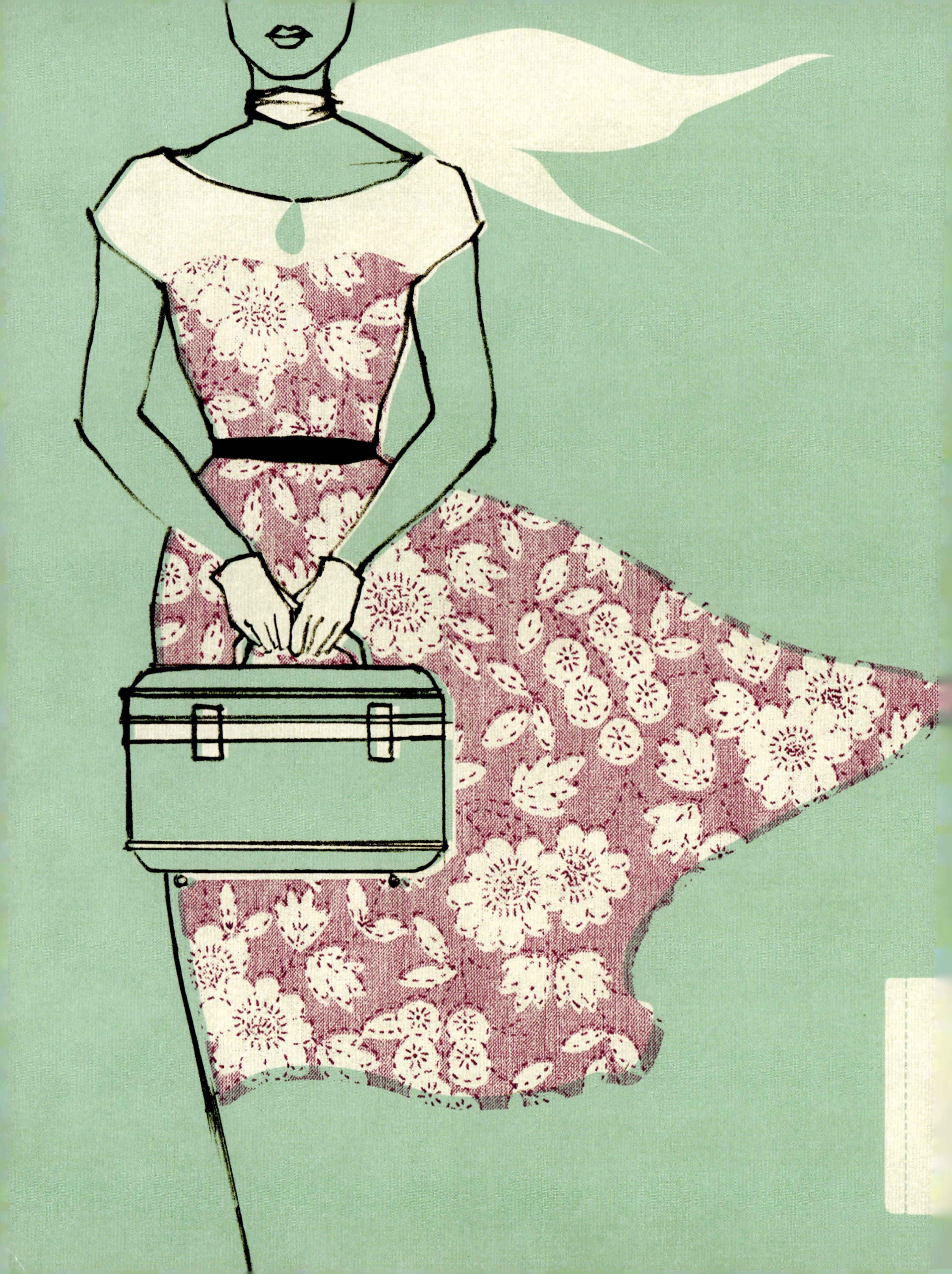

TEIL ZWEI

Projekte

BLEISTIFTROCK 127
- Bleistiftrock mit Volantsaum 132
- Rock in A-Linie mit Biesen 134

SHIRTBLUSE 137
- Shirtbluse aus Chantilly-Spitze 140

TEMPERAMENTVOLLES ETUIKLEID 143
- Winterkleid 146
- Seersucker Sommerkleid 147

GLOCKENROCK MIT MUSCHELSAUM-TAILLE 151
- Ausgestellter Rock mit gerader Taille 154

SCHLUPPENBLUSE 157
- Bluse mit Bubikragen 160
- Bluse mit Tropfenausschnitt 162

SWEETHEART SOMMERKLEID 165
- Tiki-Kleid 168
- Schulterfreies Kleid 172

BLEISTIFTKLEID 175
- Kleid aus Brokat 178
- Cocktailkleid 180

HEMDBLUSENKLEID 183
- 40er-Jahre Kleid 186

KOSTÜMJACKE 189

RETRO-MANTELKLEID 195

Die Schnittmuster

Alle Schnittmuster, die für dieses Buch entworfen wurden, sind vom *Vogue's New Book for Better Sewing* inspiriert. Die Designs mit ihrem schlichten, klassischen Chic stehen einer modernen Schneiderin gut zu Gesicht. Die Schnitte können nach eigenen Vorstellungen angepasst werden (mit den Techniken aus Kapitel 5). Vorschläge für Variationen runden viele der Projekte ab und regen zu neuen Kreationen für einen individuellen Stil an.

Zum Nähen werden professionelle und Vintage-Schneidertechniken verwendet. Ihr Schwierigkeitsgrad reicht von einfach (beim Bleistiftrock) bis anspruchsvoll (beim Retro-Mantelkleid). Aber natürlich entscheidet jeder selbst, wie viele Techniken bei welchem Projekt einfließen. Wer die Herausforderung liebt, kann zum Beispiel den Einsatz beim Bleistiftrock erhöhen und ihn mit einem Verstärkungsstoff versehen und den Taillenbund versteifen. Oder, wenn es schneller gehen soll, kann man auf den Verstärkungsstoff verzichten und den Taillenbund mit Bügeleinlage in Form bringen.

DIE GRÖSSEN

Kleidergrößen sind kompliziert: Bei normalen Kleidern von der Stange scheint die Zuweisung oft widersprüchlich, während die Herstellerfirmen von Schnittmustern ein jahrzehntealtes System benutzen und großzügig Zugeständnisse beim Tragekomfort machen. Den Schnittmustern aus diesem Buch liegt ein eigenes System zugrunde. Dafür habe ich meine persönliche Kleidergröße bei einer M (38) festgelegt und daran die Abstufungen orientiert. Die größeren und kleineren Schnittgrößen wurden von kooperativen Schnittmusterexpertinnen getestet und für gut befunden. Die Schnittproportionen unterscheiden sich ebenfalls etwas von denen herkömmlicher Schnittmuster: Weil die meisten Frauen an den Hüften eine Konfektionsgröße mehr haben als an der Taille, wurde dieser Umstand von vornherein mit einberechnet. Die Körbchengröße ist überall für B (eventuell auch C) konzipiert, für andere Größen müssen Anpassungen vorgenommen werden (siehe Seite 117 und 118).

GRÖSSENTABELLE

	2	4	6	8	10	12	14	16
Brust-umfang	81,5 cm	86,5 cm	91,5 cm	96,5 cm	101,5 cm	107 cm	112 cm	117 cm
Taillen-umfang	61 cm	66 cm	71 cm	76,5 cm	81,5 cm	86,5 cm	91,5 cm	96,5 cm
Hüft-umfang	91,5 cm	96,5 cm	101,5 cm	107 cm	112 cm	117 cm	122 cm	127 cm

ALLGEMEINE HINWEISE ZUM NÄHEN

Wenn nicht anders angegeben, beträgt die Nahtzugabe bei allen Projekten aus diesem Buch 1,5 cm, das heißt, die Naht wird 1,5 cm von der Stoffschnittkante entfernt genäht.

Außerdem, wenn nicht anders angegeben, werden alle Schnittteile vor dem Zusammennähen rechts auf rechts gelegt. Sollen Schnittteile links auf links gelegt werden (wie beispielsweise bei der Französischen Naht), wird an entsprechender Stelle ausdrücklich darauf hingewiesen.

Nach dem Zusammennähen einer Naht wird die Nahtzugabe flach gebügelt und anschließend entweder auseinander oder zu einer Seite hin. Dies wird bei jedem Projekt angegeben.

Zusätzlich werden die Nahtzugaben unterschiedlich breit zurückgeschnitten, damit die Nähte von rechts keine Dellen hinterlassen. Bei gerundeten Nähten werden die Kurven eingekerbt bzw. eingeknipst, damit sie nach dem Wenden ordentlich und flach liegen.

UNTERSCHIEDLICH BREIT ZURÜCKSCHNEIDEN: Bei dicken Stoffen kann es passieren, dass sich die Nahtzugabe wegen ihrer zwei Lagen zu einer Art Delle formt, die sich dann auf der rechten Stoffseite abzeichnet. Deswegen schneidet man die Nahtzugabenlagen unterschiedlich weit zurück. Die Nahtzugabenlage, die näher an der rechten Stoffseite liegt, bleibt immer breiter.

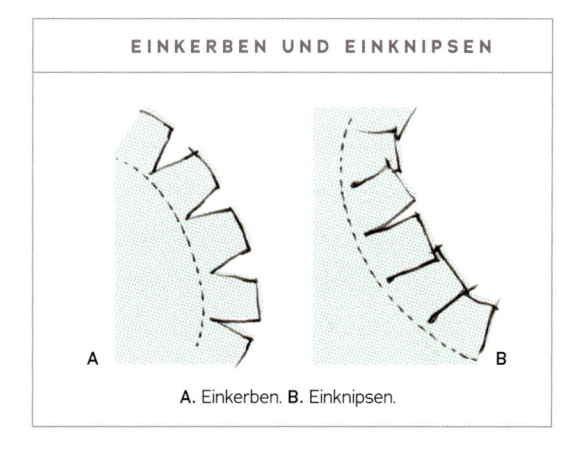

EINKERBEN UND EINKNIPSEN

A. Einkerben. B. Einknipsen.

EINKERBEN UND EINKNIPSEN: Damit Teile mit gerundeten Nähten nach dem Wenden schön flach liegen, werden die Nahtzugaben zuerst auf 3 mm eingekürzt. Außenkurven kerbt man anschließend ein, indem etwa alle 1,5 cm kleine Dreiecke in die Nahtzugabe geschnitten werden. Innenkurven werden danach eingeknipst.

Wird eine Außenkurve an eine Innenkurve genäht, wird jede Nahtzugabe entsprechend eingekerbt oder eingeknipst. Am besten setzt man die Knipse und Einkerbungen abwechselnd, besonders, wenn die Nahtzugaben wieder zusammengebügelt werden. Dann ist später von der rechten Stoffseite aus weniger zu sehen.

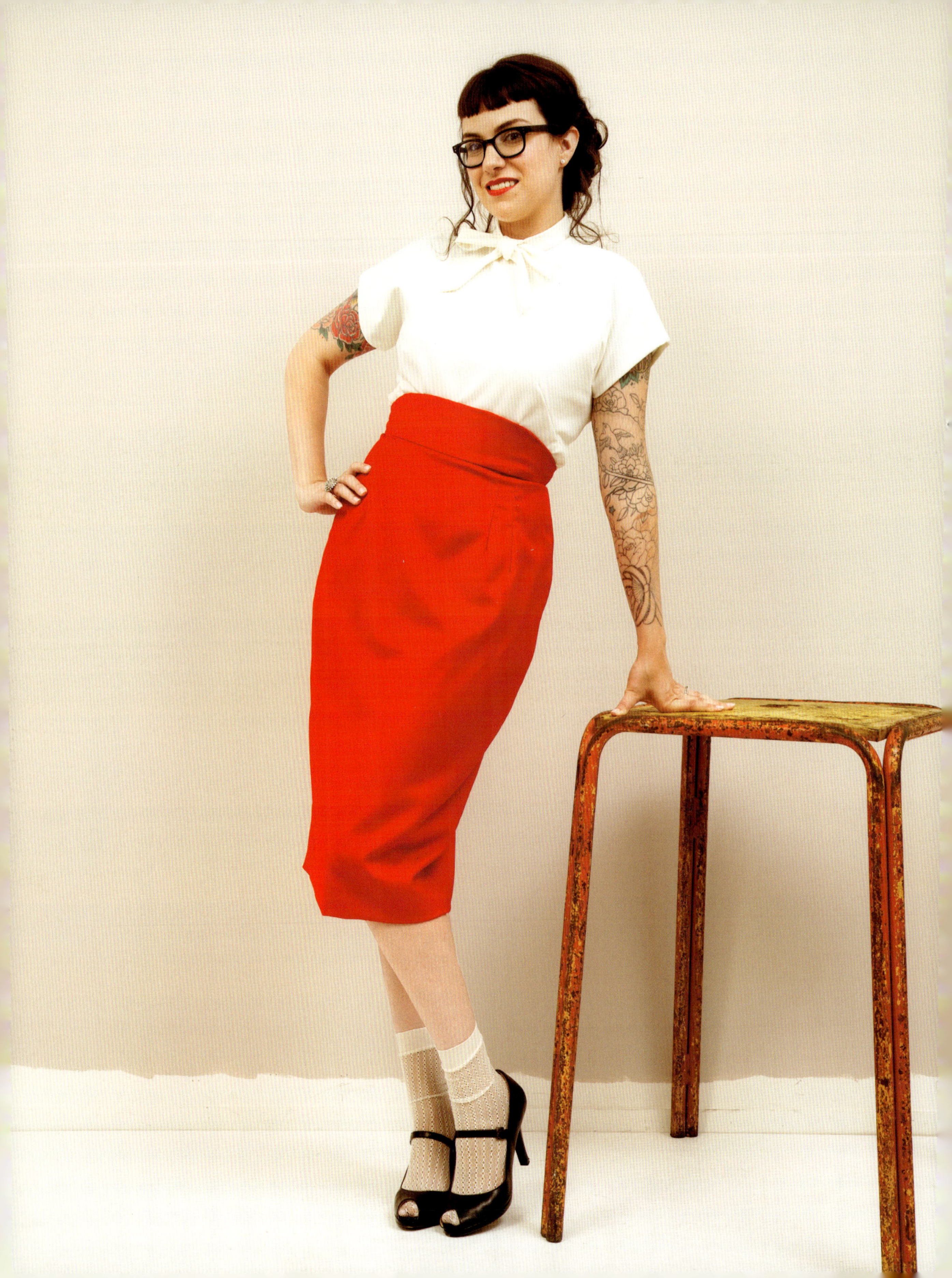

Bleistiftrock

Ein schicker Bleistiftrock (oder fünf!) ist ein unverzichtbares Must-have im Kleiderschrank. Seine Trägerin wirkt professionell und auf züchtige Art und Weise sexy. Weiterer Pluspunkt: Ein Bleistiftrock lässt sich aus einer Vielzahl an Stoffen nähen – von weichem Doubleface über geschmeidige Gabardine bis hin zu schwerem, gemusterten Brokat. Er betont die Taille und wird zum Saum hin enger – für eine fabelhaft kurvige Figur.

Ganz klassisch endet der Bleistiftrock gerade unterhalb des Knies. Wer es kürzer oder länger vorzieht, passt einfach das Schnittmuster entsprechend an (siehe Seite 92). Der Rock eignet sich hervorragend als Anfänger-Projekt.

SO GEHT'S

1. Am Taillenbund von Rockvorder- und Rückseite innerhalb der Nahtzugabe jeweils eine Reihe Verstärkungsstiche nähen (siehe Seite 77).

2. Abnäher auf Vorder- und Rückseite des Rocks steppen (Abb. A); dann vorn in Richtung vordere Mitte und hinten in Richtung hintere Mitte bügeln.

3. Die beiden Teile der Rockrückseite an der hinteren Mittelnaht von der oberen T-Markierung (Ende Reißverschlussöffnung) bis zur unteren T-Markierung (Beginn Rockschlitzöffnung) zusammensteppen (Abb. B). Die Naht auseinanderbügeln.

TECHNIKEN

- Abnäher
- Hohen Taillenbund versteifen (optional)
- Verstärkungsstoff (optional, siehe Seite 74)
- Knopflöcher arbeiten (siehe Seite 59)
- Einseitig verdeckten Reißverschluss einnähen (siehe Seite 57)

DAS WIRD GEBRAUCHT

- Schnittmuster „Bleistiftrock" (auf Schnittbogen 1, siehe Zuschneideplan Seite 198)
- Verstärkungsstoff: 90 cm
- Futterstoff: 90 cm (optional)
- Oberstoff: 1,80 m (115 cm breit) oder 1 m (150 cm breit)
- Versteifung für den Taillenbund (optional, siehe Seite 75)
- Reißverschluss: 23 cm lang
- Knopf für den Taillenbund
- Saumband

STOFFEMPFEHLUNG

Ein dünner wollener Anzugstoff ist die perfekte Wahl. (Ähnlich beschaffen ist Wollkrepp und wäre ein geeigneter Ersatz.) Dieses Gewebe passt wunderbar zu Bleistiftröcken; es lässt sich gut nähen, ist griffig und man kann es in vielen Farben kaufen. Vor dem Nähen einlaufvorbehandeln! Fühlt der Stoff sich sehr dünn an, kann er mit einem Verstärkungsstoff versehen werden. So sieht man auch die Saumstiche von außen später nicht. Mein Bleistiftrock hat eine Verstärkung aus Seidenorganza, was ihm eine klare Unterstruktur verleiht.

A. Die Abnäher steppen.

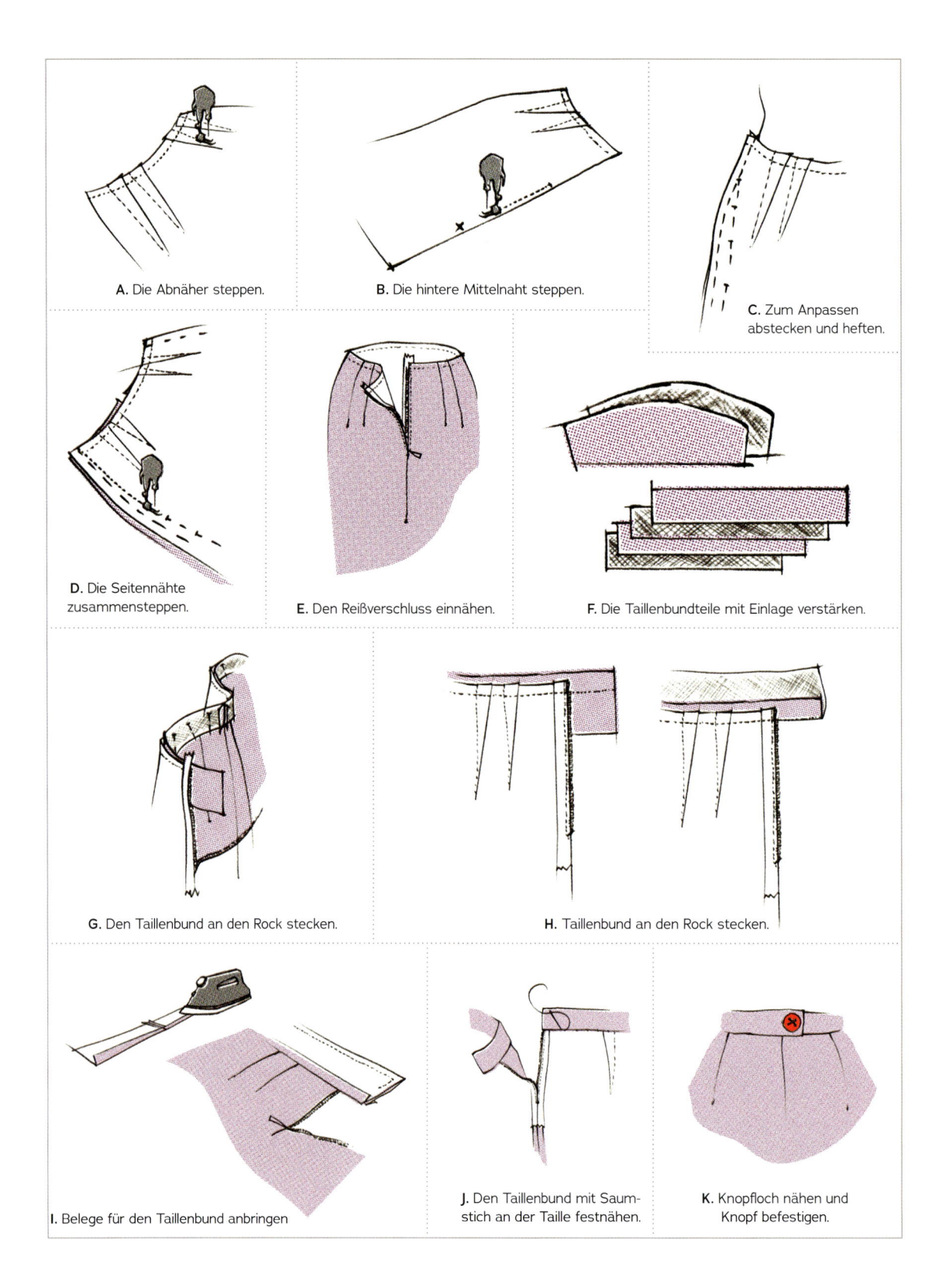

B. Die hintere Mittelnaht steppen.

C. Zum Anpassen abstecken und heften.

D. Die Seitennähte zusammensteppen.

E. Den Reißverschluss einnähen.

F. Die Taillenbundteile mit Einlage verstärken.

G. Den Taillenbund an den Rock stecken.

H. Taillenbund an den Rock stecken.

I. Belege für den Taillenbund anbringen

J. Den Taillenbund mit Saumstich an der Taille festnähen.

K. Knopfloch nähen und Knopf befestigen.

4. Seitennähte abstecken, zusammenheften und den Rock anprobieren. Wenn nötig, Anpassungen an den Seitennähten vornehmen (Abb. C). Der Rock sitzt sehr körperbetont an der Taille und im oberen Hüftbereich. Im unteren Hüftbereich ist etwas Spiel, damit man bequem sitzen kann. Den Rock nicht zu eng anpassen, auch wenn die Versuchung groß ist – es sei denn, der Stoff ist sehr elastisch, in diesem Fall, nur zu!

5. Seitennähte schließen und auseinanderbügeln (Abb. D).

6. Den einseitig verdeckten Reißverschluss in die hintere Mittelnaht einsetzen (Abb. E siehe auch Seite 57).

7. Einen Satz der Taillenbundschnittteile mit Einlage verstärken (Abb. F). Der andere Satz wird der Beleg.

8. Die verstärkten Taillenbundteile entlang der Seitennähte zusammensteppen.

9. Taillenbund rechts auf rechts an den Rock stecken und kantengenau ausrichten (Abb. G). Übertritt und Untertritt reichen hinten je 2,5 cm über die Reißverschlussöffnung. Aufsteppen (Abb. H). Nahtzugaben unterschiedlich breit zurückschneiden und in Richtung Taillenbund bügeln.

10. Die Belegteile für den Taillenbund an den Seitennähten schließen. Die Nahtzugabe der langen oberen Kante umbügeln. Die obere Kante des Belegs ausgerichtet an den Seitennähten rechts auf rechts auf den Taillenbund stecken. Nun die obere Kante und die kurzen Kanten von Übertritt und Untertritt des Taillenbunds zusammensteppen (Abb. I). Die Nahtzugaben einkürzen und unterschiedlich breit zurückschneiden und den Taillenbundbeleg ins Rockinnere klappen und bügeln. Die obere Belegkante von Hand mit Rückstichen niedersteppen (siehe Seite 52).

11. Den Taillenbundbeleg von Hand an die Nahtzugabe der Taillennaht nähen und die Unterkanten von Übertritt und Untertritt mit Saumstichen versäubern (Abb. J).

ABNÄHER SICHERN

Es gibt verschiedene Möglichkeiten, Abnäher zu fixieren. Die folgenden drei Methoden eignen sich besser als das normale Verriegeln, bei dem es passieren kann, dass sich die Abnäherspitze verzieht.

1. An der Abnäherspitze lange Fadenenden überstehen lassen und zu einem Doppelknoten verknüpfen.

2. Die Stichlänge zur Abnäherspitze hin sukzessive verkleinern bis zu 0,5 mm. Durch diese extrem kleinen Stiche ist die Spitze gesichert.

3. In die Abnäherfalte heften. (So mache ich es.) Den Abnäher ganz normal nähen. An der Spitze angelangt den Nähfuß anheben und den Stoff mit Ober- und Unterfaden ein Stückchen herausziehen (etwa 2,5 cm). Dann das Ganze umdrehen und den Nähfuß wieder senken. Die Nadel in der Abnäherfalte verankern und einige Heftstiche nähen. Von außen sind diese Maschinenstiche nicht zu sehen.

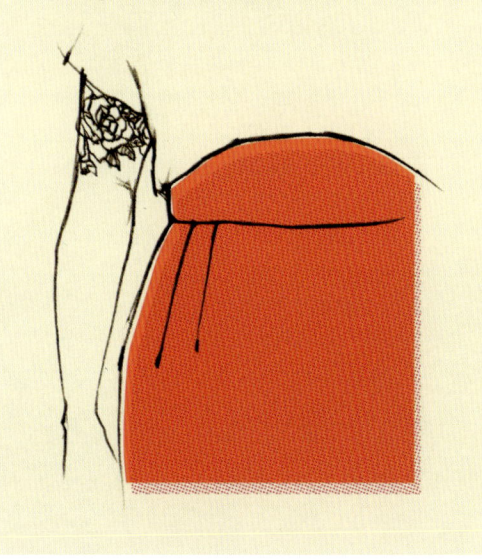

12. Gemäß Markierung auf dem Übertritt des Taillenbunds ein Knopfloch arbeiten (siehe Seite 59). Den Knopf entsprechend auf dem Untertritt befestigen (Abb. K).

13. Saum einschlagen, bügeln und mit der Nähmaschine das Saumband aufsteppen. Den Rockschlitz ebenfalls damit verstärken. Die Saumkante mit unsichtbaren Stichen, Saumstich oder Hexenstich versäubern.

DEN ROCK FÜTTERN

Rockvorder- und Rückseite aus dem Futterstoff zuschneiden und ebenso zusammennähen wie den Rockoberstoff. Beim hinteren Futterteil die Nahtzugaben für Reißverschluss und Schlitz umbügeln. Nachdem der Reißverschluss eingenäht ist, das Rockfutter links auf links über den Rock ziehen und die beiden Lagen an der Taille zusammenheften. Den Futtersaum etwa 2,5 cm kürzer nähen als den Rocksaum und entweder als Schmalsaum arbeiten oder die Schnittkante per Zickzackstich mit Saumspitze einfassen (siehe Seite 65).

DEN TAILLENBUND VERSTEIFEN

Wegen seines hohen Taillenbunds sieht dieser Rock mit einer Versteifung noch vorteilhafter aus. Sie gibt dem Bund Stabilität und verhindert, dass er sich verzieht, ausbeult oder absteht. Das Prinzip ist ähnlich wie bei einem schulterfreien Oberteil: Es wird versteift, damit das Kleidungsstück da bleibt, wo es hingehört. Die Versteifung wird hier in den Beleg des Taillenbundes eingefügt. Auf vergleichbare Weise würde sie bei einem Oberteil in den Futterstoff eingearbeitet.

So wird es gemacht: Das Schnittteil für den vorderen Taillenbund aus Rosshaareinlage und Seidenorganza zuschneiden. Die Teile aufeinander legen und im Abstand von 5 cm mehrere 1 cm breite Tunnel für die Spiralfedern in die Lagen steppen. Die Spiralfedern gemäß der Tunnellängen zuschneiden und hineinschieben. Die Tunnel oben und unten zusteppen. Nun das versteifte Taillenbundteil auf die linke Seite des vorderen Taillenbundteils heften. Wer mag, heftet zuvor noch eine Lage Baumwollflanell auf das Taillenbundteil (nicht auf den Beleg), damit die Spiralfedern nicht nach außen durchdrücken.

Man kann den Bund auch mit Rigeline-Stäbchenband versteifen. Es wird direkt auf die Einlage gesteppt, und die scharfkantigen Enden werden zum Glätten angeschmolzen (siehe Seite 75).

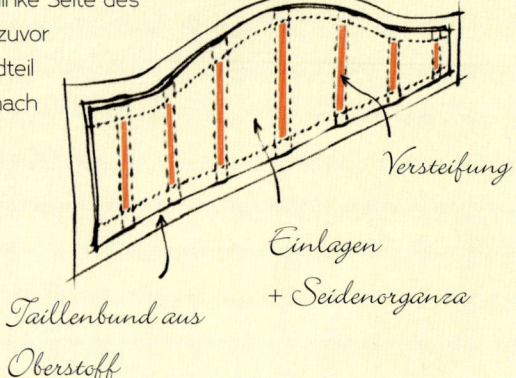

Versteifung

Einlagen + Seidenorganza

Taillenbund aus Oberstoff

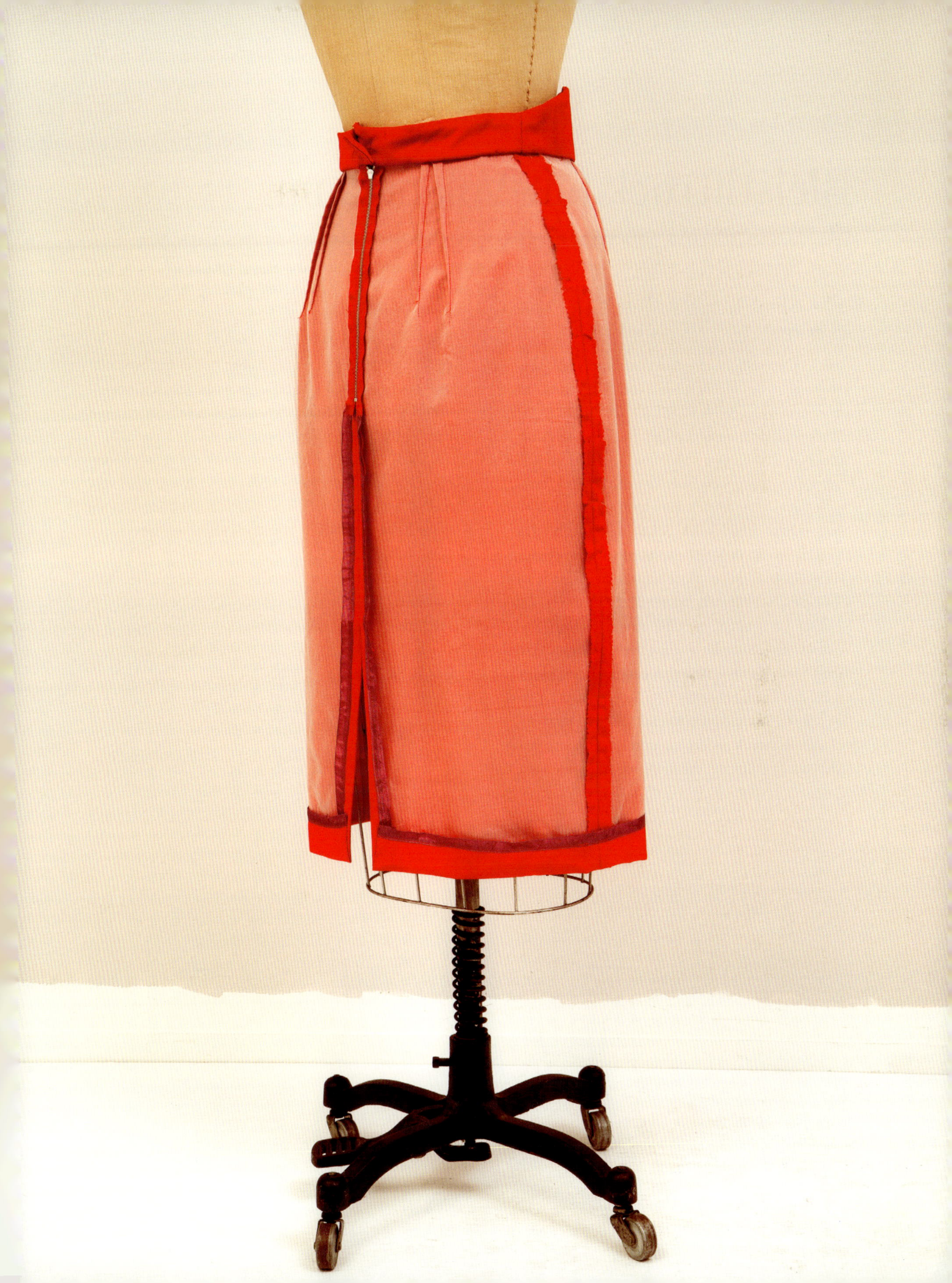

VARIATION

Bleistiftrock mit Volantsaum

Diese Rockvariante aus Wollsatin fällt einfach traumhaft. Der fließende Stoff bringt den Volantsaum besonders gut zur Geltung. Außerdem setzt eine vordere Mittelnaht interessante Akzente und einige kleine Knöpfe verzieren den Taillenbund.

SO GEHT'S

Bevor es losgeht, noch einmal gründlich die Anweisungen zum Modifizieren von Schnittmustern auf Seite 92 durchlesen. Für die Anpassungen die Schnittteile dort auseinanderschneiden, wo der Volantsaum anfangen soll. Mein Saum, siehe Bild rechts, beginnt genau über dem Knie und hat bis zur vorderen Mittelnaht einen leicht ansteigenden bzw. abfallenden Schwung (Abb. A). Das abgeschnittene untere Schnittteil wird der Saum. (Hinweis: Den Saum ohne hintere Mittelnaht zuschneiden, stattdessen besser im Stoffbruch. Einen Rockschlitz braucht es nicht, da der schwingende Volantsaum genug Bewegungsfreiheit beim Gehen bietet.) Im gleichen Abstand voneinander Linien auf das Saumschnittteil zeichnen (Abb. B). Von der unteren Saumkante aus zerschneiden, aber ein kleines Stück an der oberen Kante ganz lassen (Abb. C). Die Streifen nach Belieben auffächern, die neue, geschwungene Unterkante mit dem Kurvenlineal nachzeichnen (Abb. D). Sowohl an die Rockunterkante als auch die Saumober- und -unterkante eine Nahtzugabe hinzufügen.

Nun im Stoffbruch je ein Saumteil zuschneiden, eines für die Vorderseite und eines für die Rückseite. Die Teile an den Seitennähten zusammensteppen, dann Rock und Saum von der vorderen Mitte aus aneinandernähen. Zum Versäubern den Saum 1,5 cm umschlagen und mit Saumspitze einfassen. Der Taillenbund ist nur noch 2,5 cm breit und wird nach der Anleitung auf Seite 99 genäht.

WEITERE DESIGNVORSCHLÄGE:

- ein bogenförmiger Taillenbund
- ein geschwungener Taillenbund
- besonders süß: Taillenbund mit Hosenträgern aufpeppen

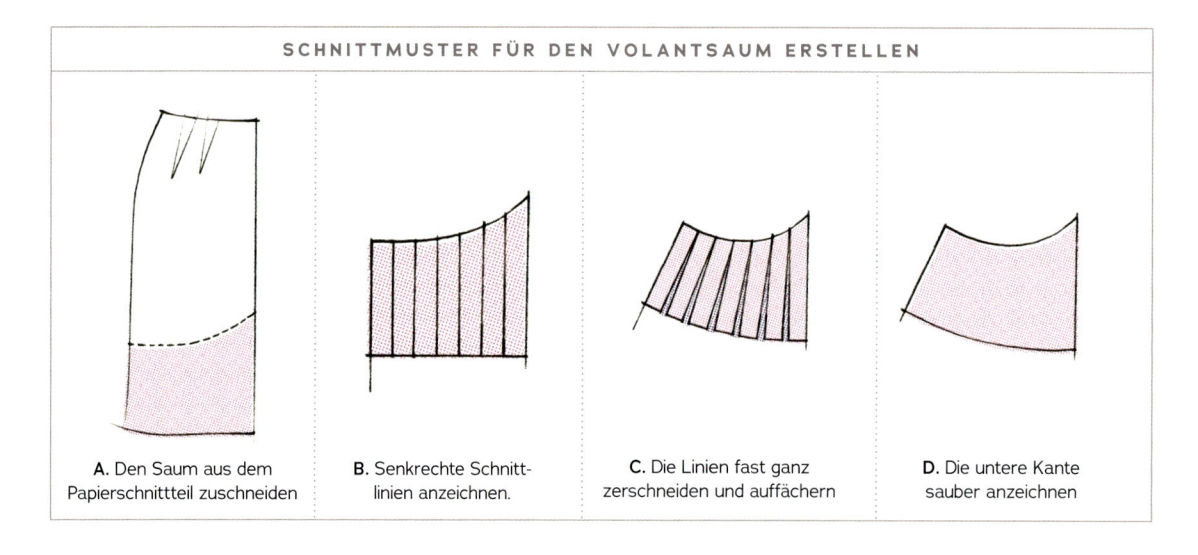

SCHNITTMUSTER FÜR DEN VOLANTSAUM ERSTELLEN

A. Den Saum aus dem Papierschnittteil zuschneiden

B. Senkrechte Schnittlinien anzeichnen.

C. Die Linien fast ganz zerschneiden und auffächern

D. Die untere Kante sauber anzeichnen

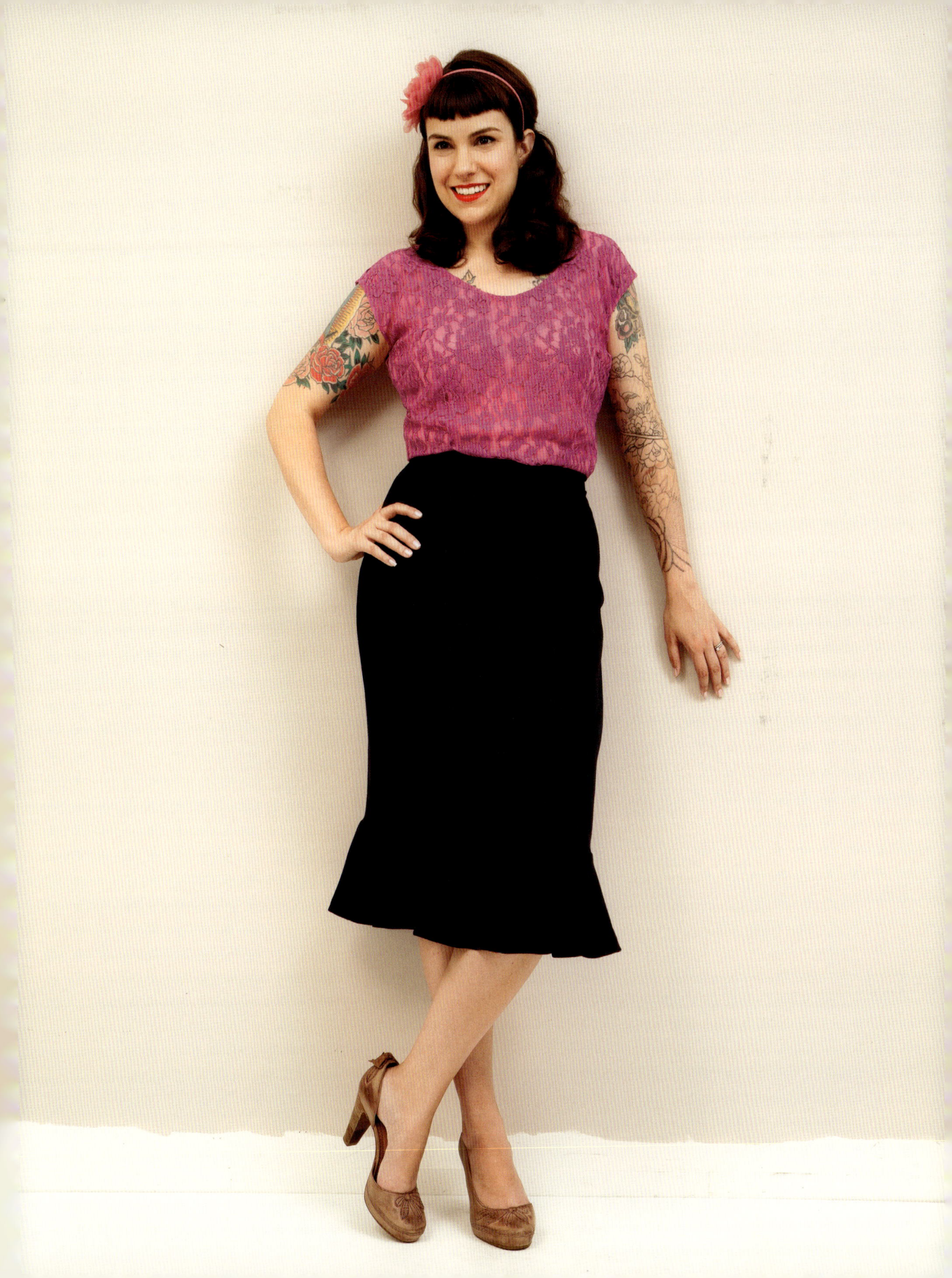

VARIATION

Rock in A-Linie mit Biesen

Dieses Design spiegelt Einflüsse von Frauenmilitäruniformen aus den 40er-Jahren; ein wenig streng, aber gleichzeitig formschön.

SO GEHT'S

Der Taillenbund ist der gleiche wie beim roten Bleistiftrock, aber die Seitennähte verbreitern sich nach unten hin (siehe Seite 92). Aus diesem Grund entfällt der Rockschlitz.

Die waagerechten, fixierten Stofffalten oberhalb des Saumes (Biesen) werden erst genäht, wenn der Rock zusammengesetzt ist. Man benötigt einen speziellen Biesennähfuß und eine Zwillingsnadel. (Die Nähmaschine sollte zwei Garnrollenhalter besitzen.) Der Biesennähfuß hat Rillen auf der Unterseite, die die Biese formen. Es gibt verschiedene Ausführungen für unterschiedliche Stoffarten. Für diesen Rock aus mittelschwerem Stoff habe ich ein Füßchen mit sieben Rillen benutzt. Zwillingsnadeln sind ebenfalls in vielen Varianten hinsichtlich Nadelstärke und Nadelabstand erhältlich. Beispielsweise bedeutet die Nadelgröße 2.0/80, dass der Abstand zwischen den Nadeln 2 mm beträgt und die Nadelstärke bei 80 liegt, eine geeignete Größe für normale Nähgarne. Nadelabstand und Rillenbreite des Füßchens müssen zusammenpassen: Sind die Nähfußrillen 2 mm breit, sollte der Nadelabstand ebenfalls 2 mm betragen.

Die Biesen werden so genäht: Den Biesennähfuß einsetzen, die Zwillingsnadel montieren und die Nadeln einfädeln – mit zwei Fäden von zwei Garnrollen, statt wie normalerweise nur mit einer (Abb. A). Auf einem Teststück des Rockstoffs mit einer normalen Sticheinstellung eine Nahtprobe machen. Die Falten bilden sich automatisch unter dem Nähfuß. Sollten sie nicht ausgeprägt genug sein, kann man die Fadenspannung erhöhen. (Dazu in der Nähmaschinenbedienungsanleitung nachschlagen.)

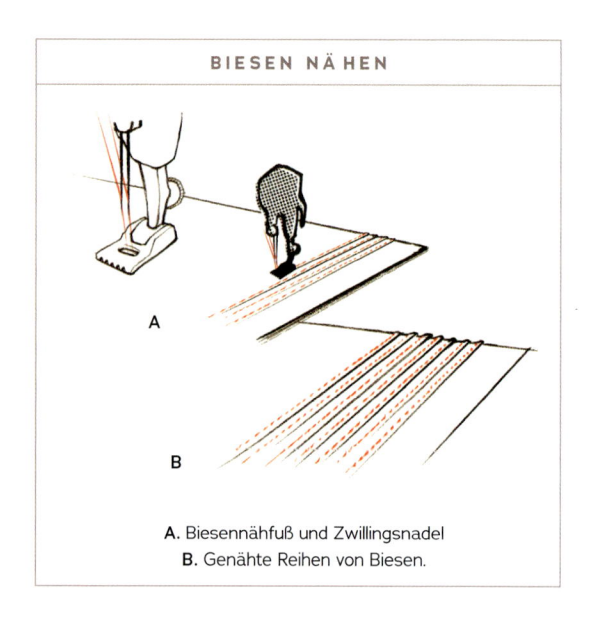

Sobald alle Einstellungen passen, wird der Rock 5 cm von der Saumkante entfernt rundherum markiert. Dort beginnen die Biesen. Dann einmal ringsum entlang der Markierung nähen. Die nächste Nahtlinie versetzt in eine der Rillen rechts der Nadel positionieren (steht die Nadel direkt neben der unmittelbar folgenden Rille, ist zwischen den Falten kein Abstand) (Abb. B). Auf diese Weise in gleichmäßigen Abständen mehrere Reihen nähen. Eine ungerade Anzahl Biesen wirkt normalerweise am besten; bei dem Rock rechts sind es sieben. Wer mag, säumt den Rock zusätzlich und fügt als Accessoire einen schmalen Gürtel hinzu.

BIESEN NÄHEN

A. Biesennähfuß und Zwillingsnadel
B. Genähte Reihen von Biesen.

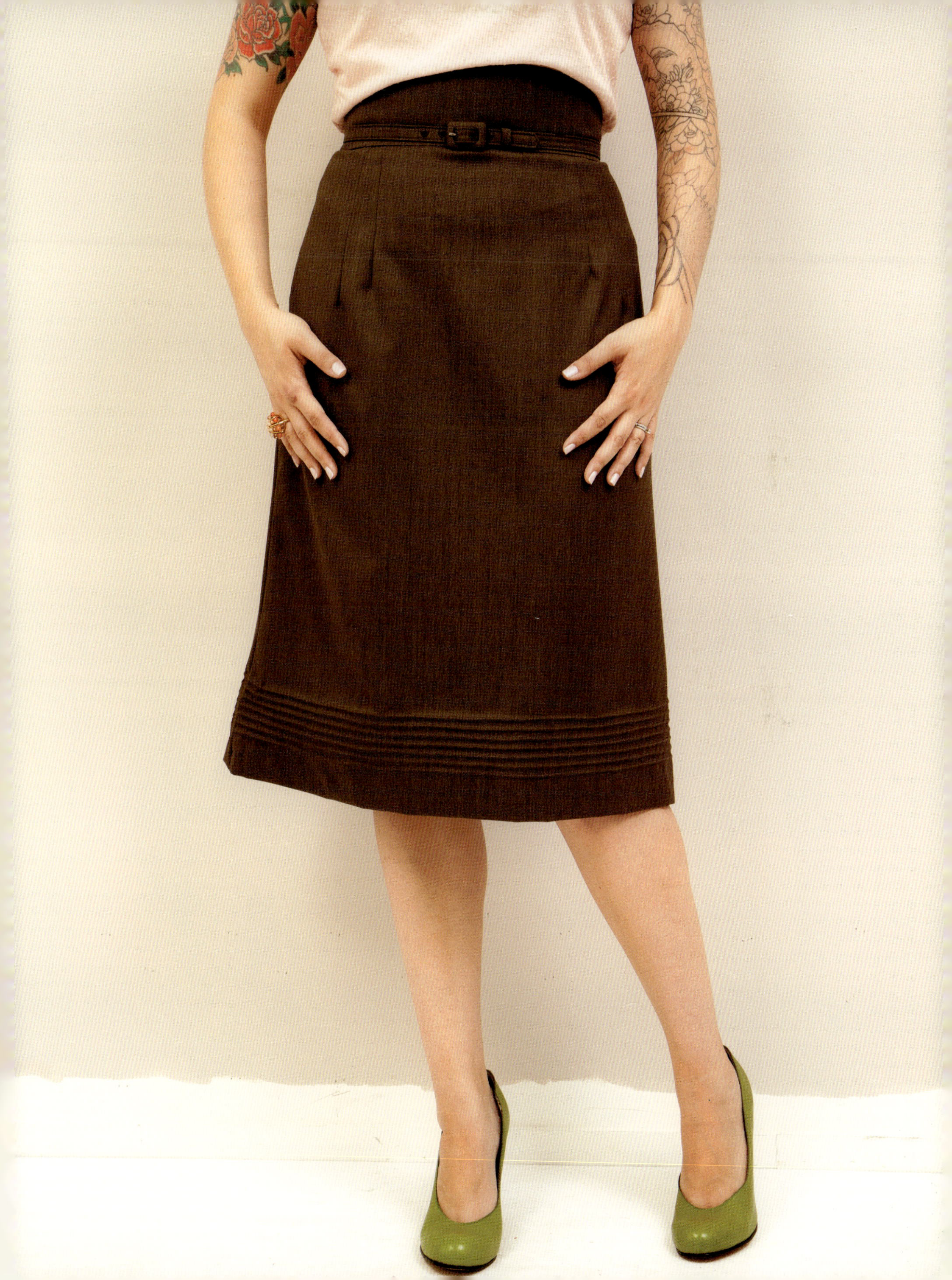

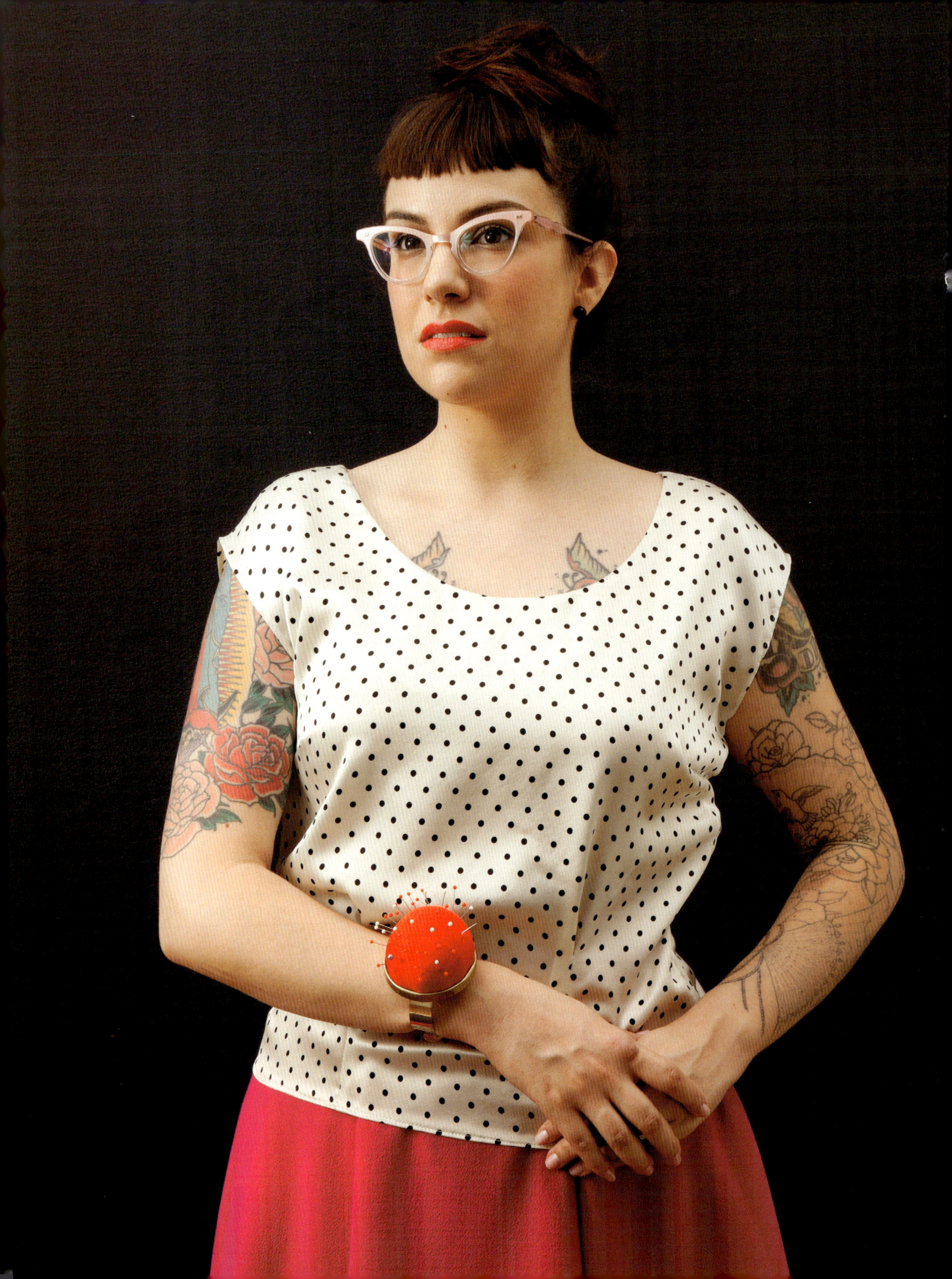

Shirtbluse

Diese hübsche Bluse umschmeichelt die Figur und ist sehr wandlungsfähig. Aus Lochstickerei-Leinen genäht passt sie im Sommer prima zu Shorts. Für den Winter kann man sie aus Wolljersey nähen und mit Cardigan und Bleistiftrock kombinieren. Absolut glamourös wirkt sie mit Seidensatin für eine elegante Abendgarderobe. Es gibt wirklich nur wenige Stoffe, die sich *nicht* eignen, beispielsweise sehr steife Gewebe wie Taft. Die Bluse ist relativ kurz geschnitten, kann aber problemlos am Saum verlängert werden.

TECHNIKEN

- Dünne, rutschige Stoffe verarbeiten
- Schmalsaum (siehe Seite 64)
- Mit Überwendlich-Naht versäubern (optional, siehe Seite 55)
- Stoffeinlage einnähen (optional, siehe Seite 72)
- Reißverschluss von Hand einnähen (siehe Seite 56)

DAS WIRD GEBRAUCHT

- Schnittmuster „Shirtbluse" (auf Schnittbogen 1, siehe Zuschneideplan Seite 198)
- Blusenstoff: 1,40 m (115 cm breit) oder 90 cm (150 cm breit)
- Reißverschluss: 23 cm lang
- Stoffeinlage: 50 cm (optional)

STOFFEMPFEHLUNGEN

Die Beispielbluse links wurde aus gepunkteter Seiden-Charmeuse geschneidert. Charmeuse ist ein feines, hochglänzendes Gewebe. Leider näht es sich weniger fein, weil es ein sehr rutschiges Material ist. Hier meine zwei besten Tipps für die Verarbeitung: 1) Beim Zuschneiden Gewichte auf den Stoff legen und einen Rollschneider benutzen. So rollen sich die Schnittkanten nicht auf sondern bleiben flach. 2) Abnäher und Nähte vor dem Zusammennähen heften. Das mag aufwendig klingen, erleichtert das Nähen der Charmeuse aber ungemein. Außerdem hat dieses eher einfache Projekt nicht so viele Nähte, die vorgeheftet werden müssen. Nicht vergessen, die Heftfäden vor dem Bügeln zu entfernen!

SO GEHT'S

1. Den Halsausschnitt mit Verstärkungsstichen stabilisieren, damit er später nicht absteht. Etwa 1,3 cm von der Kante entfernt steppen, oder eine der Methoden auf Seite 77 verwenden (Abb. A).

2. Die vorderen Brustabnäher steppen und bügeln (Abb. B).

3. Die Abnäherfalten der Schnittteile für Vorder- und Rückseite nähen; dazu die zwei Nahtlinien übereinander legen, steppen und jeweils Anfang und Ende der Falten verriegeln. Die Falten anschließend gen Mitte der Schnittteile bügeln (Abb. C).

4. Blusenvorder- und Rückseite an den Schulternähten zusammennähen, die Nähte auseinander bügeln (Abb. D).

5. Vorder- und Rückseite nun an den Seitennähten schließen, an der oberen T-Markierung beginnen. Auf der linken Seite die Naht nur bis zur unteren T-Markierung nähen, der Rest bleibt offen für den Reißverschluss. Nähte auseinanderbügeln und in die Nahtzugabe an der Taille Knipse schneiden, damit die Naht schön flach liegt (Abb. E).

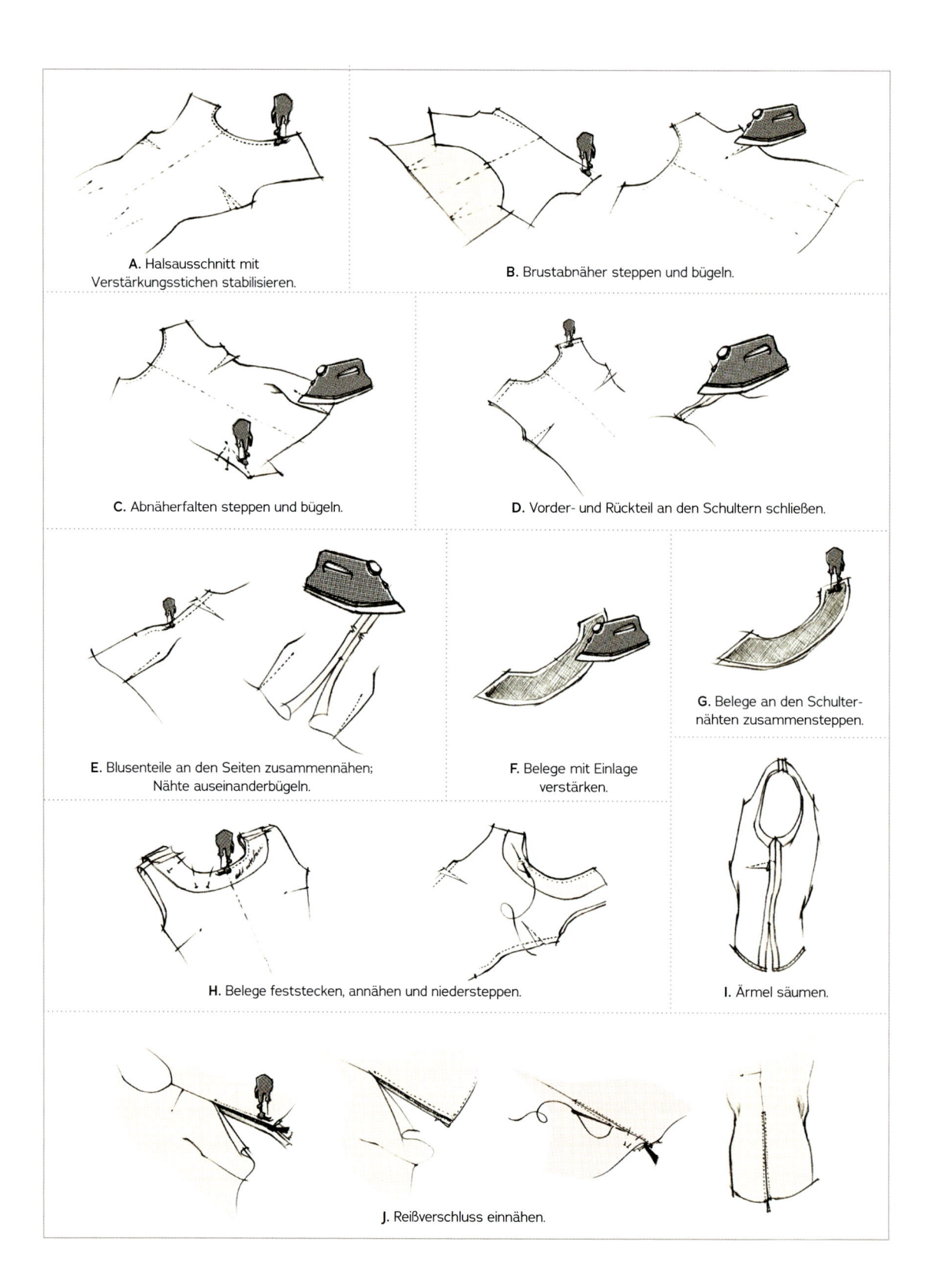

A. Halsausschnitt mit Verstärkungsstichen stabilisieren.

B. Brustabnäher steppen und bügeln.

C. Abnäherfalten steppen und bügeln.

D. Vorder- und Rückteil an den Schultern schließen.

E. Blusenteile an den Seiten zusammennähen; Nähte auseinanderbügeln.

F. Belege mit Einlage verstärken.

G. Belege an den Schulternähten zusammensteppen.

H. Belege feststecken, annähen und niedersteppen.

I. Ärmel säumen.

J. Reißverschluss einnähen.

6. Die Belegteile mit Stoffeinlage verstärken (Abb. F, siehe Seite 72). Für die Beispielbluse wurde Seiden-Charmeuse zum Einnähen verwendet, aber eine passende Bügeleinlage funktioniert ebenso gut. Tipp: Bei durchscheinenden und hellen dünnen Stoffen die Stoffeinlage mit dem Hautton abstimmen, so schimmern die Belege nicht durch.

7. Die Belegteile an den Schulternähten zusammensteppen (Abb. G).

8. Die Belege rechts auf rechts am Halsausschnitt feststecken und ansteppen. Die Nahtzugaben einkürzen, unterschiedlich breit zurückschneiden und einknipsen. Belege bügeln und nach innen klappen. Belege nun von Hand mit Rückstichen (Abb. H, siehe Seite 52) niedersteppen. Belegaußenkanten auszacken oder mit Zickzackstichen bzw. überwendlichen Stichen (siehe Seite 55) versäubern. Die Belege an die Schulternähte anriegeln.

9. Ärmel säumen. (Mit einer der zwei Methoden siehe Kasten unten.) Für beide Methoden die Nahtzugaben des Ärmels, wo er auf die Seitennaht trifft, schräg eingeknipst, damit der Ärmelsaum flach liegt (Abb. I).

10. Die Unterkante der Bluse ebenso säumen wie die Ärmel.

11. Den seitlichen Reißverschluss einnähen (Abb. J siehe Seite 57). (Der Reißverschluss öffnet sich von unten nach oben, das heißt, der Schieber hängt unten am Blusensaum, wenn er geschlossen ist.) Die Nahtzugabe des Rückteils 1,3 cm umbügeln. Die Bruchfalte so dicht neben den Reißverschlusszähnchen wie möglich auf das Reißverschlussband stecken, dabei beachten, dass der Reißverschluss mit der Blusensaumkante abschließt. Den Anfang des Reißverschlussbands mit einer Zackenschere einkürzen oder umschlagen und feststeppen. Den Reißverschluss mit einem Reißverschlussnähfuß dicht neben den Zähnchen absteppen.

12. Die Nahtzugabe des Vorderteils 1,5 cm umbügeln. Den Reißverschluss schließen und die Nahtzugabenbruchfalte so darauflegen, dass die Zähnchen bedeckt sind. Mit Rückstichen von rechts per Hand festnähen. Dazu am besten einen doppelt gelegten, mit Bienenwachs getränkten Faden verwenden (siehe Seite 50).

ÄRMEL SÄUMEN

Bei dicken Stoffen wie Wolljersey: Die Saumzugabe 1,5 cm umbügeln. Die Schnittkante nochmals einschlagen und bügeln. Den Falz schmalkantig absteppen oder von Hand mit Saumstichen versäubern, dann bügeln.

Bei dünnen Stoffen wie Charmeuse oder Voile: Mit der Nähmaschine einen schmalen Saum nähen. Dazu 1 cm von der Schnittkante entfernt Verstärkungsstiche steppen, die Schnittkante mit der Stepplinie nach innen umbügeln, dann wieder ausklappen. Anschließend eine zweite Reihe links neben der Verstärkungsstichlinie nähen, erneut umbügeln und vorsichtig mit einer kleinen scharfen Schere die noch überstehende Saumzugabe einkürzen. Nun den Saum nochmals nach innen umbügeln und eine finale Naht entlang der inneren Bruchkante steppen. Diese Naht ist auf der rechten Blusenseite zu sehen, sollte also sehr sauber gearbeitet werden.

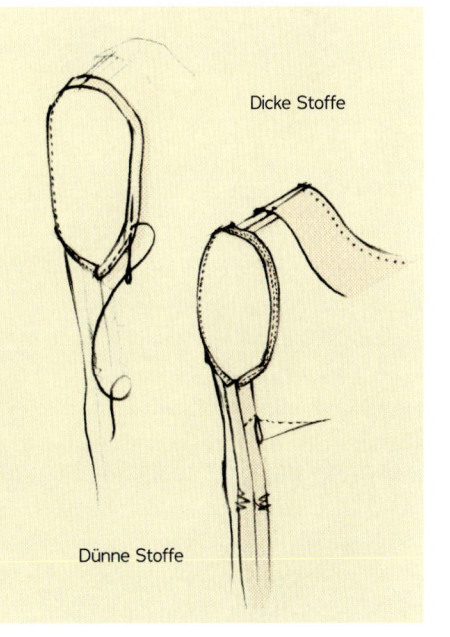

Dicke Stoffe

Dünne Stoffe

VARIATION
Shirtbluse aus Chantilly-Spitze

Die hinreißende Chantilly-Spitze kommt bei dieser mit Seidenchiffon unterlegten Bluse wunderschön zur Geltung. Eine im wahrsten Sinne des Wortes spitzenmäßige Projektvariante.

Die Bluse zusammensetzen wie auf Seite 139 beschrieben, bis auf folgende Änderungen: Die Abnäherfalten von vorn knappkantig absteppen (so sehen sie ein bisschen anders aus) und die Schulter- und Seitennähte mit einer Französischen Naht zusammennähen (siehe Seite 55). Auf der linken Seite reicht die Französische Naht nur bis zur Reißverschlussöffnung. Die Nahtzugaben werden an der Stelle, wo der Reißverschluss beginnt, eingeknipst.

Anstelle der Belege Schrägstreifen aus Chiffon verwenden. Die Schrägstreifen sind 2,5 cm breit und die Nahtzugabe am Halsausschnitt wird auf 6 mm eingekürzt. Die Schrägstreifen rechts auf rechts mit 6 mm Nahtzugabe auf den Halsausschnitt steppen, die Streifenenden überlappen leicht. Die Schrägstreifen nun nach innen bügeln und die Schnittkante dabei ebenfalls nach innen umschlagen (Abb. A). Anschließend von Hand innen an die Chiffonlage der Bluse nähen (Abb. B).

SO GEHT'S

Der Halsausschnitt ist im Vergleich zur gepunkteten Bluse etwa 2,5 cm tiefer ausgeschnitten (zum Entwerfen von Schnittdetails siehe auch Kapitel 5, Seite 90). Die Bluse endet mit einer Muschelsaum-Spitzenkante. Der Chiffon wird dementsprechend extra mit einem Schmalsaum gesäumt. Genäht wird so: Vorder- und Rückseite der Bluse jeweils aus Chantilly-Spitze und Chiffon zuschneiden. Die Chiffonteile mit einem Schmalsaum säumen (siehe Seite 64) und anschließend links auf links auf die entsprechenden Teile aus Spitze heften (in den Nahtzugaben).

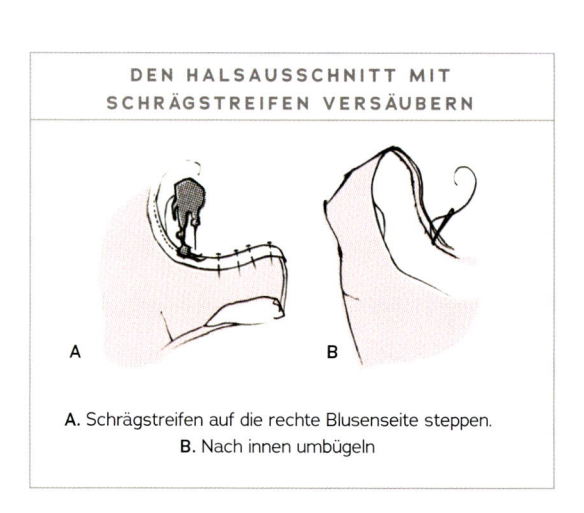

DEN HALSAUSSCHNITT MIT SCHRÄGSTREIFEN VERSÄUBERN

A. Schrägstreifen auf die rechte Blusenseite steppen.
B. Nach innen umbügeln

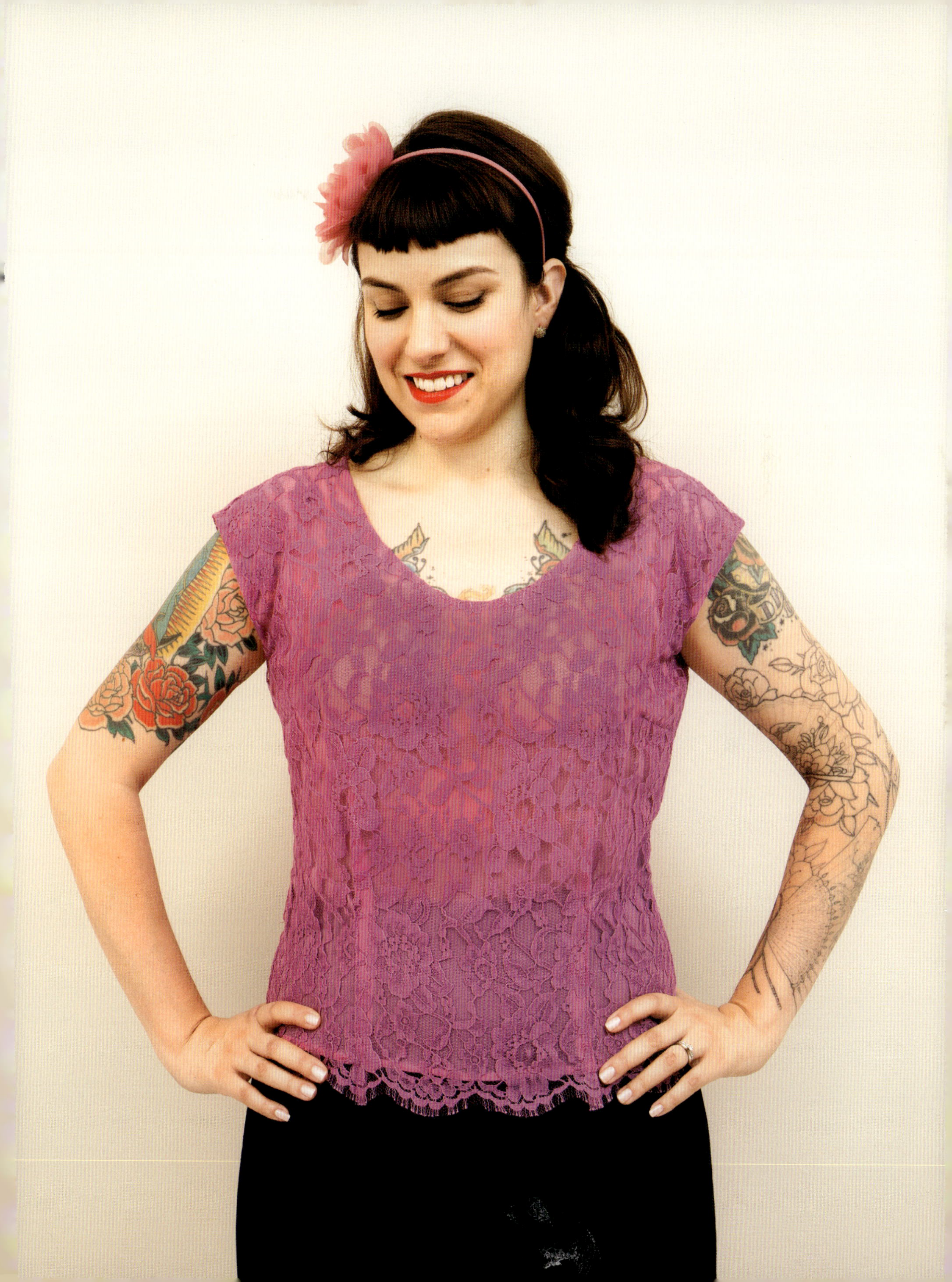

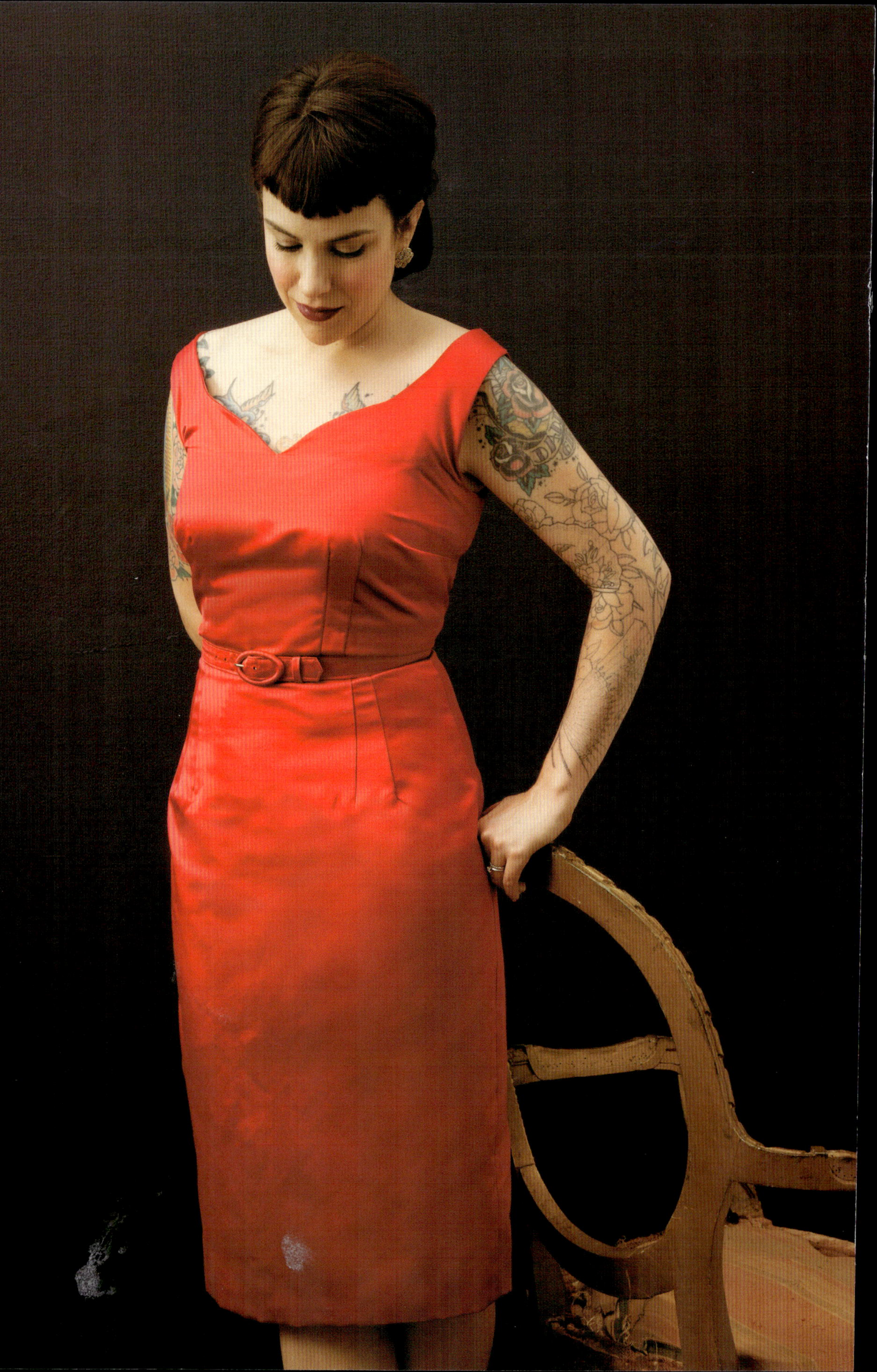

Temperamentvolles Etuikleid

Das Design ist die Variation eines Entwurfs aus *Vogue's New Book für Better Sewing*, dem ich vom ersten Augenblick an verfallen war. Das Originalkleid aus rotem Satin mit Carrée-Ausschnitt wurde auf dem Buchcover abgebildet und ist für mich der Inbegriff von Vintage-Chic. In meiner Version bekommt der Halsausschnitt eine Herzform. Für dieses Etuikleid werden die Schnittmuster von Bleistiftrock und Kleid-Oberteil zusammengesetzt.

SO GEHT'S

Wer das Kleid füttern möchte, liest vor dem Nähen die Anleitung im Kasten auf Seite 145.

1. Die Belege aus einem Stück entwerfen, wie auf Seite 91 beschrieben.

2. Das Rockteil mit Verstärkungsstoff unterlegen, falls gewünscht (siehe Seite 74).

3. Die Abnäher von Oberteilvorder- und Rückseite steppen und gen vordere bzw. hintere Mitte bügeln (Abb. A).

4. Vorder- und Rückseite des Oberteils an den Schulternähten zusammensteppen, aber noch nicht an den Seitennähten.

5. Vorderen und hinteren Beleg an den Schulternähten zusammensteppen.

6. Die Belege nun rechts auf rechts an die Oberteilvorder- und Rückseite stecken (Abb. B). Tipp: Um die Belege vom Reißverschluss fernzuhalten, folgendermaßen vorgehen: Die Reißverschlussnahtzugaben der Oberteilrückseite auf der linken Seite 1,5 cm breit umbügeln, auf der rechten

TECHNIKEN
- Beleg aus einem Stück anfertigen
- Seidensatin verarbeiten (optional)
- Verstärkungsstoff (siehe Seite 74)
- Verdeckten Nahtreißverschluss von Hand einnähen (siehe Seite 57)

DAS WIRD GEBRAUCHT
- Schnittmuster „Etuikleid" (auf Schnittbogen 2 und 3, siehe Zuschneideplan Seite 198) und Schnittmuster „Bleistiftrock" (auf Schnittbogen 1, siehe Zuschneideplan Seite 198)
- Futterstoff: 2,70 m (115 cm breit)
- Verstärkungsstoff für den Rock: 90 cm Seidenorganza
- Kleidstoff: 2,70 m (115 cm breit) oder 1,80 m (150 cm breit)
- Saumband
- Stoffeinlage
- Reißverschluss gemäß Kleidlänge
- Ausrüstung für stoffüberzogenen Gürtel (optional)

STOFFEMPFEHLUNG

Duchesse Seidensatin ist ein hochglänzender, dicker und recht schwerer Stoff, und es erfordert etwas Geschick, ihn zu verarbeiten:

- Den Stoff so flach wie möglich auslegen und die Kanten vor dem Zuschneiden mit Gewichten beschweren, damit sie sich nicht aufrollen.
- Seidenorganza als Verstärkungsstoff benutzen, um die Saumstiche unsichtbar nähen zu können. Beim Kleid rechts ist nur der Rock mit Organza unterlegt.
- Wegen seiner glänzenden Oberfläche sieht Seidensatin niemals glatt aus, besonders auf Fotos nicht. Erst bei gedämpftem Licht entfaltet der Stoff seine volle Wirkung. Das Kleid sollte nicht zu eng geschnitten werden, weil sich der Satin mit jeder Dehnbewegung mehr ausbeult.

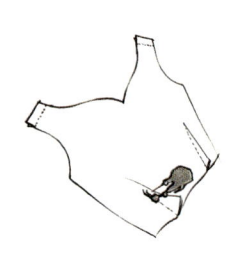

A. Die Abnäher steppen.

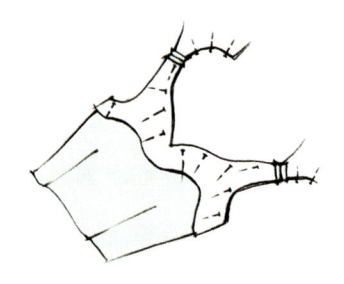

B. Die Belege auf dem Oberteil feststecken.

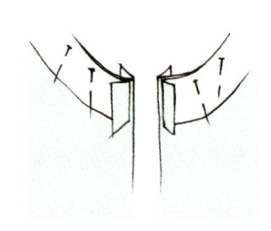

C. Die Belegnahtzugaben rechts 2,5 cm breit umbügeln, links 1,5 cm.

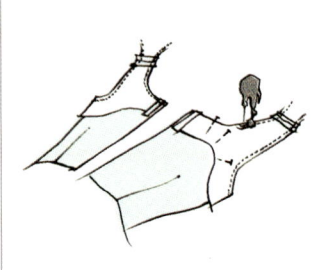

D. Die Belege um Hals- und Armausschnitte herum an das Oberteil steppen.

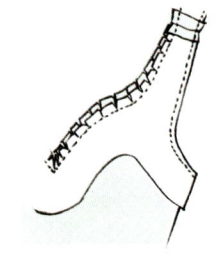

E. Die Nahtzugabe einknipsen und einkerben.

F. Beleg unter dem Arm hochklappen und Seitennaht und Beleg in einer Naht zusammensteppen.

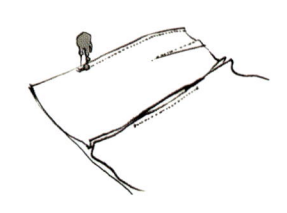

G. Den Rock an den Seiten zusammennähen.

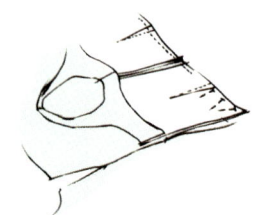

H. Das Oberteil an der Taille an den Rock nähen.

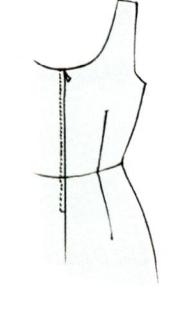

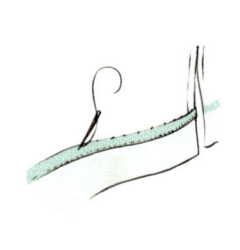

I. Den Reißverschluss in die hintere Mittelnaht einnähen.

J. Den Saum mit Hexenstichen oder Saumstichen versäubern.

DAS KLEID FÜTTERN

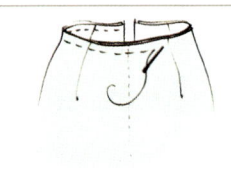

K. Das Rockfutter an der Taille an den Rock führen.

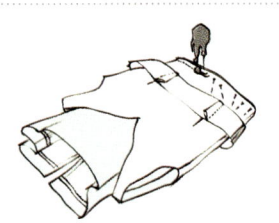

L. Das Oberteil ohne Oberteilfutter an den Rock nähen.

M. Die Nahtzugabe der Unterkante des Oberteils mit Saumstichen an die Taillennahtzugabe nähen.

N. Das Futter mit Saumstichen ringsherum am Reißverschlussband festnähen.

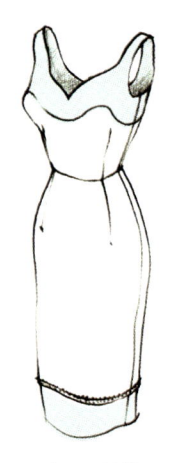

O. Fertiges Kleidfutter.

1,3 cm. Dann die Nahtzugaben der Belege entgegengesetzt umbügeln, die linke Seite 2,5 cm und die rechte 1,5 cm breit (Abb. C).

7. Die Belege an Hals und Armausschnitten an das Oberteil steppen (Abb. D).

8. Einen Knips in die vordere Mitte des Halsausschnitts schneiden und auch die Innenkurven einknipsen; die Außenkurven einkerben. Die Nahtzugaben einkürzen und unterschiedlich breit zurückschneiden, danach die Belege nach innen klappen und niedersteppen.

9. Die Belegstücke unter dem Arm hochklappen; danach Seitennaht inklusive Beleg in einer Naht schließen (Abb. F). Für die andere Seite wiederholen.

10. Die Abnäher auf Rockvorder- und Rückseite steppen und gen vordere bzw. hintere Mitte bügeln.

11. Die Rückseitenteile von T-Markierung zu T-Markierungen schließen.

12. Nun Vorder- und Rückseite an den Seitennähten zusammensteppen (Abb. G).

13. Das Oberteil an den Rock stecken, sodass Abnäher und Seitennähte gleich ausgerichtet sind. Rock und Oberteil an der Taille zusammennähen (Abb. H).

14. Den Reißverschluss einnähen (Abb. I siehe Seite 57).

15. Das Kleid anprobieren und die Saumlinie markieren. Den Saum umbügeln und die Schnittkante begradigen, wenn nötig. Saumband oder Saumspitze auf die Saumschnittkante steppen. Den Saum unsichtbar mit Hexenstichen oder Saumstichen versäubern. Hat das Kleid einen Verstärkungsstoff, mit der Nadel nur durch diesen stechen (Abb. J).

16. Einen passenden, stoffüberzogenen Gürtel nähen, siehe Seite 148.

DAS KLEID FÜTTERN

Es bestehen zwei Möglichkeiten:

1. Die Belege weglassen und stattdessen das Futter an den Kanten festnähen: Alle Schnittteile für das Kleidoberteil aus Futterstoff zuschneiden. Dann Schritt 2 bis Schritt 8 der Anleitung befolgen, dabei „Beleg" durch „Futter" ersetzen. Das Rockfutter wie beim Kleid beschrieben zusammensetzen, dann das Rockfutter links auf links in den Rock stecken und die Schnittkanten an der Taille zusammenheften, bis auf eine 4 cm große Öffnung für den Reißverschluss (Abb. K). Oberteil und Rock zusammennähen, aber das Oberteilfutter nicht mitfassen (Abb. L). Die Unterkante des Oberteilfutters an der Nahtzugabe einschlagen, mit Saumstichen an die Rocknahtzugabe nähen und diese dabei einfassen (Abb. M). Den Reißverschluss einsetzen und anschließend das Futter von Oberteil und Rock mit Saumstichen ringsum am Reißverschluss festnähen (Abb. N). Das Rockfutter säumen und mit Saumstichen ringsum am Rockschlitz befestigen.

2. Wenn der Futterstoff sehr mit dem Außenstoff kontrastiert und an den Kanten nicht hervorschauen soll, werden Belege am Futter festgenäht: Belege und Futterteile zuschneiden. Die Futterteile des Oberteils an den Schulternähten zusammensteppen, die Belegteile ebenso. 6 mm von der Belegunterkante entfernt Verstärkungsstiche nähen und die Unterkante mit den Stichen dann nach links umbügeln. Die Belege mit der rechten Seite nach oben auf die Futterteile legen, die Nahtlinien ausrichten, feststecken und die beiden Lagen in den Nahtzugaben zusammenheften. Als nächstes die umgeschlagene Belegkante schmalkantig auf das darunter liegende Futter steppen. Nun die Beleg-Futter-Kombination als ein Teil weiterverarbeiten und wie für Möglichkeit 1 oben beschrieben ins Kleid nähen (Abb. O).

VARIATION

Winterkleid

Ein solches Kleid muss man unbedingt aus robusten, wärmenden Stoffen wie Wollflanell oder Kordsamt anfertigen. Mit seinem Carrée-Ausschnitt und in Kombination mit einem dünnen Zopfmusterpullover, einem schicken Tuch und Strumpfhosen wird es garantiert zum Lieblings-Outfit für kältere Tage.

SO GEHT'S

Für eine klar definierte, rechteckige Halslinienform werden bei dieser Variante des Etuikleids der vordere und hintere Ausschnitt inklusive der Belege neu entworfen (siehe Anleitung Seite 90). Dann das Kleid wie auf Seite 143 beschrieben nähen. Wie der Stoffgürtel angefertigt wird, steht auf Seite 148.

NEUENTWURF HALSAUSSCHNITT

Die neuen Linien für den Halsausschnitt auf Vorder- und Rückseite der Schnittmusterteile sowie die Belege zeichnen.

VARIATION

Seersucker Sommerkleid

Mit diesem Ensemble aus Etuikleidoberteil, Kräuselrock und wadenlanger Krinoline muss man einfach flanieren gehen und sich bewundern lassen.

SO GEHT'S

1. Gemäß der Anleitung auf Seite 98 ein Schnittmuster für einen Kräuselrock anfertigen. Aber: Für die Rockrückseite wird eine hinteren Mittelnaht benötigt. Deswegen muss ein neues Schnittmusterteil entworfen werden, das halb so groß ist wie das Schnittteil für die Vorderseite. An beiden Seitennähten des neuen Schnittteils eine Nahtzugabe hinzufügen. Danach für die Rockrückseite zwei Teile zuschneiden, in der hinteren Mitte zusammennähen, jedoch oben eine passende Öffnung für den Reißverschluss lassen.

2. Nach der Anleitung auf Seite 143 das Oberteil nähen, nur mit Belegen, ohne Futter.

3. Die Rockoberkante kräuseln (siehe Seite 100). Das Oberteil seitennahtgenau am Rockteil feststecken, dabei die Kräuselungen gleichmäßig um die Taille verteilen. Rock und Oberteil mit der Nähmaschine zusammenheften, kontrollieren, dass die Kräusel flach liegen, und die Teile zusammennähen.

4. Zum Säumen die Einfass-Methode benutzen (siehe Seite 64). Der Saum hier ist 10 cm breit für ein wenig zusätzliche Stabilität an der Unterkante.

5. Den Stoffgürtel wie auf Seite 148 beschrieben nähen.

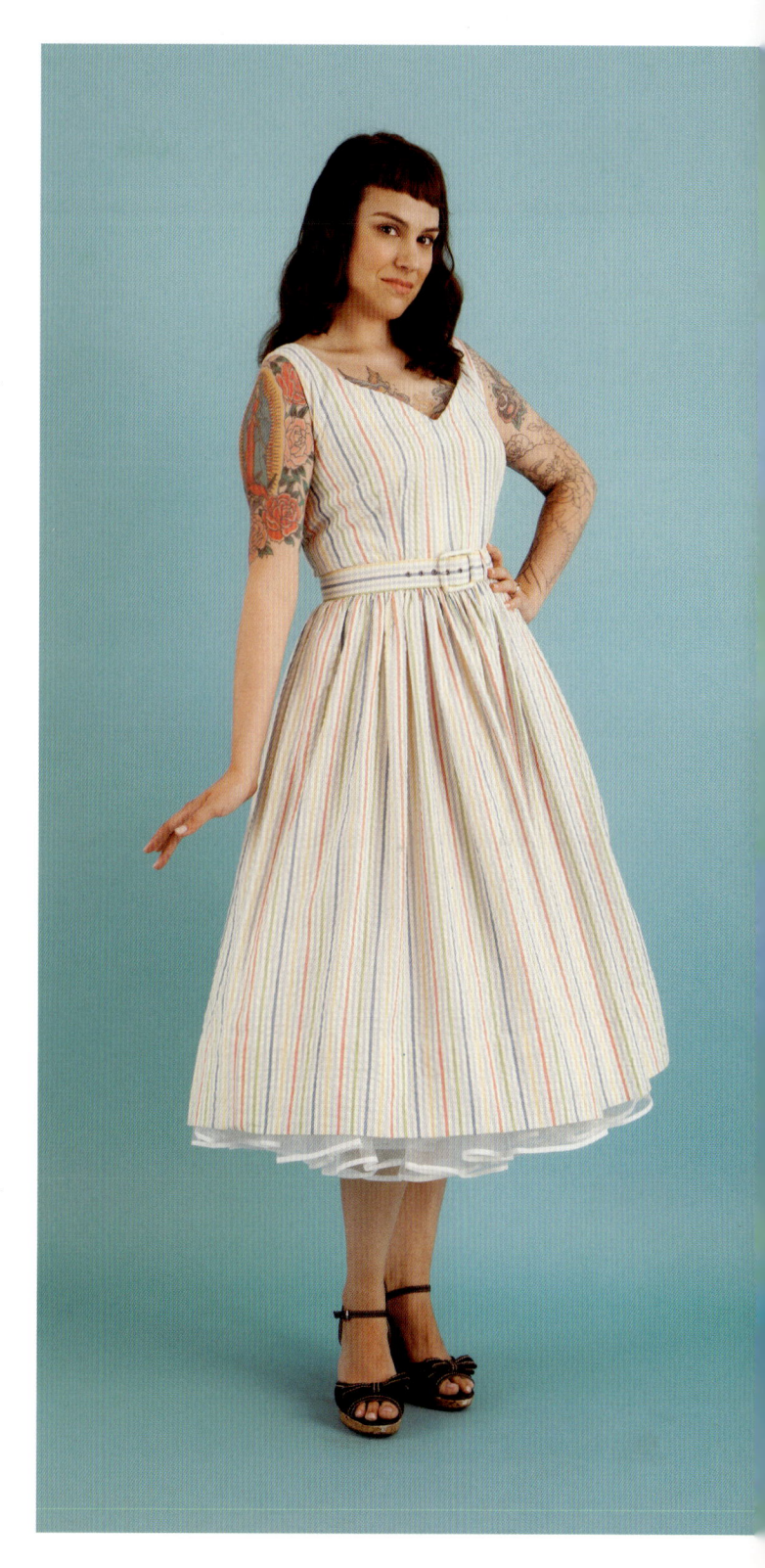

GÜRTEL MIT STOFF ÜBERZIEHEN

Ein passend zum Outfit mit Stoff überzogener Gürtel ist sooo vintage! Früher hatten Textilreinigungsfirmen derartige Dienstleistungen im Angebot, wundervoll, nicht?! Heutzutage ist es etwas schwieriger, Quellen aufzutun, aber nicht unmöglich. *Pat's Custom Button and Belts* beispielsweise bietet diesen Service an. Pat hat auch alle mit Stoff überzogenen Gürtel und Knöpfe für dieses Buch angefertigt, und ihre Arbeit ist einfach bezaubernd (siehe Bezugsquellen und Links). Dennoch, ein wenig Gürtel-DIY-Wissen schadet nicht. Die folgende Anleitung beschreibt, wie man einen ganz einfachen Gürtel, ohne Metallösen und Dornschließe, selbst herstellen kann. Mehr zu diesem Thema findet sich unter anderem auf dem Blog *A Fashionable Stitch* (www.afashionablestitch.com), mit vielen Tipps und Tutorials rund um das Gürtelmachen. Vielen Dank an Sunni – sie hat ihr fantastisches Wissen mit mir geteilt.

DAS WIRD GEBRAUCHT

- Gürtelband (ein steifes Material, das als Gürtelgrundlage dient)
- Gürtelschnallen-Set
- Große Niete

NÄHZUBEHÖR

- Reißverschlussnähfuß

SO GEHT'S

1. Nach Herstelleranleitung die Schnalle mit Stoff beziehen. Das Set besteht aus einem Klebesticker, der Schnalle und einem zweiten Metallteil, das die Schnittkanten des Stoffs auf der Schnallenrückseite abdeckt.

2. Das Gürtelband auf die gewünschte Länge plus 18 cm zuschneiden. Die Gürtelspitze ebenfalls nach Belieben zuschneiden; der Gürtel rechts hat eine Spitze bekommen (Abb. A).

3. Dann im Fadenlauf einen Stoffstreifen für den Überzug zuschneiden: zweimal so breit wie die Gürtelbreite plus je 6 mm Nahtzugabe und 5 cm länger als das Gürtelbandstück. Das heißt, für einen Gürtel mit 2,5 cm Breite und 80 cm Länge wäre der Stoffstreifen etwa 7,5 cm breit und 100 cm lang.

4. Den Stoff längs rechts auf rechts legen und das Gürtelband dazwischen schieben (Abb. B). Die offene Längskante knappkantig so nah wie möglich am entlang Gürtel absteppen, am besten mit einen Reißverschlussnähfuß, damit der Gürtel nicht mit eingenäht wird (Abb. C).

5. Die Naht von der Kante in die Gürtelmitte verschieben, gleichzeitig die Nahtzugaben auseinander und den Gürteltunnel flach bügeln. Die Nahtzugaben an der Gürtelspitze abschrägen (Abb. D) und das Gürtelband herausziehen.

6. Den Stoffüberzug wenden und die Spitze vorn vorsichtig mit einer Stricknadel o. Ä. herausdrücken (Abb. E)..

7. Das Gürtelband wieder in den Überzug schieben und den Gürtel auf allen Seiten schmalkantig absteppen (Abb. F).

8. Das gerade Gürtelende einmal durch die Gürtelschnalle umschlagen und mit überwendlichen Stichen festnähen (Abb. G).

9. Nun in das spitze Gürtelende zur Fixierung noch eine Niete einarbeiten (Abb. H).

A. Das Gürtelband zerschneiden.

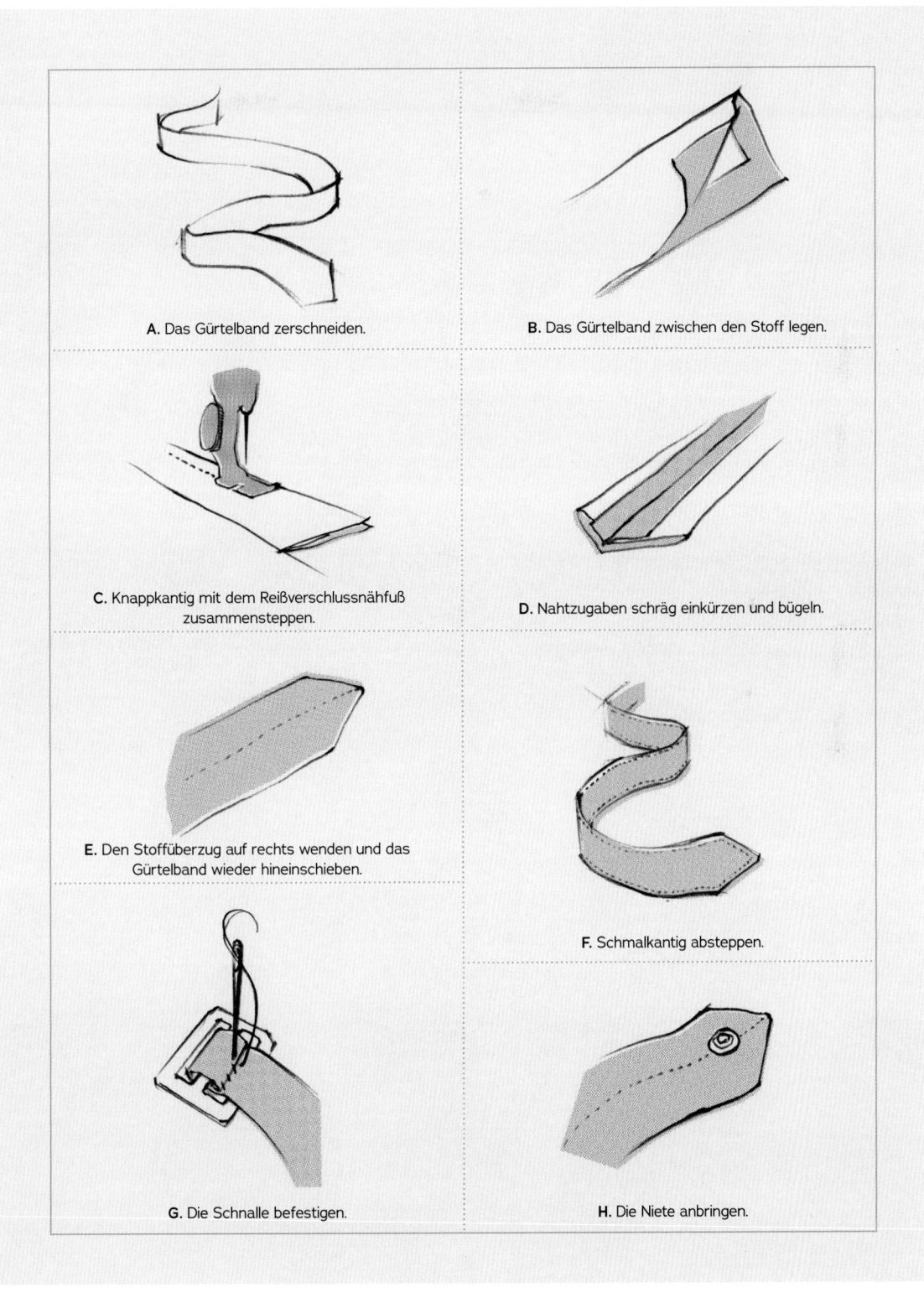

B. Das Gürtelband zwischen den Stoff legen.

C. Knappkantig mit dem Reißverschlussnähfuß zusammensteppen.

D. Nahtzugaben schräg einkürzen und bügeln.

E. Den Stoffüberzug auf rechts wenden und das Gürtelband wieder hineinschieben.

F. Schmalkantig absteppen.

G. Die Schnalle befestigen.

H. Die Niete anbringen.

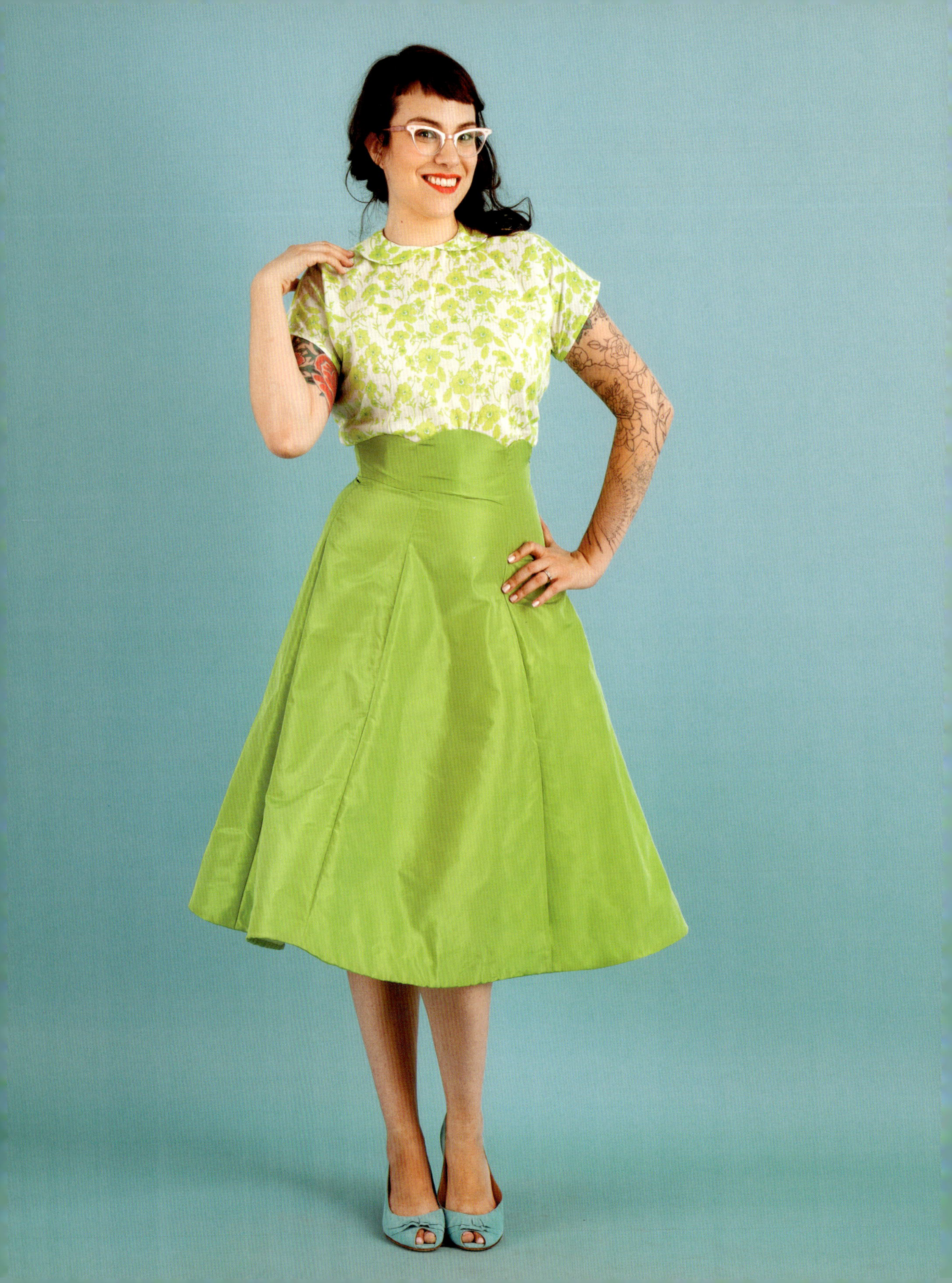

Glockenrock mit Muschelsaum-Taille

Weit ausgestellte Glockenröcke sind ein wunderbarer Kompromiss zwischen A-Linien- und Tellerform, weil sie die schmal geschnittene Hüftpartie mit dem ausladend schwingenden Saum verbinden. Der Rock links ist aus limonengrünem Taft geschneidert und mit Seidenorganza unterlegt. Eine Crinolborte für den Saum verleiht dem Rock Fülle und Schwung. Die hohe Muschelsaum-Taille ist mit einem versteiften Beleg genäht, damit sie in Form bleibt.

Dies ist eines der wenigen Projekte in diesem Buch, bei denen ein nahtverdeckter Reißverschluss zum Einsatz kommt. Ein normaler, verdeckter Reißverschluss würde bei einem hochtaillierten Rock wie diesem zu sehr auftragen.

TECHNIKEN

- Verstärkungsstoff (optional, siehe Seite 74)
- Beleg versteifen (siehe Seite 75)
- Nahtverdeckten Reißverschluss einnähen (siehe Seite 58)
- Mit Crinolborte säumen (siehe Seite 66)

DAS WIRD GEBRAUCHT

- Schnittmuster „Rock mit Muschelsaum-Taille" (auf Schnittbogen 2 und 3, siehe Zuschneideplan Seite 199)
- Rockstoff: 3,10 m (115 cm breit) oder 2,30 m (150 cm breit)
- Verstärkungsstoff: 3 m (optional)
- Nahtverdeckter Reißverschluss: 23 cm lang
- Rosshaareinlage für den Beleg
- Versteifung für den Beleg
- Ripsband, um den Beleg zu versäubern, beim Zuschnitt zur Taillenlänge noch etwa 5 cm Zentimeter dazugeben
- Crinolborte (optional)

STOFFEMPFEHLUNG

Der Rock wirkt aus Taft geschneidert sehr edel, aber das Schnittmuster funktioniert für eine ganze Reihe von Stoffen wie zum Beispiel Strickwalk, Shantung-Seide oder Vichy-Karo Baumwollstoff. Für den Winter eignet sich eine Variante aus kuscheligem Wollkrepp oder Wollwalk.

SO GEHT'S

1. Die Rockteile, wenn gewünscht, mit Verstärkungsstoff unterlegen (siehe Seite 74). Die Rockteile für die Vorderseite zusammennähen, das Gleiche für die Bahnen der Rückseite wiederholen.

2. Nun die gesamte Vorderseite mit der Rückseite an den Seitennähten schließen, an der linken Seite jedoch nur bis zur T-Markierung für die Reißverschlussöffnung (Abb. A).

3. Den Reißverschluss einnähen (Abb. B, siehe Seite 58).

A. Seitennähte schließen, oberhalb der T-Markierung offen lassen für Reißverschluss.

B. Nahtverdeckten Reißverschluss links einnähen.

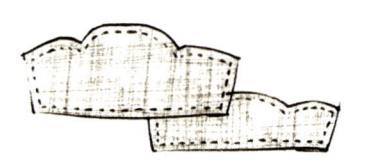

C. Rosshaareinlage auf Stoffbelegteile heften.

D. Zur Stabilisierung, die Belege waagrecht absteppen.

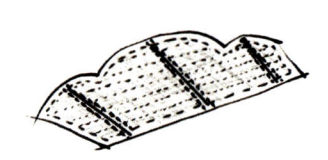

E. Senkrechte Versteifungsnähte in die Mitte des Muschelbogens setzen.

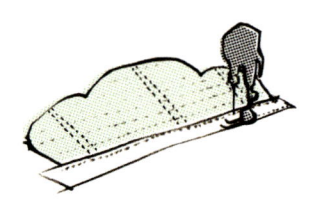

F. Ripsband unten auf Belege steppen.

G. Belegteile an rechter Seitennaht schließen.

H. Belege von Hand niedersteppen.

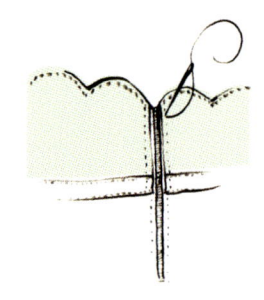

I. Belegkanten mit Saumstichen am Reißverschlussband fixieren.

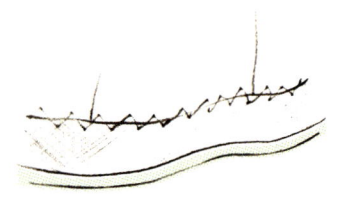

J. Roch nach Wunsch mit Crinolborte säumen und deren Oberkante mit Hexenstich an Rock bzw. Futter befestigen.

4. Die Belegteile aus Rosshaareinlage zuschneiden und auf die Stoffbelegteile heften (Abb. C). Zuvor für zusätzliche Stabilität die Versteifung hinzufügen. Dazu die Belege zuerst waagerecht mehrreihig absteppen (Abb. D). Dann die senkrechten Versteifungsnähte steppen (mehr dazu siehe Seite 75), dabei darauf achten, dass die Versteifungen in die Mitte jedes einzelnen Muschelbogens gesetzt werden (Abb. E). Das Ripsband unten an den Belegen aufsteppen. (Bei einer Spiralfederversteifung nicht über die Federn nähen, sondern den Nähfuß anheben und die Versteifung weiterschieben, dann mit dem Nähen fortfahren.) (Abb. F). Das Ripsband verleiht der Taille extra Stand.

5. Die Belegnahtzugabe der Rosshaareinlage einkürzen, Belegteil für vorn und Belegteil für hinten an der rechten Seitennaht schließen (Abb. G). (Die rechte Seite des Belegs zeigt beim fertigen Rock zum Körper.)

6. Die Belege außen rechts auf rechts am Rock feststecken, an der oberen Kante inklusive der Muschelbögen entlangsteppen. Die Nahtzugaben einkürzen, einkerben und unterschiedlich breit zurückschneiden und die Belege nach innen umschlagen. Bügeln und die Belege von Hand niedersteppen (Abb. H).

7. Die Belegkanten mit Saumstichen am Reißverschlussband fixieren (Abb. I).

8. Den Rock säumen (Abb. J).

SAUMVARIANTEN:

- Für einen leichten Stoff bietet sich ein Schmalsaum an (siehe Seite 64).
- Der Rock aus Taft rechts hat einen Abschluss mit Crinolborte. Da knappkantiges Absteppen den schönen Glockenfall beeinträchtigt hätte, wurde der Rock mit einem Verstärkungsstoff unterlegt und die Einlage daran fixiert.
- Ein normaler von Hand genähter Rundsaum ist ebenfalls möglich, dabei aber die Mehrweite des Saums an der geschwungenen Unterkante mit einplanen und entsprechend verarbeiten (siehe Seite 64).

Rockinnenseite mit Beleg, Verstärkungsstoff und Crinolborte.

VARIATION

Ausgestellter Rock mit gerader Taille

Dieser Rock lässt sich hervorragend mit dem Schnitt für das maßgeschneiderte Jackett auf Seite 189 kombinieren – Diors New Look pur! Statt der Muschelsaum-Taille ist der Rockbund gerade.

SO GEHT'S

1. Mit Patchworklineal und Kurvenlineal eine neue Taillenlinie auf dem Schnittmuster anzeichnen. Die geänderte Linie auch auf den Beleg übertragen.

2. Die Rockvariante hier ist aus einem Wollkreppstoff genäht und als Verstärkungsstoff wurde Baumwollbatist verarbeitet. Weil der Krepp sehr schwer fällt, wurde der Saum mit Crinolborte versehen, damit er Stand und Schwung hat. Außerdem trage ich auf den Fotos eine Krinoline unter dem Rock.

TAILLENLINIE ANPASSEN

Die Taillenlinie oben am Rock für alle Rockschnittmusterteile und die Belege für vorne und hinten neu zeichnen.

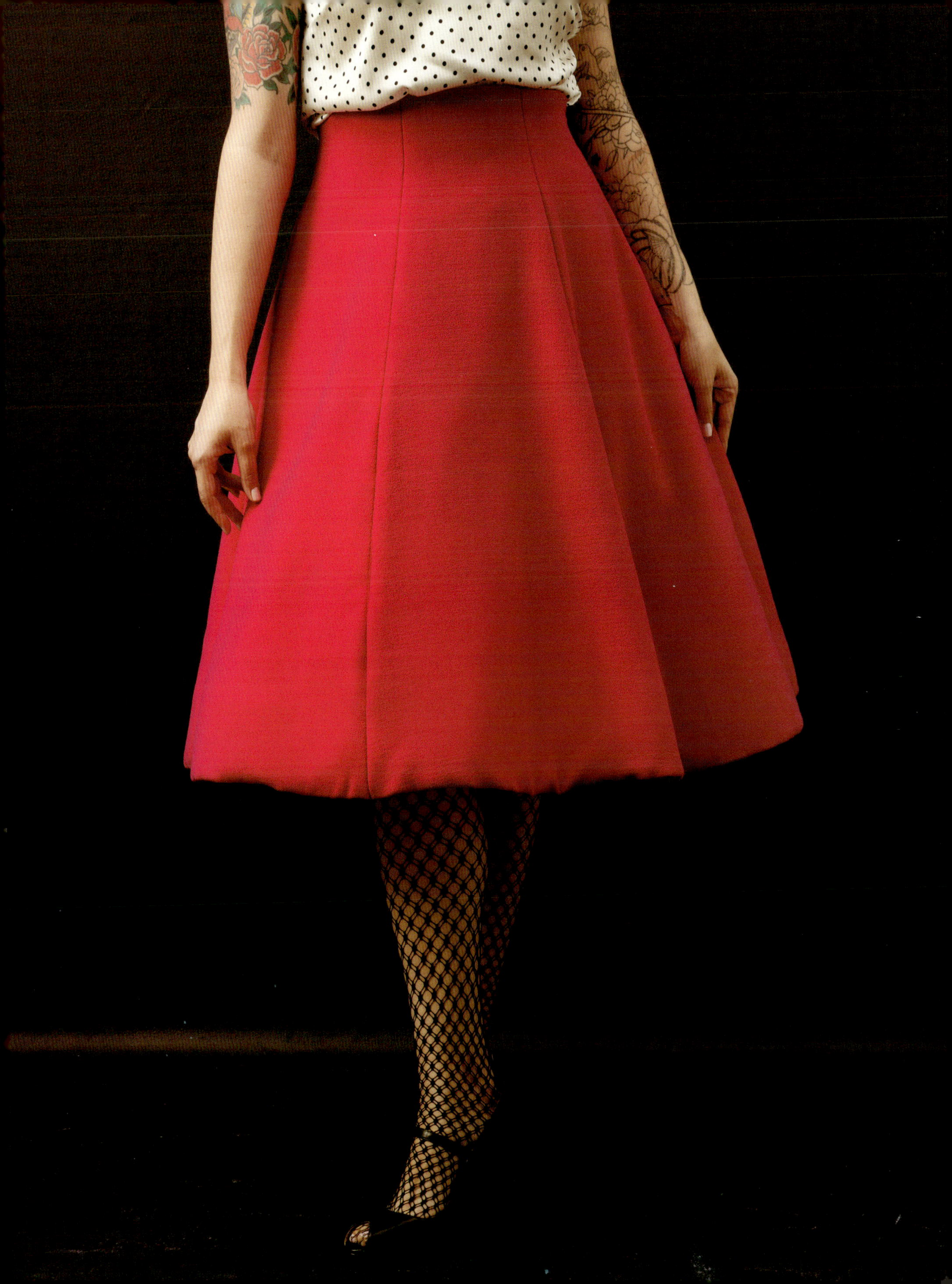

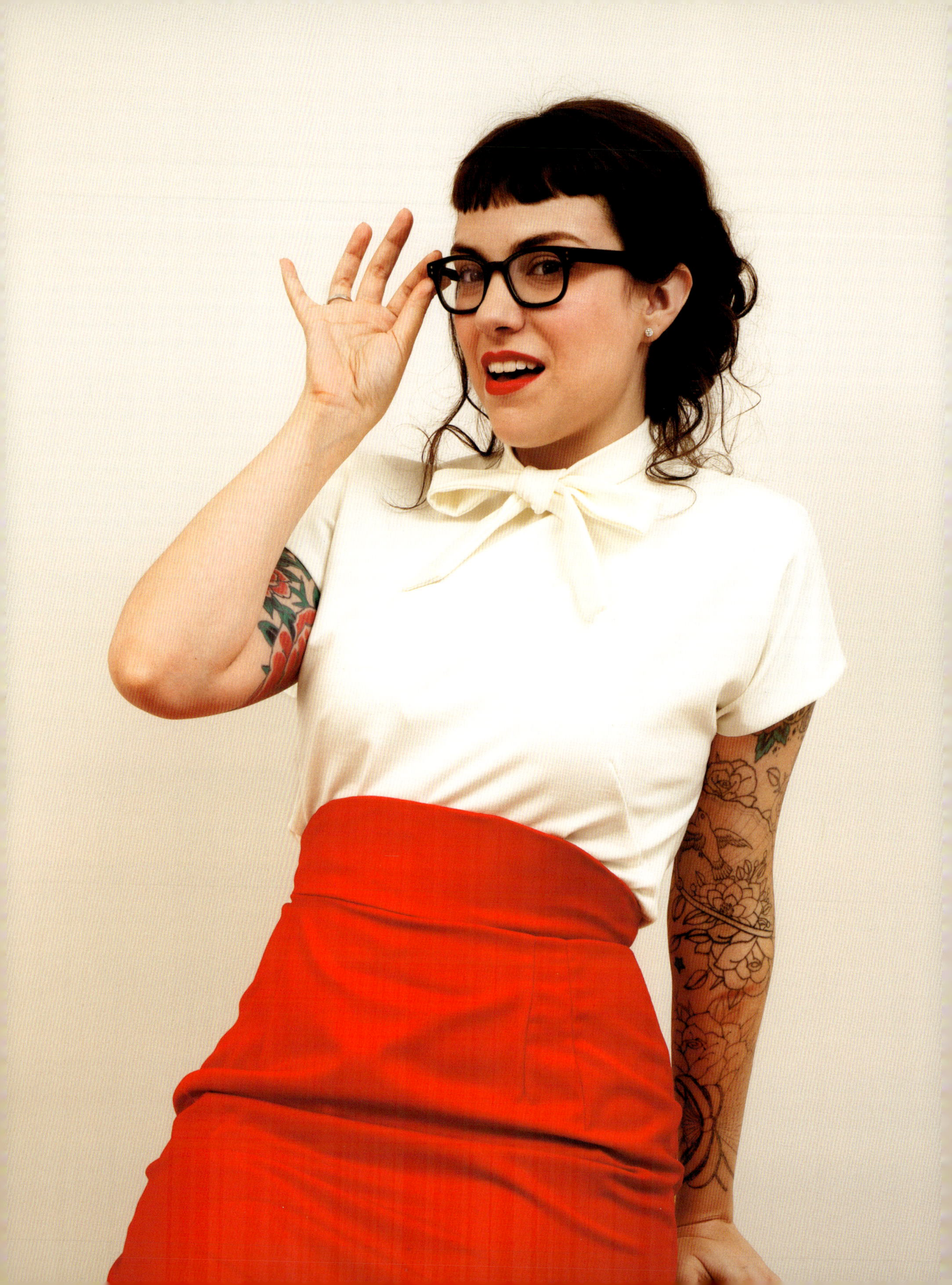

Schluppenbluse

Eine Bluse, die gleichzeitig niedlich und verführerisch daherkommt – und dem Gesicht einen wunderschönen Rahmen gibt. Das Schnittmuster ist eine Adaption aus *Vogue's New Book for Better Sewing* mit einem raffinierten Design: Die Blusenschleife besteht aus einem einzelnen Stoffstreifen, der durch eine Öffnung am Halsausschnitt geschlungen und geknotet wird.

Äußerst apart und sehr vintage präsentiert sich auch die rückwärtige Knopfleiste mit den Paspelknopflöchern.

TECHNIKEN
- Paspelknopflöcher (siehe Seite 60)

DAS WIRD GEBRAUCHT
- Schnittmuster »Schluppenbluse« (auf Schnittbogen 4, siehe Zuschneideplan Seite 199)
- Blusenstoff: 1,60 m (115 cm breit) oder 1,40 m (150 cm breit)
- Einlage, um Fluss und Fall des Stoffs zu unterstützen
- 5 Knöpfe

STOFFEMPFEHLUNG

Die Bluse ist aus einem cremefarbenen Doubleface-Stoff genäht. Das Material, obwohl ein kleines bisschen elastisch, verarbeitet sich so leicht wie ein Webstoff und trägt sich sehr angenehm.

SO GEHT'S

1. Halsausschnitt von Vorder- und Rückseite mit Verstärkungsstichen versehen (siehe Seite 77).

2. Wer Paspelknopflöcher (siehe Seite 60) anfertigen möchte, arbeitet sie auf dem rechten hinteren Blusenteil ein (Abb. A). Wer sie mit der Nähmaschine nähen möchte (siehe Seite 59), wartet damit bis zum Schluss und geht gleich zu Schritt 3 über.

3. Die Abnäher auf Blusenvorder- und Rückseite steppen. Die Französischen Abnäher vorne nach unten bügeln, die hinteren Abnäher gen hintere Mitte.

4. Die Schulternähte ausgerichtet an den T-Markierungen schließen. Die Nähte auseinander bügeln.

5. Die Seitennähte schließen. Die Nahtzugaben an der gerundeten Taillenlinie einknipsen (Abb. B), und auseinander bügeln.

6. Die Ärmel an der Saumzugabe 1,5 cm einschlagen und die Schnittkante nochmals 6 mm einfalten. Die Kante mit unsichtbaren Saumstichen fixieren (Abb. C).

7. Das Kragenband und die Belege mit Einlage verstärken. Das Band längs rechts auf rechts legen und an den kurzen Enden schließen. Die Nahtzugaben einkürzen und das Kragenband wenden (Abb. D).

8. Die Nahtzugaben einschlagen und die lange, unmarkierte Kante der rückwärtigen Belege steppen, um sie zu versäubern (Abb. E).

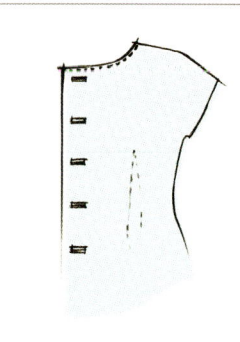

A. Paspelknopflöcher arbeiten.

B. Die Seitennähte schließen.

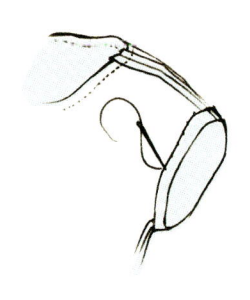

C. Saum mit Saumstichen fixieren.

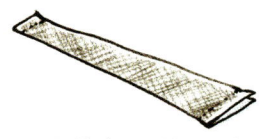

D. Die kurzen Kanten des Kragenbands absteppen.

E. Die lange, unmarkierte Kante des Belegs steppen.

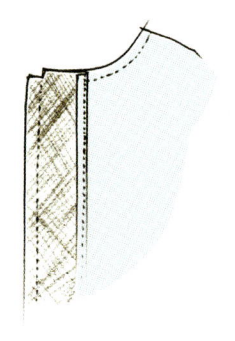

F. Belege an das Blusenrückteil steppen.

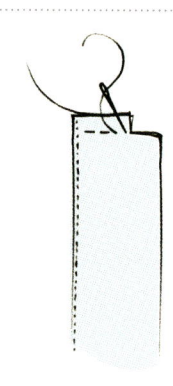

G. Beleg an Halsausschnitt heften.

H. Die Nahtzugabe gemäß Markierungen einknipsen.

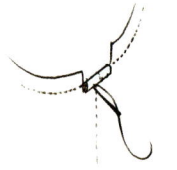

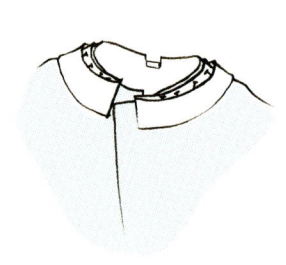

J. Eine Kante des Kragenbands an den Halsausschnitt steppen.

K. Die andere Kante mit Saumstichen innen am Ausschnitt festnähen.

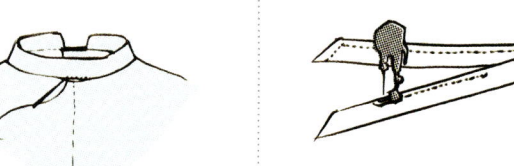

I. Die Schnittkante zwischen den Knipsen einschlagen und säumen.

L. Die Bandkanten an der Öffnung schließen.

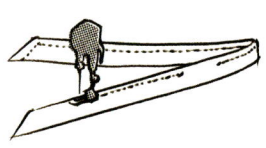

M. Die Schleife falten und absteppen.

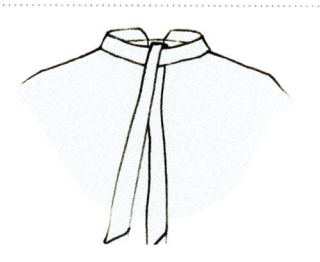

N. Die Schleife durch die Öffnung ziehen und binden.

9. Die Belege gemäß T-Markierungen an das Blusenrückteil steppen; bei dem kleinen Kreis auf der Halskante beginnen und dann an der langen Belegkante entlang bis zur unteren Belegkante. Bis zum kleinen Kreis am Ende der Halsnaht einknipsen. Die Nahtzugaben einkürzen und an den Ecken zurückschneiden (Abb. F).

10. Die Belege nach innen klappen, die Ecken herausdrücken und an die obere Kante des Halsausschnitts heften (Abb. G). Bügeln.

11. Die Öffnung für die Schleife arbeiten: Dazu die Nahtzugabe am Halsausschnitt vorne an den T-Markierungen bis zur Verstärkungsnaht einknipsen (Abb. H), die Schnittkante einfalten und von Hand säumen (Abb. I).

12. Eine Kante des Kragenbands an den Halsausschnitt steppen, an der Schleifenöffnung aufhören und verriegeln (Abb. J). Den Kragen hochschlagen, die Nahtzugabe einknipsen, einkürzen, unterschiedlich breit zurückschneiden und Richtung Kragen bügeln. Die Nahtzugabe der anderen Kante einschlagen und mit Saumstichen innen am Halsausschnitt festnähen (Abb. K).

13. Die Kragenbandkanten an der Schleifenöffnung mit Saumstichen schließen (Abb. L).

14. Das Schleifenband rechts auf rechts längs falten und entlang der offenen Kanten absteppen. Eine kleine Öffnung zum Wenden lassen (Abb. M).

15. Umstülpen, bügeln und die Wendeöffnung schließen.

16. Das Schleifenband durch die Öffnung am Hals ziehen und zu einer Schleife binden (Abb. N).

17. In die Belege Öffnungen für die Paspelknopflöcher arbeiten (siehe Seite 62), oder die Knopflöcher mit der Nähmaschine nähen.

18. Die Blusenunterkante wie bei den Ärmeln mit einem Schmalsaum versäubern.

19. Die Knöpfe annähen.

VARIATION

Bluse mit Bubikragen

Der Blusenschnitt sieht mit einem Bubikragen ebenfalls ganz entzückend aus.

SO GEHT'S

1. Die Blusenteile zuschneiden, jedoch ohne Schleife und Kragenband, und zusammennähen wie auf Seite 157 Schritt 1 bis Schritt 6 beschrieben.

2. Nach der Anleitung auf Seite 104 einen Bubikragen entwerfen.

3. Um den Kragen an der Bluse anzubringen, wird er wie in Schritt 7 Seite 159 beschrieben an den Halsausschnitt geheftet (Abb. A).

4. Die unmarkierten Nahtzugaben der rückwärtigen Belege einschlagen, steppen und anschließend die Belege an den Blusenrückteilen feststecken.

5. Einen Schrägstreifen für den vorderen Beleg zuschneiden, etwa 4 cm breit und lang genug, dass er um den Halsausschnitt herum reicht und die rückwärtigen Belege leicht überlappt. Den Schrägstreifen am Ausschnitt über dem Kragen feststecken.

6. Jetzt durch alle Lagen steppen, angefangen bei der Unterkante der rückwärtigen Belege bis zu den Kanten der hinteren Blusenöffnung und um den Halsausschnitt herum (Abb. B).

7. Die Nahtzugaben einkürzen, unterschiedlich breit zurückschneiden und die Ecken abschrägen. Die rückwärtigen Belege auf rechts wenden und die Ecken ausstülpen. Den Schrägstreifen nach innen einschlagen, die Schnittkante einfalten und mit Saumstichen fixieren (Abb. C).

8. Die Blusenunterkante wie die Ärmel säumen.

A. Den Kragen an den Halsausschnitten heften.

B. Rückwärtigen Beleg feststecken und den Schrägstreifen aufsteppen.

C. Den Schrägstreifen mit Saumstichen von innen festnähen.

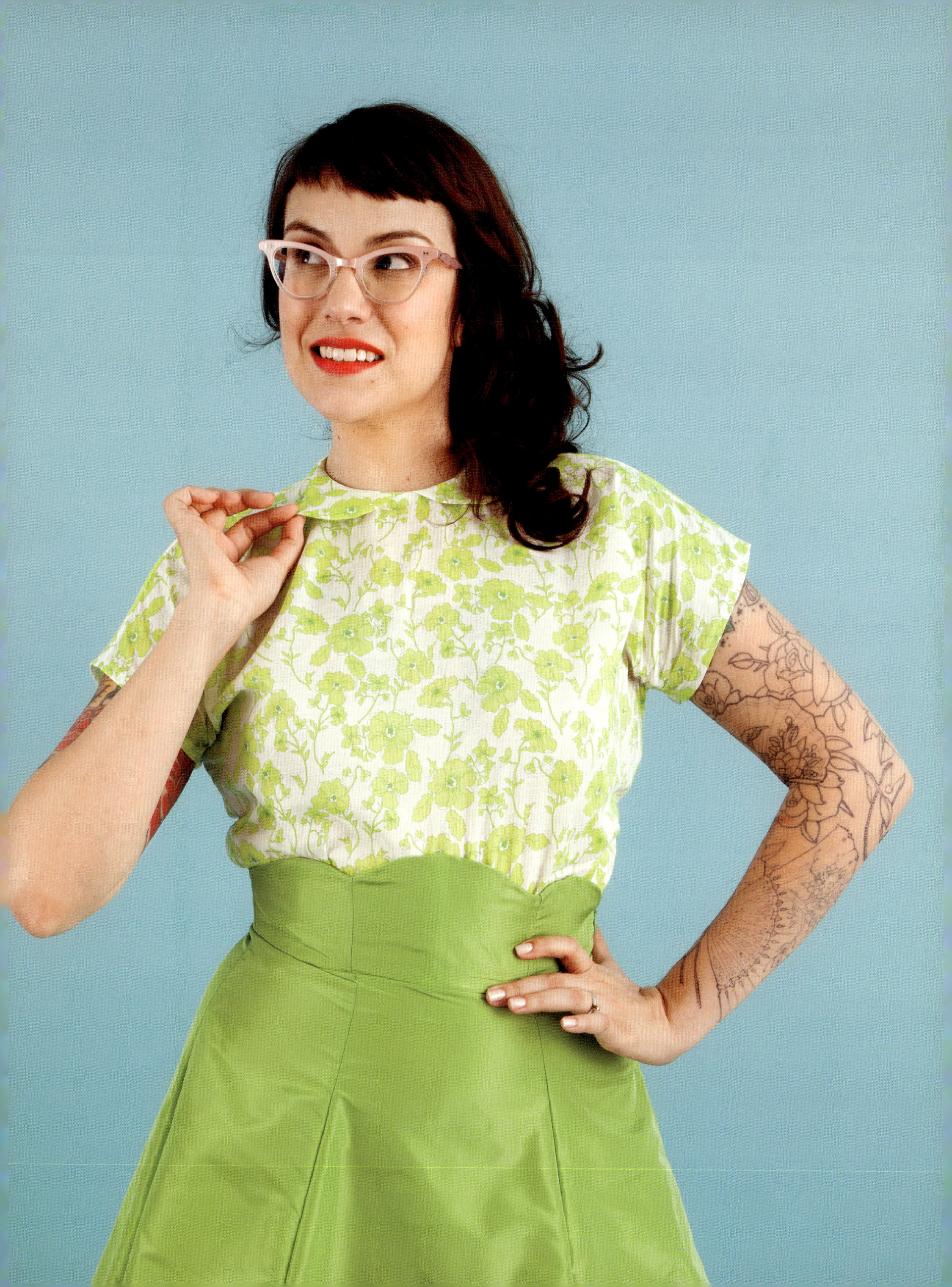

Die Bluse ist wie geschaffen für den Rock im 40er-Jahre-Stil auf Seite 134. Den Hals ziert ein Tropfenausschnitt und die Schultern haben eine bezaubernde Kräuselweite. Der rosafarbene durchscheinende Dotted Swiss wurde mit Baumwollbatist als Verstärkungsstoff unterlegt.

SO GEHT'S

Noch einmal die Anleitungen zum Verändern des Halsausschnitts (Seite 90) und zum Verlegen von Abnähern (Seite 95) durchgehen.

Der Halsausschnitt wird vorne und hinten um etwa 1,3 cm tiefer gesetzt (Nahtzugaben werden nicht benötigt, da die Schnittkanten eine Schrägstreifeneinfassung bekommen). Den Tropfen mit einem Kurvenlineal entwerfen. An einem Probestoff testen, ob Größe und Form des neuen Ausschnitts gefallen.

Den Französischen Abnäher in Richtung Schulter verlegen und in mehrere Kräusellinien umwandeln (Abb. A).

Die Bluse nach Anleitung nähen, ausgenommen der Anweisungen zum Kragen und zur Schleife, und auch folgende Änderungen berücksichtigen:

1. Keine Abnäher steppen. Stattdessen an der Schulterpartie fünf Kräuselnähte arbeiten. Jeweils 2,5 cm von der Schulternaht entfernt beginnen und mit 6 mm Abstand zwischen den Nähten (Abb. B). An den Unterfäden ziehen und die Enden verknoten, damit die Kräuselungen gesichert sind.

2. Den Tropfenausschnitt mit Schrägstreifen einfassen (Abb. C). Dazu den Streifen auf dem „Tropfen" feststecken und bei 6 mm Nahtzugabe aufsteppen. Den Streifen anschließend nach innen umschlagen, die Schnittkante einfalten und von Hand innen mit Saumstichen fixieren.

3. Den Halsausschnitt bis zur Kante des rückwärtigen Belegs einfassen (Abb. D).

4. Die Blusenunterkante säumen.

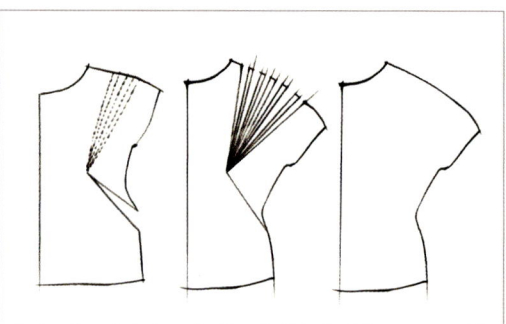

VARIATION

Bluse mit Tropfenausschnitt

A. Den französischen Abnäher in Schulterfalten umwandeln.

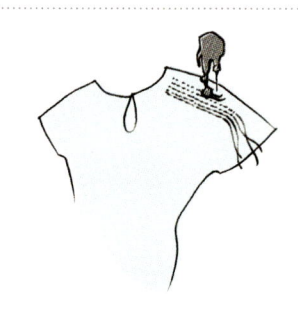

B. An der Schulterpartie Kräuselnähte arbeiten.

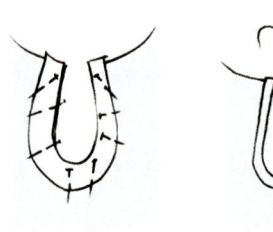

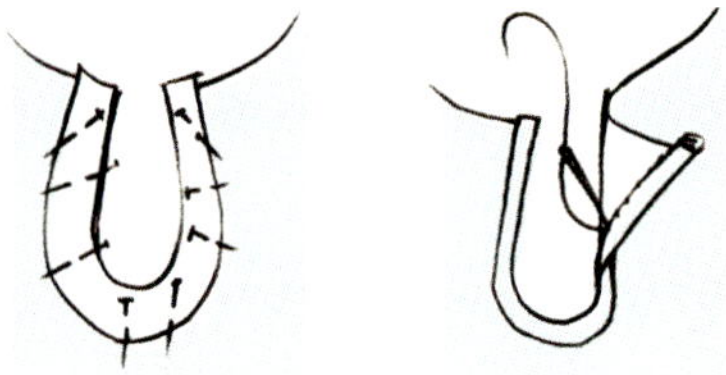

C. Den Tropfenausschnitt mit Schrägstreifen einfassen.

D. Den Halsausschnitt mit Schrägstreifen einfassen.

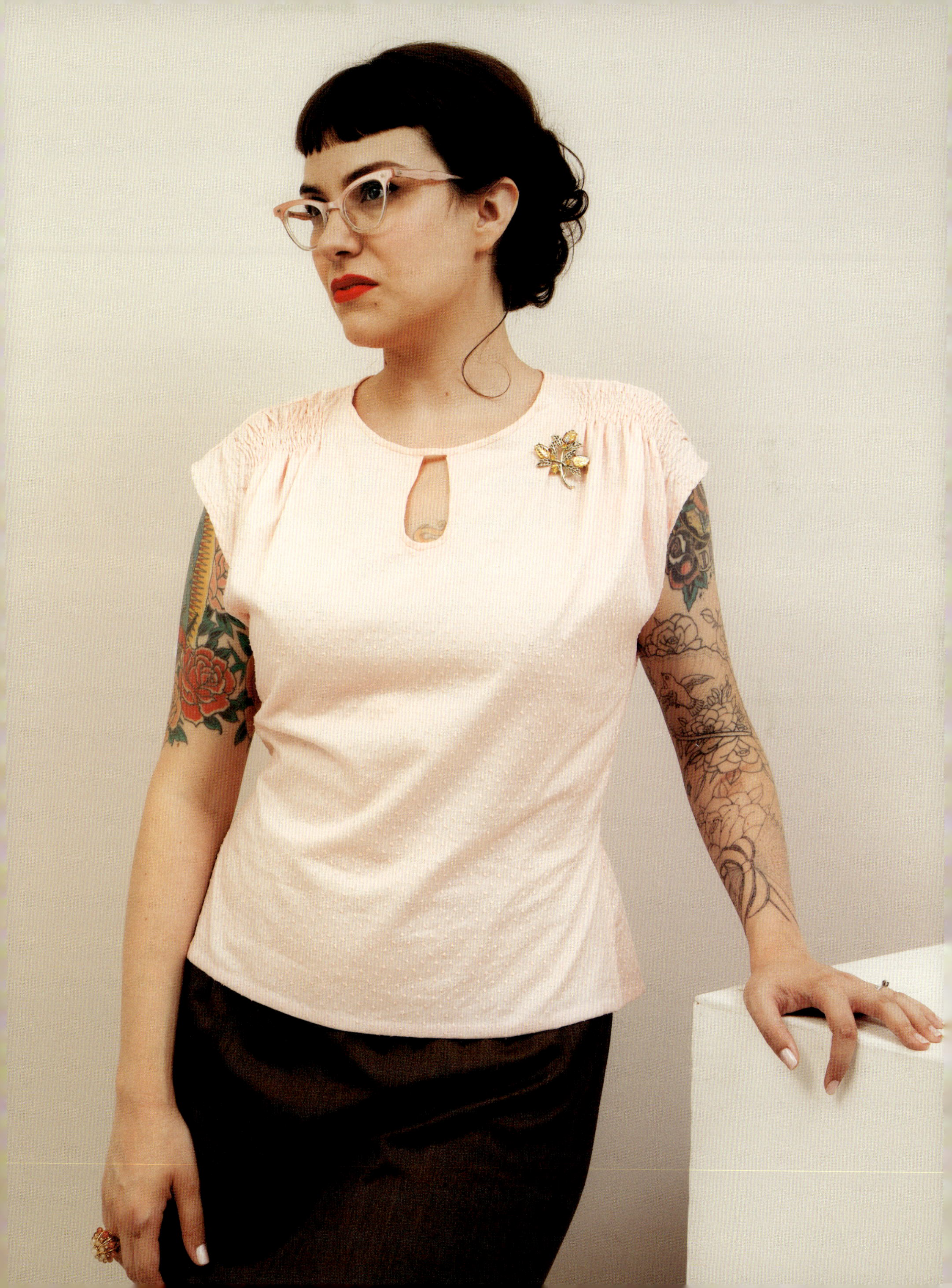

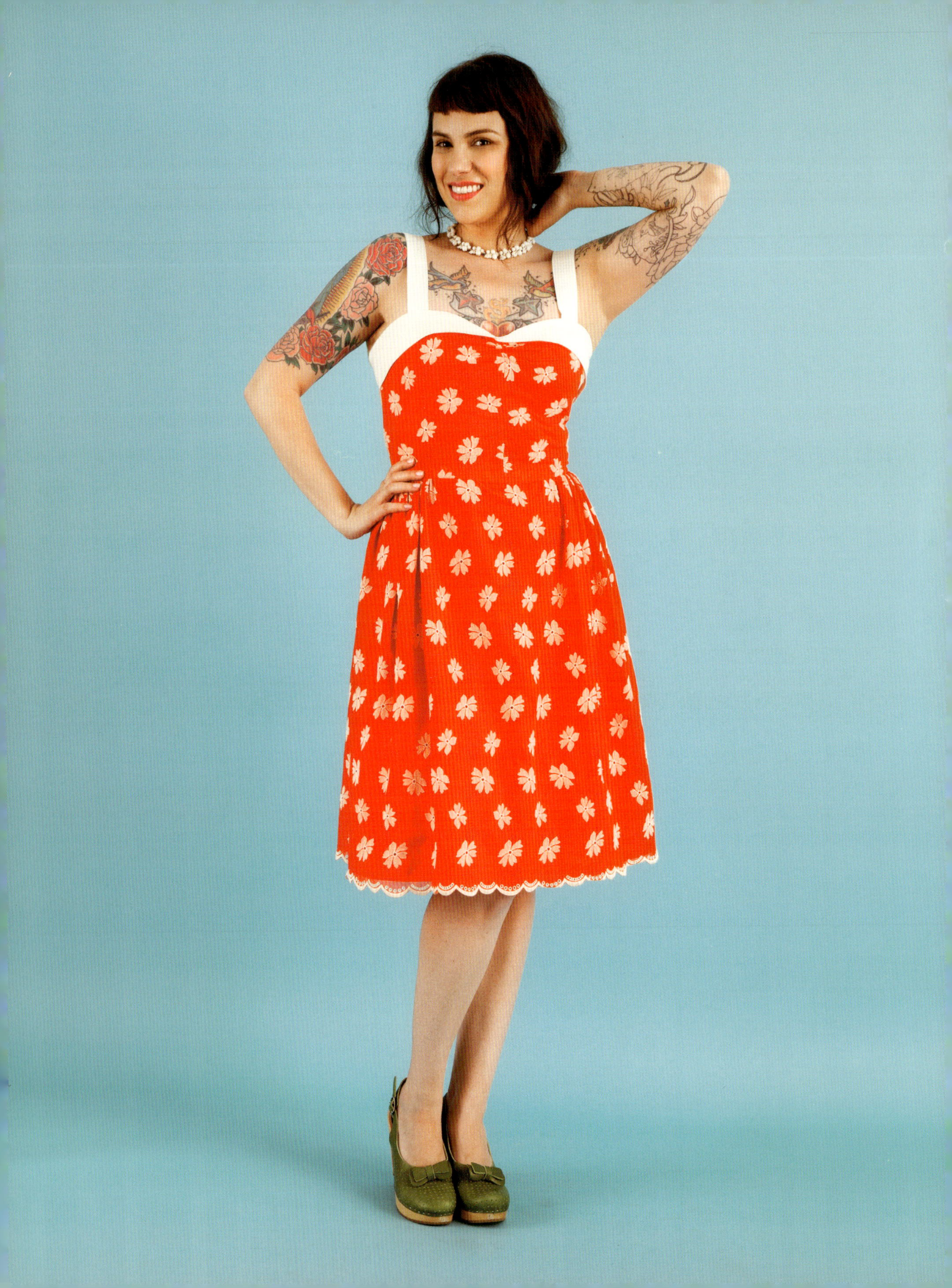

Sweetheart Sommerkleid

Das Oberteil mit dem herzförmigen Dekolleté lässt sich mit verschiedenen Rockformen kombinieren. Auch schulterfrei oder mit einem abnehmbaren Neckholder kommt es fabelhaft zur Geltung.

SO GEHT'S

Hinweis: Für dieses Kleid wird ein eigenes Rockschnittmuster entworfen: Aus Schnittmusterpapier ein rechteckiges Stück ausschneiden, das zweieinhalb mal so breit ist wie der Taillenumfang; die Länge nach Wunsch festlegen. Dann ein zweites Stück für die Rockrückseite ausschneiden und nochmals in der Mitte durchschneiden – dort verläuft die Naht für den rückwärtigen Reißverschluss. Die Länge der Reißverschlussöffnung 24,5 cm unterhalb der Rockoberkante markieren. Die Teile aus Kleidstoff und Futterstoff zuschneiden.

1. Die Vorderteile des Oberteils an der vorderen Mittelnaht zusammennähen und die Naht auseinander bügeln (Abb. A).

2. Die Abnäher auf der Rückseite steppen und gen hintere Mitte bügeln.

3. Vorder- und Rückseitenteile zusammennähen (Abb. B) und die Nähte auseinander bügeln.

4. Schritt 1–3 für das Futter wiederholen.

5. Die Teile für die Ausschnittblende jeweils rechts auf rechts legen und an den kurzen Seiten zusammensteppen. Nahtzugaben einkürzen, Ecken abschrägen und wenden. Die Ecken ausstülpen und jedes Blendenteil bügeln.

6. Beide Blendenteile an den langen unversäuberten Schnittkanten heften (Abb. C).

7. Gemäß T-Markierungen die Blendenteile auf das Oberteil stecken und festheften, die beiden Spitzen überlappen sich dabei vorn etwa 1,5 cm (Abb. D).

TECHNIKEN

- Träger annähen
- Rockfutter mit Krinoline-Effekt (optional)
- Oberteil versteifen (optional, siehe Seite 75)

DAS WIRD GEBRAUCHT

- Schnittmuster „Sweetheart Sommerkleid" (auf Schnittbogen 3, siehe Zuschneideplan Seite 199)
- Kleidstoff: 3,20 m (115 cm breit) oder 2,70 m (150 cm breit) (Hinweis: Für Ausschnittblende und Träger nach Belieben einen kontrastierenden Stoff auswählen: 70 cm lang)
- Futterstoff: 2,70 m (115 cm breit)
- Krinoline aus Seidenorganza: 1,80 m (115 cm breit) (optional)
- Reißverschluss gemäß Kleidlänge

STOFFEMPFEHLUNG

Das Sommerkleid strahlt in einem orangefarbenen, mit Blüten bestickten Baumwollvoile; die Träger und die Blende sind aus weißem Baumwoll-Piqué. Da der Voile sehr durchscheinend ist, wurde das Kleid mit Habutai-Seide, einem speziellen, dünnen und leichten Futterstoff, gefüttert. Die Muschelsaumkante des Voile eignet sich wunderbar für diesen dirndlähnlichen Rock mit seiner geraden Unterkante, Säumen ist überflüssig.

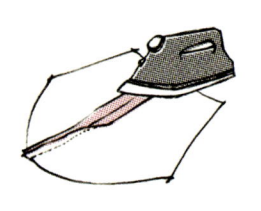

A. Vorderteilstücke zusammennähen.

B. Vorderseite und Rückseite schließen.

C. Die Blenden an den kurzen Enden absteppen, die langen Kanten heften.

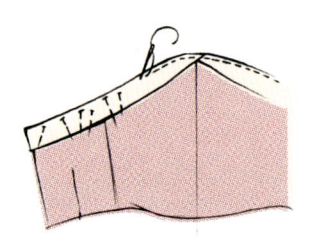

D. Die Blenden vorn mittig überlappend an das Oberteil heften.

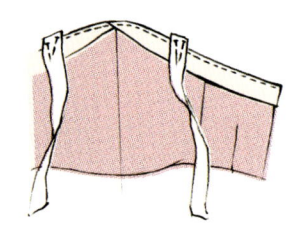

E. Die Träger platzieren und anheften.

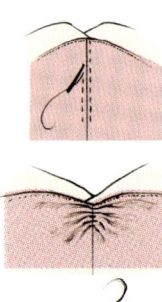

F. Das Futter im Oberteil feststecken und steppen.

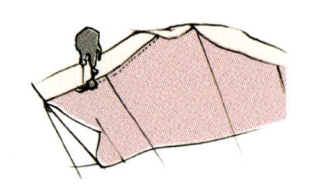

G. Die Lagen unter der Blende zusammensteppen.

H. Die vordere Mittelnaht einkräuseln.

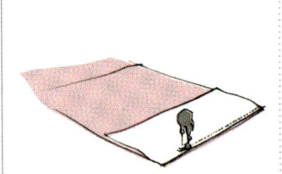

I. Die Rocknähte schließen.

J. Zum Kräuseln heften.

K. Den Rock an den Seiten raffen.

L. Das Oberteil an den Rock heften, ohne das Futter mitzufassen.

M. Den Reißverschluss einnähen.

N. Den Futterrock kürzer als Rocklänge säumen.

O. Das Futter mit Saumstichen am Bund festnähen.

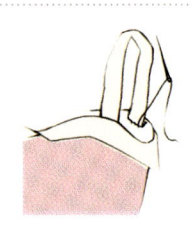

P. Die Träger von Hand hinten annähen.

8. Zwei Streifen für die Träger à 11 cm breit und 43 cm lang zuschneiden. Beide jeweils längs rechts auf rechts legen und die langen Kanten mit einer Nahtzugabe von 1,5 cm absteppen. Nahtzugaben einkürzen, Träger wenden und bügeln. Gemäß Schnittmarkierung feststecken und anheften (Abb. E).

9. Das Oberteilfutter rechts auf rechts an das Oberteil stecken, Blende und Träger liegen dazwischen, und zusammensteppen (Abb. F). Nahtzugabe einkürzen und unterschiedlich breit zurückschneiden, die Außenkurve einkerben. Zuerst auseinander bügeln, dann Richtung Futter. Die Lagen unterhalb der Blende mit 3 mm Nahtzugabe zusammensteppen (Abb. G). (Nicht über die vordere Mittelnaht steppen.)

10. Vordere Mittelnaht von Futter und Oberteil aufeinander ausrichten. Die Naht gemäß T-Markierung mit Handstichen kräuseln: 3 mm von der Mittelnaht entfernt mit 6 mm langen Stichen erst auf der einen Seite hinunter nähen, dann auf der anderen wieder hoch. Den Faden vorsichtig straff ziehen und verknoten. Zusätzlich kann man die Kräuselungen mit einem Auf-und-ab-Stich durch alle Lagen sichern (Abb. H).

11. Rockvorderteil und die Rückteile an den Seiten zusammennähen. Nahtzugaben auseinander bügeln (Abb. I).

12. Die hintere Mittelnaht bis zur Reißverschlussmarkierung schließen. Die Naht auseinander bügeln.

13. Schritt 11 und 12 für das Rockfutter wiederholen. Anschließend Rock und Futter an der Rockoberkante links auf links zusammenheften, bis auf etwa 10 cm an der hinteren Mitte.

14. Zwei Reihen Kräuselstiche in den Nahtzugaben nähen (Abb. J). Den Unterfaden straff ziehen und die Kräusel nach Wunsch um den Rock verteilen, sodass er an der Taille von der Breite her ins Oberteil passt. (Am Beispielkleid sind die Kräuselungen nur an den Seiten verteilt [Abb. K], für einen klassischen Dirndl-ähnlicheren Look kann man sie gleichmäßig drapieren.)

15. Den Rock, ausgerichtet an den Seitennähten, am Oberteil feststecken, ohne das Futter mitzufassen. Mit der Nähmaschine zusammenheften. Prüfen, ob die Kräuselungen wunschgemäß sitzen, dann absteppen. Die Nahtzugabe an der Taille zurückschneiden, einkürzen und in Richtung Oberteil bügeln (Abb. L).

16. Den Reißverschluss einnähen (siehe Seite 56). Als einseitig verdeckter Reißverschluss eingesetzt, würde er nicht mit dem Abschluss der Blende hinten harmonieren (Abb. M).

17. Das Rockfutter mit einem Schmalsaum versäubern, sodass es kürzer ist als der Rock (Abb. N).

18. Das Oberteilfutter um die Reißverschlussöffnung herum und an der Taille mit Saumstichen festnähen (Abb. O).

19. Die Träger hinten am Oberteil feststecken. Anprobieren und gegebenenfalls Position und Länge korrigieren. Die Trägerschnittkanten ins Trägerinnere stülpen und die Öffnungen mit Saumstich schließen. Dann die Träger mit überwendlichen Stichen am Kleid fixieren (Abb. P).

ROCKFUTTER MIT KRINOLINE-EFFEKT

Man benötigt Streifen aus Organza oder Organdy von 18 cm Breite und mindestens doppelt so lang wie die Länge des Rocksaumumfangs (je länger, desto bauschiger wird's). Die langen Streifenkanten schmal säumen; am schnellsten geht es mit einem Schmalsäumerfüßchen. Die Streifen entweder mit Kräuselstichen von Hand oder mit einem Faltenleger-Nähfuß zweireihig einkräuseln. Die Streifen anschließend mit Französischen Nähten zusammenfügen (siehe Seite 55). Die entstandene Rüsche auf die linke Seite des Rockfutters stecken, sodass sie zwischen Futter und Oberstoff liegt, und entlang der Kräuselnähte feststeppen. Näht man die Rüsche aus Tüll, spart man sich das Kantenversäubern.

VARIATION

Tiki-Kleid

Eine Hommage an den hawaiianischen Designer Alfred Shaheen, der diese figurbetonten Kleider in den 50er-Jahren populär machte. Für das Trägerkleid auf Seite 165 benötigt man keine form- oder halt gebenden Versteifungen, aber für diese Variation sowie die trägerlose auf Seite 172 in jedem Fall, nur so bleibt alles an seinem Platz.

SO GEHT'S

Für diesen Entwurf sind folgende Änderungen nötig:

1. Die Blendenstücke kürzen, sodass sie an den Seitennähten aufhören.

2. Eine gesmokte Oberteilrückseite nähen: Zu jeder rückwärtigen Seitennaht 5 cm dazugeben. Als Unterfaden elastisches Garn zum Nähen der Kräuselungen verwenden, und auch, um Rock und Rückseite des Oberteils zusammenzunähen(mehr dazu siehe Seite 171).

3. Das Oberteil für mehr Passform und Stabilität versteifen. Hier wurde Rigeline-Stäbchenband (siehe Seite 75) sowohl vorne in das Futter als auch in den Seitennähten integriert.

4. Statt zweier Träger einen langen Neckholder entwerfen: Um den Hals herum bis zur Oberteiloberkante maßnehmen und so die passende Länge ermitteln. Mit eingearbeiteten Knopflöchern an den Neckholder-Enden und Knöpfen im Oberteilinneren lässt sich der Träger auch abnehmen, und schon hat man ein schulterfreies Kleid.

> **DRAPIERUNG DER ROCKVORDERSEITE**
>
> Das Schnittteil auseinanderschneiden und auffächern.

5. Der Bleistiftrock von Seite 127 dient als Schnittvorlage für die Sarong-Form dieses Kleids. Auf das Schnittteil der Rockvorderseite werden drei schräge „Drapier"-Linien gezeichnet, fast komplett auseinandergeschnitten und in jedem Schnitt um 1,3 cm aufgefächert (siehe Seite 92). Danach Taillenbundlinie und Seitennähte neu anpassen, falls nötig. Den drapierten Teilbereich an der Taille zum Nähen raffen und dann Rock und Oberteil zusammennähen und fertigstellen.

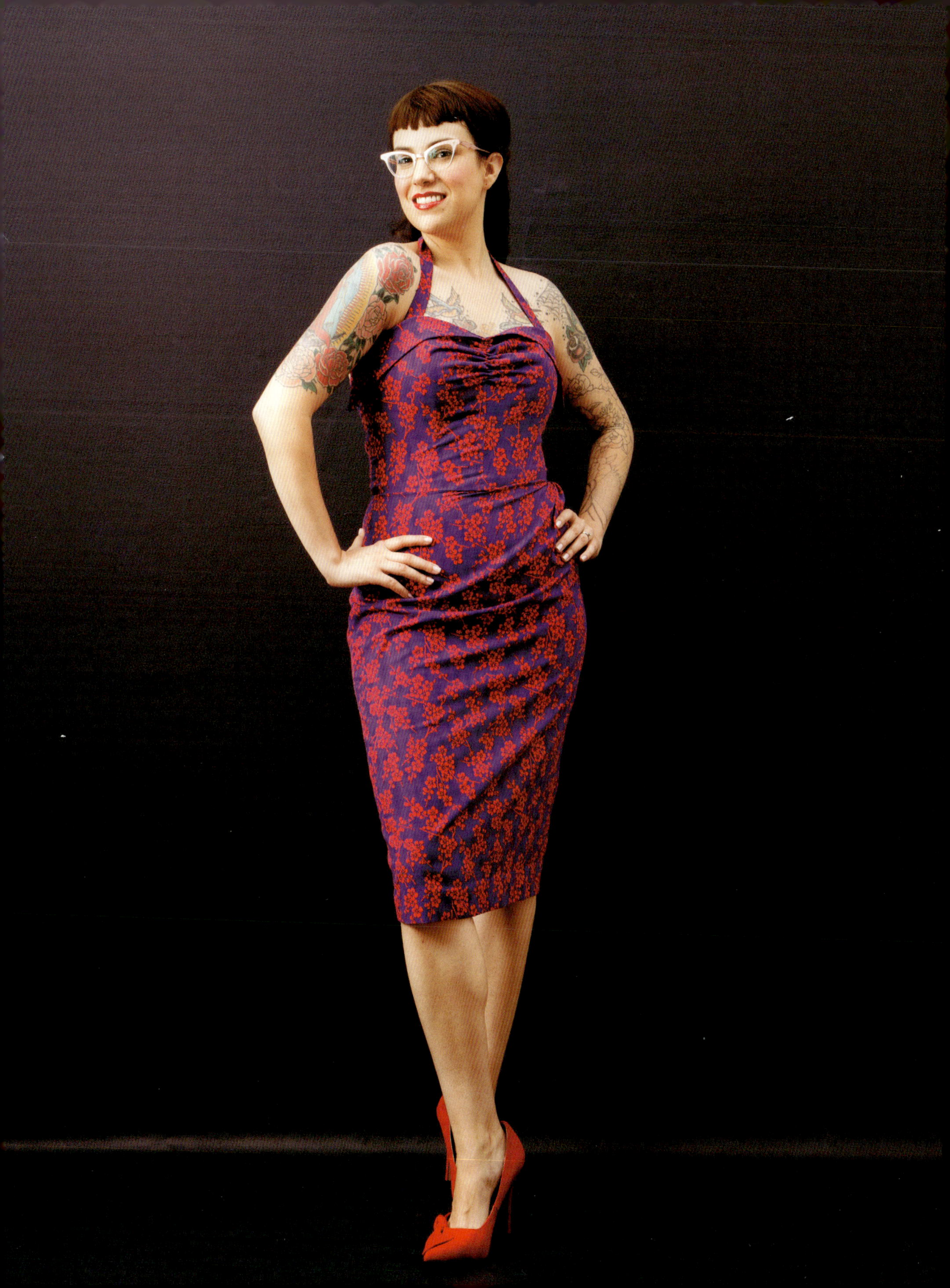

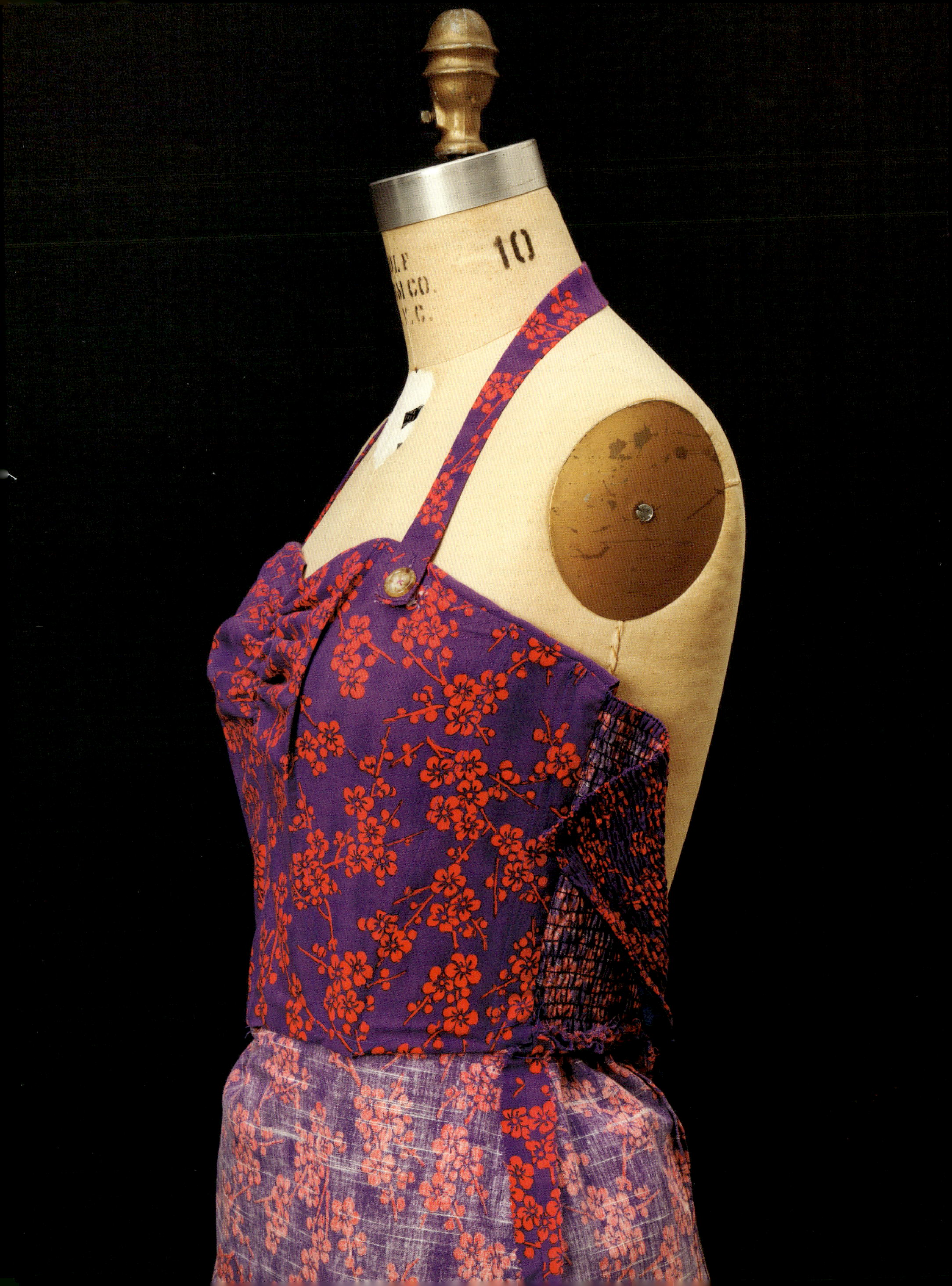
10

SMOKEN

Das Smoken ist eine großartige Technik aus der Nähtrickkiste. Diese Verarbeitungsmethode ist typisch für Kleider im Tiki-Stil aber auch für Bademoden der 50er-Jahre und sie kommt etwas eleganter daher als der aufgerüschte Mädchensommerkleid-Look. Zum Nähen verwendet man für den Unterfaden elastisches Garn. Es wird am besten per Hand um die Garnspule gewunden, bis sie vollständig aufgewickelt ist. Genäht werden die Kräuselungen wie folgt (bevor Oberteilvorderseite und Rückseite zusammengenäht werden):

1. Die Schnittkanten der Rückteile 1,5 cm umbügeln und nochmals bis zum Bruch einschlagen (Abb. A).

2. Die Kante oben mit etwa 3 mm zum Bruch mit dem elastischen Faden schmalkantig absteppen und die Naht wie gewohnt vorne und hinten verriegeln.

3. Die untere Bruchkante ebenfalls mit 3 mm Abstand zum Falz absteppen. Noch stretcht der Stoff nicht, aber eventuell ist er etwas wellig (Abb. B).

4. Die nächste Naht 6 mm entfernt von der unteren Bruchkante setzen und in diesem Abstand weitere Reihen arbeiten, bis das ganze Teil gesteppt ist. Der Stoff spannt sich beim Nähen (Abb. C).

5. Nach dem Nähen das Teil mit dem Bügeleisen dämpfen, damit es zusammenschrumpft.

Hinweis: Manche Nähmaschinen eigenen sich nicht zum Arbeiten mit elastischem Garn. Das macht nichts! In diesem Fall näht man 6 mm breite Nahttunnel, fädelt dünne, elastische Streifen hindurch, zieht sie nach Belieben zusammen und steppt sie an den Seitennähten zum Fixieren ab. So erzielt man die gleiche Wirkung.

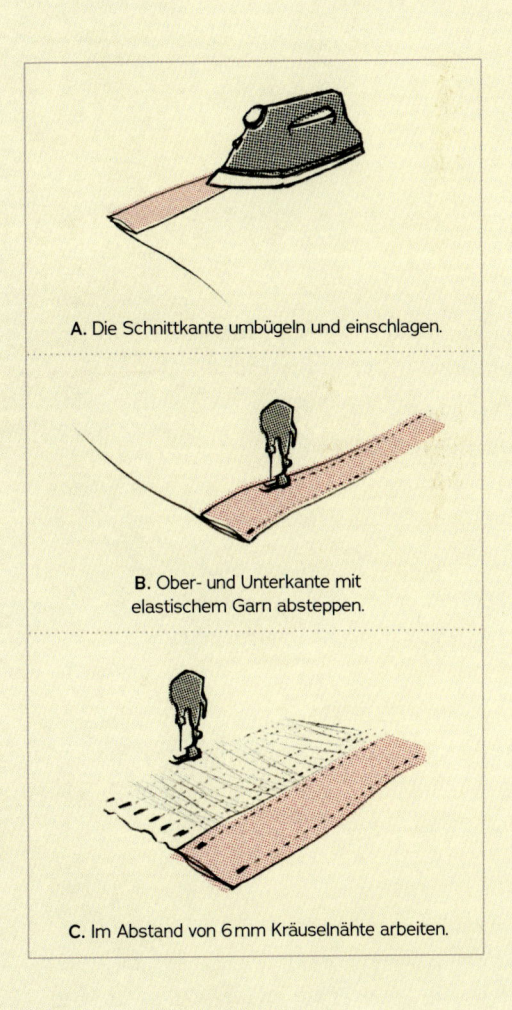

A. Die Schnittkante umbügeln und einschlagen.

B. Ober- und Unterkante mit elastischem Garn absteppen.

C. Im Abstand von 6 mm Kräuselnähte arbeiten.

Innenansicht vom Tiki-Kleid mit dem abnehmbaren Neckholder und der gesmokten Rückseite.

VARIATION

Schulterfreies Kleid

Das Oberteil verleiht dem Kleid einen formelleren Touch. So etwas trägt man nur zu besonderen Anlässen. Die Oberstoffe, bestickter Organdy und Seiden-Charmeuse-Akzente als Blende, und das Futter aus Seidentaft tun ihr Übriges, um diese Wirkung zu verstärken – sehr luxuriös!

SO GEHT'S

Folgende Änderungen wurden am Schnittmuster „Sweetheart Sommerkleid" vorgenommen:

1. Der Kräuselrock wird durch einen wadenlangen Tellerrock (siehe Seite 102) ersetzt. Er ist komplett gefüttert und sowohl Rockfutter als auch Rock sind mit einem Schmalsaum gesäumt.

2. Die Blendenteile enden an der Achselhöhle. Statt des mittig positionierten Reißverschlusses kommt ein seitlicher Reißverschluss zum Einsatz.

3. Die Blendenteile sind aus Seiden-Charmeuse genäht und unten an den Seitennähten angeriegelt, damit sie nicht so abstehen wie in der Tiki-Variante.

4. In der Brustmitte wurde eine Schleife aus Seiden-Charmeuse hinzugefügt. Der Streifen ist etwa 2,5 cm breit. So wird die Schleife gemacht: Den Streifen in 5 cm Breite und etwa 50 cm Länge plus etwa 6 mm Nahtzugabe an jeder Seite zuschneiden. Den Streifen längs rechts auf rechts legen und an der langen Kante zusammensteppen. Wenden und vorsichtig dämpfen. Zu einer Schleife binden und die Bänder auf eine bevorzugte Länge kürzen. Die kurzen Schnittkantenenden nach innen stülpen und mit Saumstichen schließen. Die Schleife nicht bügeln, sie wird dann eher knittrig als flach. Zum Schluss die Schleife in der Mitte der Brust anriegeln.

5. Zum Versteifen das Tunnelband auf der Futterinnenseite (die Seite, die an der Haut liegt) aufsteppen und die Spiralfedern hineinschieben (siehe Seite 75). Auf diese Weise drückt die Versteifung nicht durch den durchscheinenden Oberstoff und ist von außen nicht zu sehen.

6. Damit auch an der Taille alles an seinem Platz bleibt, aus Ripsband eine Bundverstärkung anfertigen: Das Ripsband an der schmalsten Stelle der Taille umlegen und auf diese Länge plus 6,5 cm zuschneiden. Das Band zu einem Ring legen und zum Schließen Haken und Öse wie bei einem BH-Verschluss anbringen. Dafür zuvor die Bandenden 6 mm und dann nochmals 2,5 cm weit einschlagen und die Umbruchkanten feststeppen. Haken und Öse entsprechend auf den Enden festnähen. Das Band vierteln und die einzelnen Stücke von Hand an die vordere Mitte und die Seitennähte des Kleidfutters anriegeln. Das Ripsband erst nach dem Anziehen zuhaken.

Innenansicht vom Kleid mit Ripsband an der Taille.

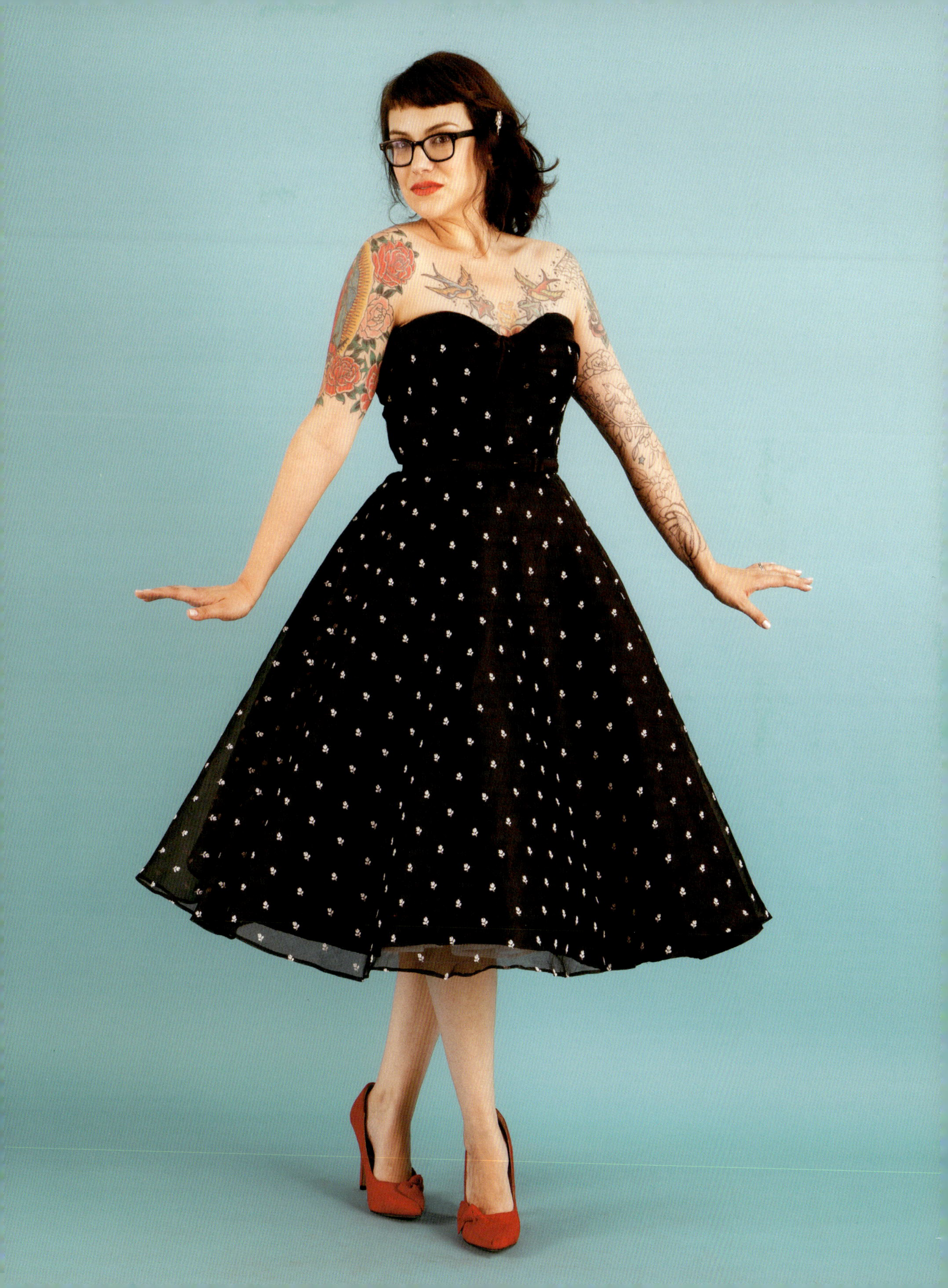

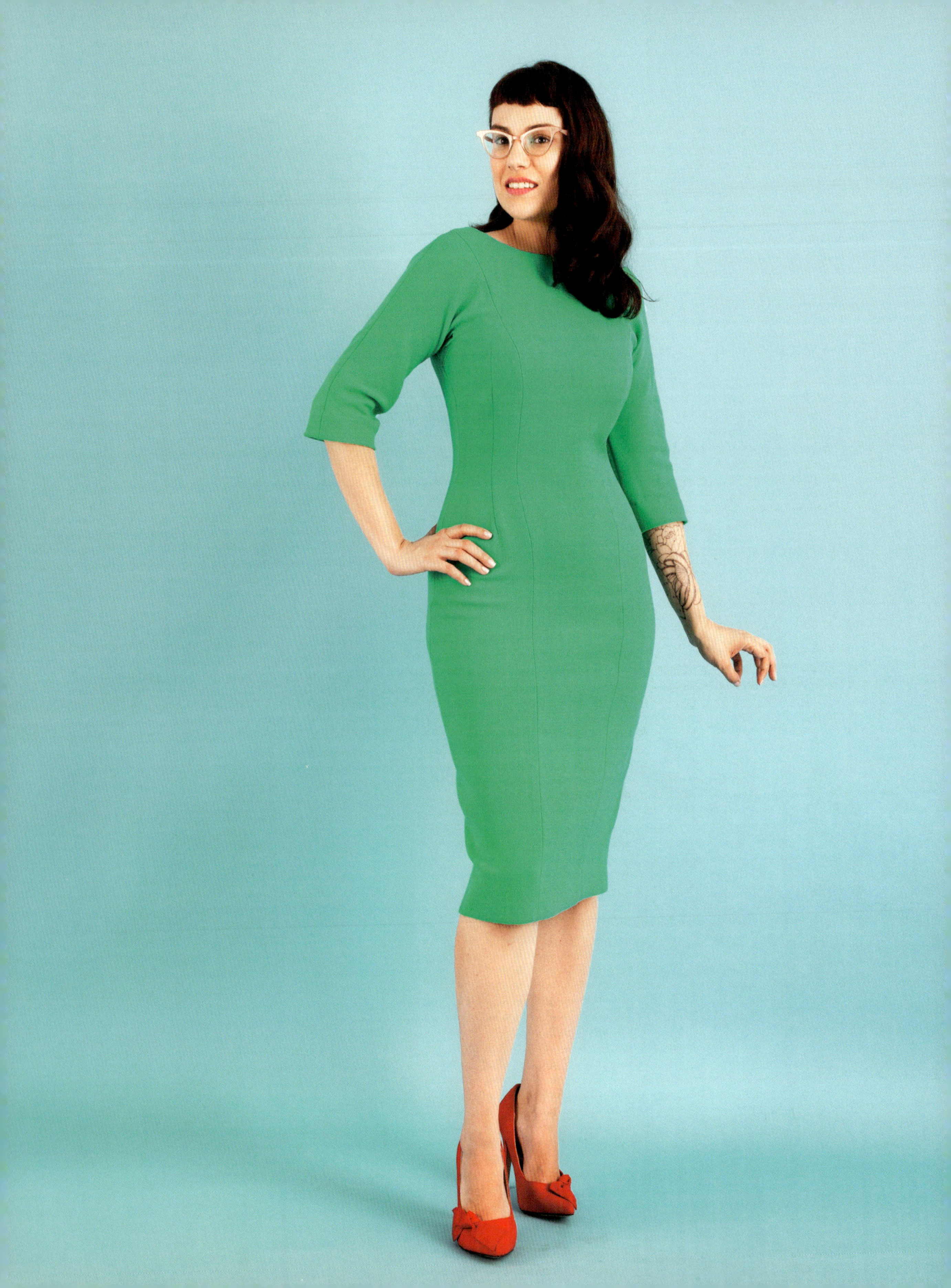

Bleistiftkleid

Dieses Kleid bringt Kurven richtig gut zur Geltung und dennoch ist es bürotauglich. Etuikleid-Stil, Kimono-Ärmel, ein U-Boot-Ausschnitt vorn, ein V-förmiges Rücken-Dekolleté – reizende Details, die aus einer Zeit stammen, als Businesskleidung sehr viel aufregender ausgesehen hat als heute. Besonders zu erwähnen sind die Achselzwickel, die in die Kimono-Ärmel eingearbeitet wurden. Ohne sie würden die Ärmel unter den Achseln unschöne Falten werfen und damit die gesamte figurbetonte Silhouette ruinieren. So aber liegt der Ärmel eng an und der Zwickel verleiht dem Arm Bewegungsfreiheit.

TECHNIKEN

- Achselzwickel einpassen
- Wiener Nähte
- Verdeckter Rockschlitz

DAS WIRD GEBRAUCHT

- Schnittmuster „Bleistiftkleid" (auf Schnittbogen 4 und 5, siehe Zuschneideplan Seite 200)
- Kleidstoff: 2,70 m (115 cm breit) oder 2,30 m (150 cm breit)
- Organzaband
- Reißverschluss: 41 cm lang

STOFFEMPFEHLUNG

Die Version links ist aus einem mintgrünen schweren Wollkrepp geschneidert. Der Stoff betont und formt die Kurven, allerdings nicht zu aufreizend, sodass der Look alltagstauglich bleibt. Vor dem Verarbeiten sollte das Material einlaufvorbehandelt werden.

SO GEHT'S

1. Den Halsausschnitt an Vorderteil, Seitenvorderteilen und Rückteilen verstärken (siehe Seite 77) (Abb. A).

2. Die Belegteile mit aufbügelbarer oder eingenähter Einlage verstärken.

3. Die Abnäher auf dem Seitenvorderteil von oben nach unten von Spitze zu Spitze durchsteppen und Richtung Mitte bügeln.

4. Die Wiener Nähte steppen: Das Vorderteil auf beiden Seiten zwischen den T-Markierungen mit Verstärkungsstichen stabilisieren. Die Stellen danach mehrfach einknipsen. (Ohne in die Nähte zu schneiden!) Die Seitenvorderteile gemäß Markierungen an das Vorderteil stecken, dabei die Knipse zum Anpassen an die kurvigen Kanten der Teile auffächern (Abb. B). Absteppen. Danach die Nähte der Seitenvorderteile an der Brustkurve einkerben und mit einem Bügelei auseinander drücken.

5. Die Öffnung für den Achselzwickel einschneiden: Die Markierungen für die Zwickel-Stepplinien auf die rechte Stoffseite übertragen und einen Einschnitt machen (Abb. C). Ein schmales, rechteckiges Stück Organza im Fadenlauf zuschneiden und über den Linien feststecken (am besten durchsichtigen Organza verwenden). Mit

A. Die Halsausschnittteile verstärken.

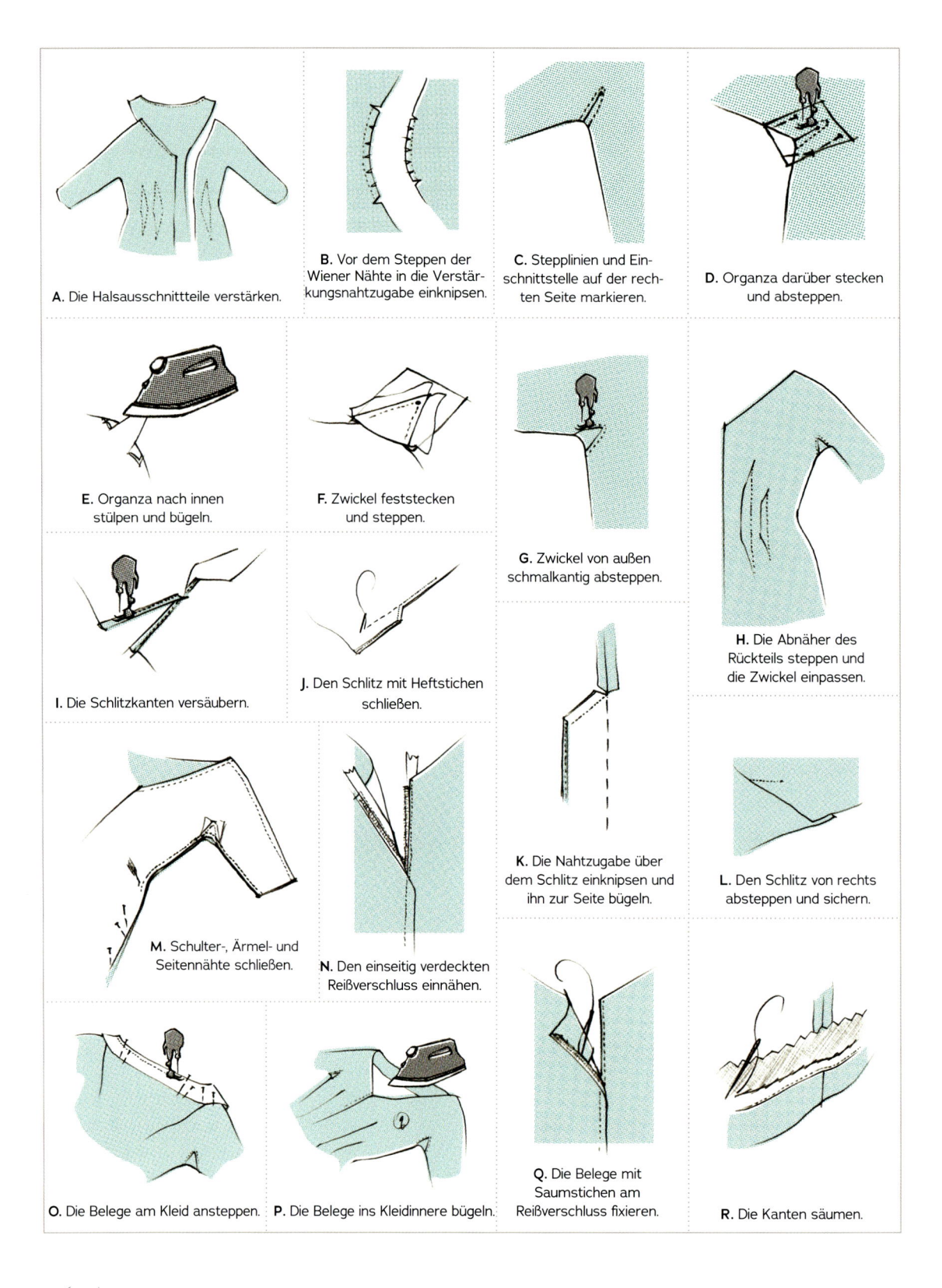

B. Vor dem Steppen der Wiener Nähte in die Verstärkungsnahtzugabe einknipsen.

C. Stepplinien und Einschnittstelle auf der rechten Seite markieren.

D. Organza darüber stecken und absteppen.

E. Organza nach innen stülpen und bügeln.

F. Zwickel feststecken und steppen.

G. Zwickel von außen schmalkantig absteppen.

H. Die Abnäher des Rückteils steppen und die Zwickel einpassen.

I. Die Schlitzkanten versäubern.

J. Den Schlitz mit Heftstichen schließen.

K. Die Nahtzugabe über dem Schlitz einknipsen und ihn zur Seite bügeln.

L. Den Schlitz von rechts absteppen und sichern.

M. Schulter-, Ärmel- und Seitennähte schließen.

N. Den einseitig verdeckten Reißverschluss einnähen.

O. Die Belege am Kleid ansteppen.

P. Die Belege ins Kleidinnere bügeln.

Q. Die Belege mit Saumstichen am Reißverschluss fixieren.

R. Die Kanten säumen.

kurzer Stichlänge (1,5 mm) entlang der Linien steppen (Abb. D). Den Organza an der Einschnittstelle ebenfalls einschneiden, auf die linke Kleidstoffseite einfalten und durch Bügeln dort fixieren (Abb. E).

6. Den Zwickel nähen: Das Zwickelteil mit seiner Kreismarkierung an der Einschnittstelle ausrichten und auf den Organza stecken. Nun die Stepplinien auf dem Zwickel an den in Schritt 5 genähten ausrichten. Den Zwickel entlang der Linien absteppen. An der Einschnittstelle mit gesenkter Nadel stoppen, das Kleid drehen und die andere Zwickelseite absteppen (Abb. F). Die Nahtzugaben des Zwickels Richtung Kleid bügeln. Dann den Zwickel von rechts nochmals schmalkantig absteppen und so sichern (Abb. G).

7. Die Abnäher auf dem Kleidrückteil steppen und gen hintere Mitte bügeln (Abb. H).

8. Die Zwickel für das Kleidrückteil wie oben beschrieben nähen.

9. Den verdeckten Rockschlitz nähen: die Schnittkanten im Schlitzbereich einfalten und knappkantig absteppen (Abb. I). Die Rückteile von der Reißverschlussmarkierung bis zur Schlitzmarkierung schließen, und auch die obere Schlitzkante. Den Schlitz zusammenheften (Abb. J). Die Nahtzugabe über dem Schlitz einknipsen und zu einer Seite bügeln (Abb. K). Die Naht über dem Schlitz auseinander bügeln. Nun den Schlitz von rechts mit einer kurzen diagonalen Naht absteppen und den Schlitzübertritt sichern (Abb. L).

10. Kleidvorder- und Rückseite an Schulter- und Ärmelnähten schließen. Die Nahtzugaben auseinander bügeln.

11. Nun die Achsel- und Seitennähte schließen. Dabei die Zwickelnähte aufeinander ausrichten (Abb. M). Die Nahtzugaben auseinander bügeln.

12. Den einseitig verdeckten Reißverschluss in der hinteren Mittelnaht einnähen (Abb. N).

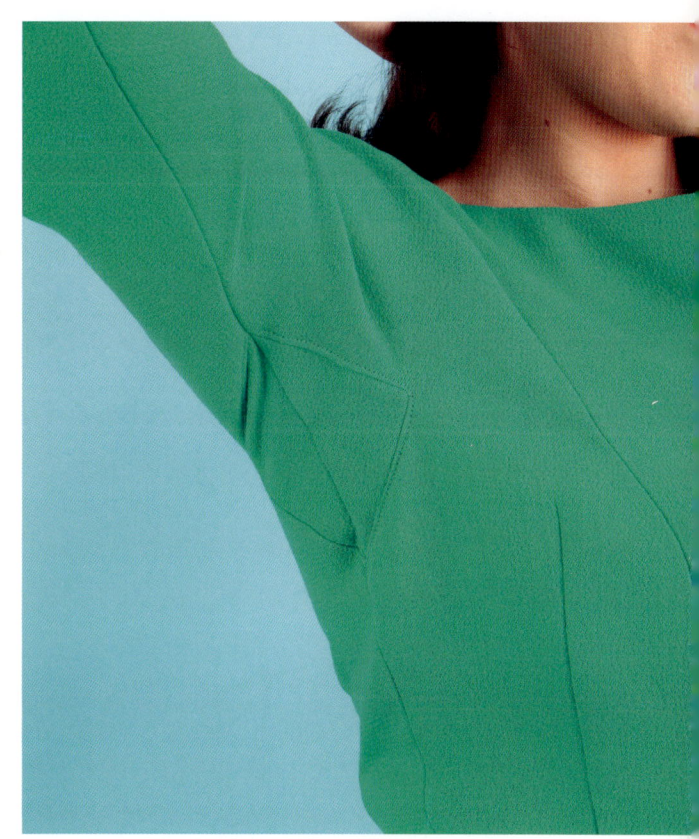

13. Vorderen und rückwärtigen Beleg an den Seitennähten schließen und auseinander bügeln.

14. Beleg rechts auf rechts an den Halsausschnitt stecken und ansteppen (Abb. O). Die Nahtzugaben einkürzen, unterschiedlich breit zurückschneiden und die Belegteile nach innen bügeln (Abb. P). Belege niedersteppen (siehe Seite 52).

15. Die Schnittkanten der rückwärtigen Belege an der hinteren Mittelnaht einfalten und mit Saumstichen am Reißverschluss befestigen (Abb. Q).

16. Ärmel und Kleidunterkante etwa 3 cm breit umschlagen und säumen (Abb. R). (Tipp: Auf Wollkrepp sieht man den kleinsten Handstich. Daher ist es besser, in die Säume Rascheleinlage zu bügeln und die Saumstiche eher dort als auf dem Stoff zu fixieren. Die unteren Schnittkanten der Einlage werden ausgezackt, damit sie sich von außen nicht abzeichnen.)

VARIATION

Kleid aus Brokat

Eine extravagante Variante aus Brokat – sie wirkt etwas eleganter und es ist nur eine einzige Änderung im Schnittmuster vonnöten: Die Ärmel werden gekürzt.

SO GEHT'S

Die gewünschte neue Ärmellänge plus 6 mm Saumzugabe auf den Schnittteilen für Vorder- und Rückseite anzeichnen, dann das Kleid gemäß der Anleitung auf Seite 175 nähen. Anprobieren. Sind die Ärmel noch nicht kurz genug, kann man sie weiter einkürzen, indem man quer über den Zwickel mehr wegschneidet. Die Ärmelsäume sollten dann mit Belegen aus Schrägstreifen versäubert werden. (Jeder Schrägstreifen hat eine Nahtzugabe von 6 mm. Wird an den Ärmel gesteppt, nach innen umschlagen und von Hand festgenäht, siehe auch Seite 46.) Das erleichtert das Säumen am Zwickel.

ÄRMEL EINKÜRZEN

Die neue Wunschlänge plus 6 mm Saumzugabe auf den Schnittteilen von Vorder- und Rückseite anzeichnen.

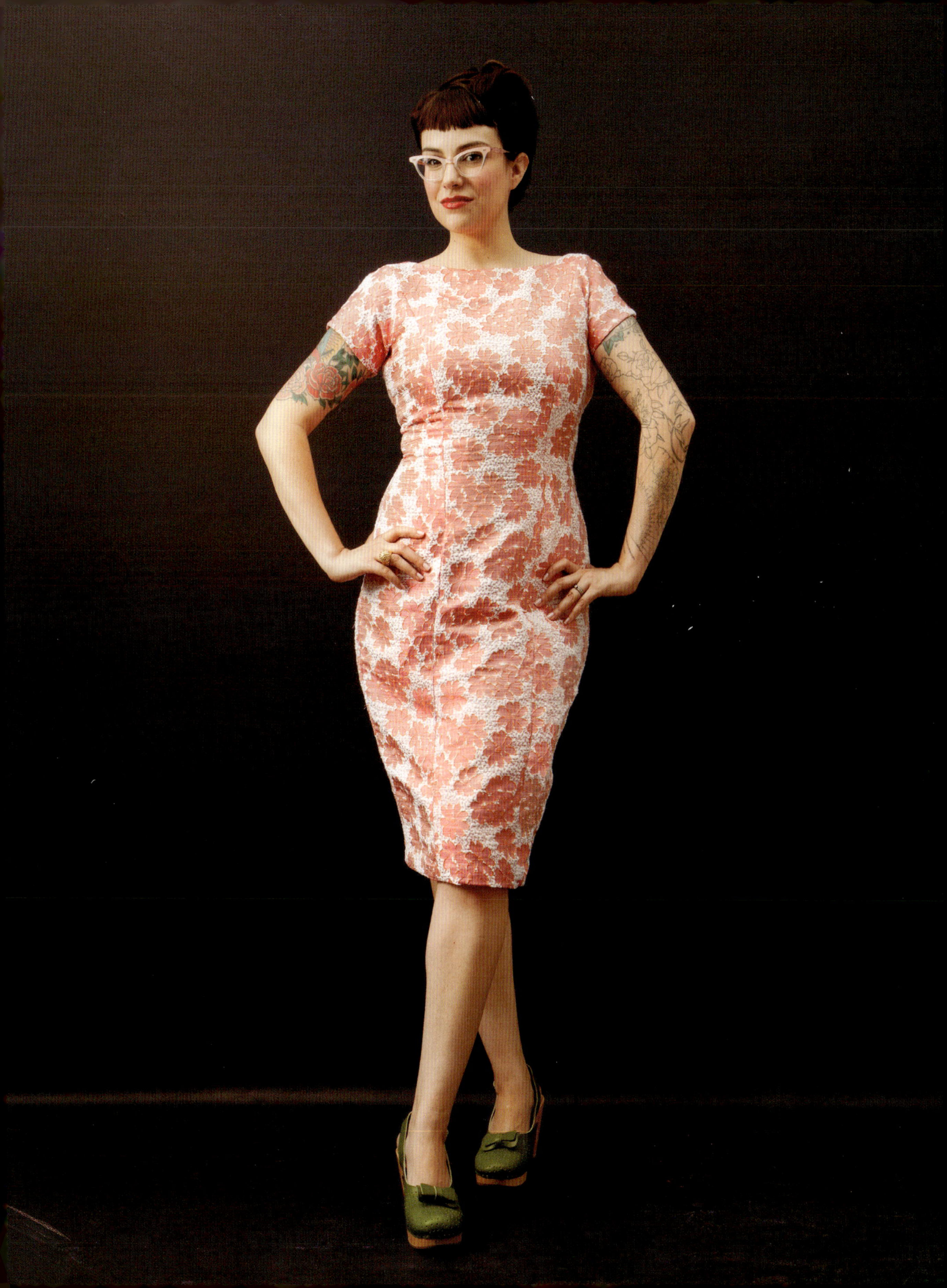

VARIATION
Cocktailkleid

Diese Version ist an den Ärmeln noch kürzer, hat einen weit ausgeschnittenen Rücken und einen schwingenden Kräuselrock mit tiefer angesetzter Taille.

SO GEHT'S

1. Die neuen Entwurfslinien für Ärmel, Rückenausschnitt und Taille auf dem Schnittmuster anzeichnen. Die Taillenlinie verläuft etwa 15 cm unter der normalen Taille. Den rückwärtigen Beleg ebenfalls anpassen.

2. Nach der Anleitung für den Kräuselrock auf Seite 98 ein rechteckiges Schnittteil für die Rockvorderseite in gewünschter Länge entwerfen. Außerdem ein extra Schnittteil für die Rockrückseite zeichnen, da hier der Reißverschluss in die hintere Mittelnaht eingesetzt wird: Das Schnittteil ist halb so breit wie das Rockvorderteil plus Nahtzugabe an den Seitennähten. Es wird zweimal im Kleidstoff zugeschnitten und an der hinteren Mittelnaht entsprechend der Reißverschlusslänge bis zum Beginn der Reißverschlussöffnung geschlossen. Danach Rockvorder- und Rückteil an den Seitennähten schließen.

3. Die Rockoberkante kräuseln und den Rock an das Oberteil stecken und heften (mit der Nähmaschine), dabei die Seitennähte passend ausrichten. Die Rockkräusel gleichmäßig um die Taille verteilen und dann richtig zusammensteppen. Die Nahtzugabe gen Oberteil bügeln.

4. Der Rock ist für mit einem leichten Baumwollfutter (nach Schnittmuster zugeschnitten) inklusive Krinolinenrüsche (siehe Seite 171) ausgestattet. Für die Krinoline wurde ein extra steifer Tüllstoff verarbeitet, der normalerweise für Ballett-Tutus genutzt wird und nicht so zart und dünn ist wie viele andere Tüllsorten. Weil die Schnittkanten der Krinoline etwas kratzten, habe ich sie noch mit vorgefertigtem Schrägband eingefasst.

SCHNITTANPASSUNG

Die neuen Entwurfslinien an Ärmeln, Hals und Taille auf dem Schnittmuster anzeichnen.

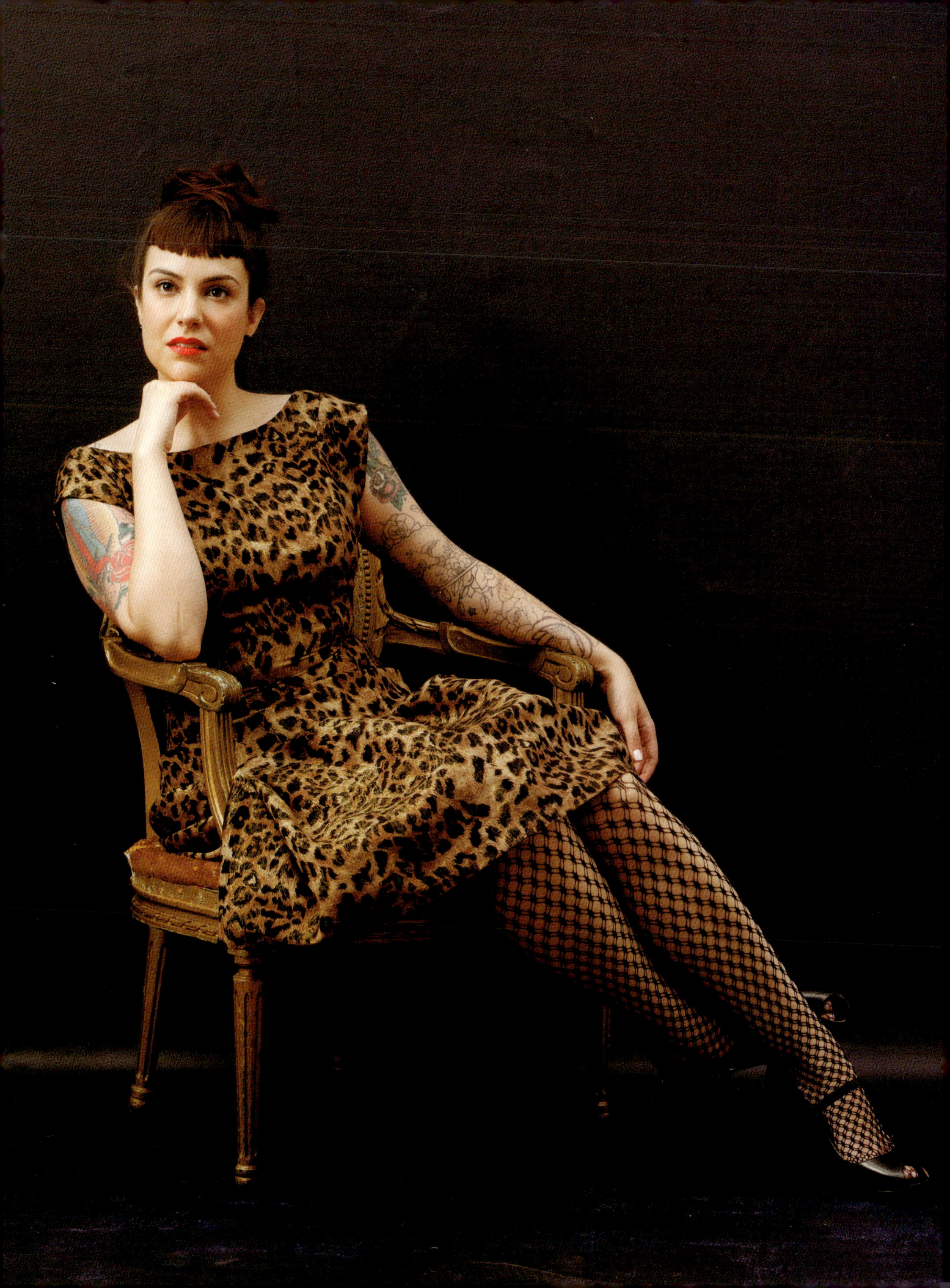

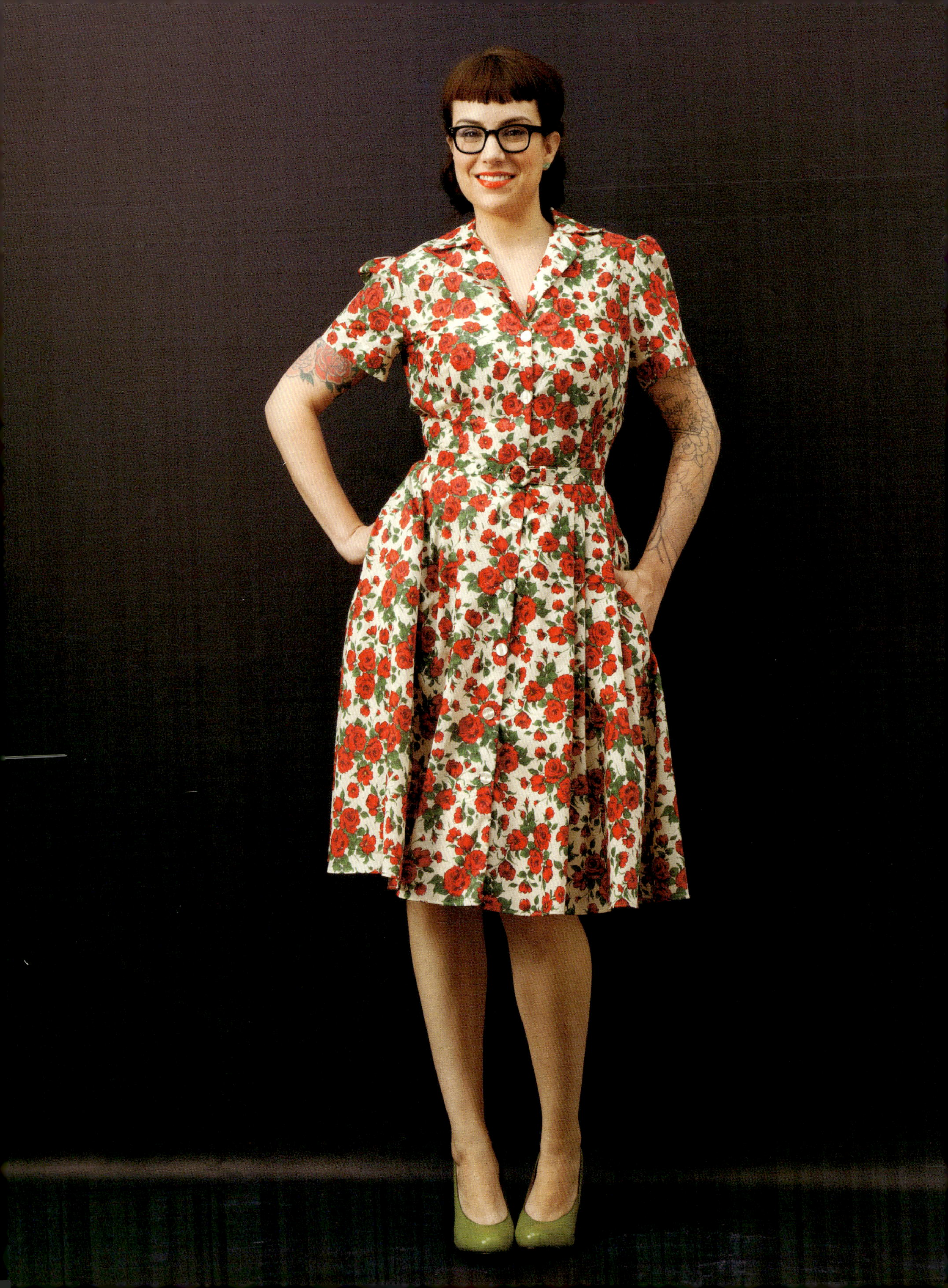

Hemdblusenkleid

Ein figurbetontes, aber zugleich bequemes Kleid – das Geheimnis? Gesmokte Kräuselungen an der rückwärtigen Taille, die für Tragekomfort sorgen! Vorn bringen Abnäher das Kleid in Form. Auf diese Weise entsteht ein hübsches, praktisches Outfit, in dem man jeder Alltagssituation gewachsen ist: Kinder erziehen, Burritos essen, mit einem guten Buch auf dem Sofa lümmeln, oder alles zusammen. Und ganz wichtig: es hat Taschen, in denen sich viele kleine Dinge verstauen lassen.

SO GEHT'S

1. Kragen und Belegteile für die Oberteil- und Rockvorderseite von links mit Einlage verstärken (Abb. A).

2. Die Abnäher des Oberteils steppen, die Brustabnäher nach unten bügeln und die Taillenabnäher gen vordere Mitte.

3. Von rechts Bundfalten in das vordere Rockteil legen und mit Heftstichen fixieren (Abb. B).

4. Oberteil- und Rockvorderseite am Taillenbund zusammennähen (Abb. C).

5. Paspelknopflöcher arbeiten (siehe Seite 60) (Abb. D). Wer maschinengenähte Knopflöcher vorzieht, hebt sich diesen Schritt für den Schluss auf.

6. Mit dem elastischen Garn als Unterfaden sechs Reihen Kräuselnähte nähen, an der Nahtlinie des rückwärtigen Oberteils beginnen. Dabei jede neue Reihe in 6 mm Abstand zur vorherigen arbeiten (Tipp: An der Breite des Nähfüßchens orientieren [Abb. E].) Die Kräuselnähte smoken (dämpfen und einschrumpfen lassen, siehe Seite 171).

7. Die Oberkante der Kleidrückseite zwischen den T-Markierungen kräuseln. (Tipp: Das elastische Garn auch dafür noch als Unterfaden verwenden. Die Kräuselungen lassen sich dann später gut über die Passe verteilen.)

TECHNIKEN

- Smoken (siehe Seite 171)
- Seitliche Nahttaschen
- Bundfalten
- Paspelknopflöcher

DAS WIRD GEBRAUCHT

- Schnittmuster „Hemdblusenkleid" (auf Schnittbogen 7, 8 und 9, siehe Zuschneideplan Seite 200)
- Kleidstoff: 3,60 m (115 cm breit) oder 3 m (150 cm breit)
- 8 Knöpfe
- Elastisches Garn zum Smoken
- Einlage zum Einnähen oder Aufbügeln für Kragen und Belege

STOFFEMPFEHLUNG

So ein Kleid für jeden Tag sollte aus einem pflegeleichten Baumwollstoff geschneidert werden. Der Entwurf hier ist aus Tana Lawn, einem seidigen Baumwollbatist aus der berühmten Liberty-Stoff-Kollektion. Dieses hochwertige Gewebe knittert kaum, ist waschmaschinentauglich und fühlt sich wunderbar angenehm auf der Haut an.

8. Eines der rückwärtigen Passeteile rechts auf rechts gemäß der Markierungen auf die gekräuselte Kante der Kleidrückseite stecken und steppen. Die Nahtzugaben in Richtung Passe bügeln (Abb. F).

9. Die Taschenteile rechts auf rechts bei 1 cm Nahtzugabe an Kleidvorder- und Rückseiten steppen. Die Taschen vom Kleid weg bügeln (Abb. G).

A. Die Einlagen anbringen.

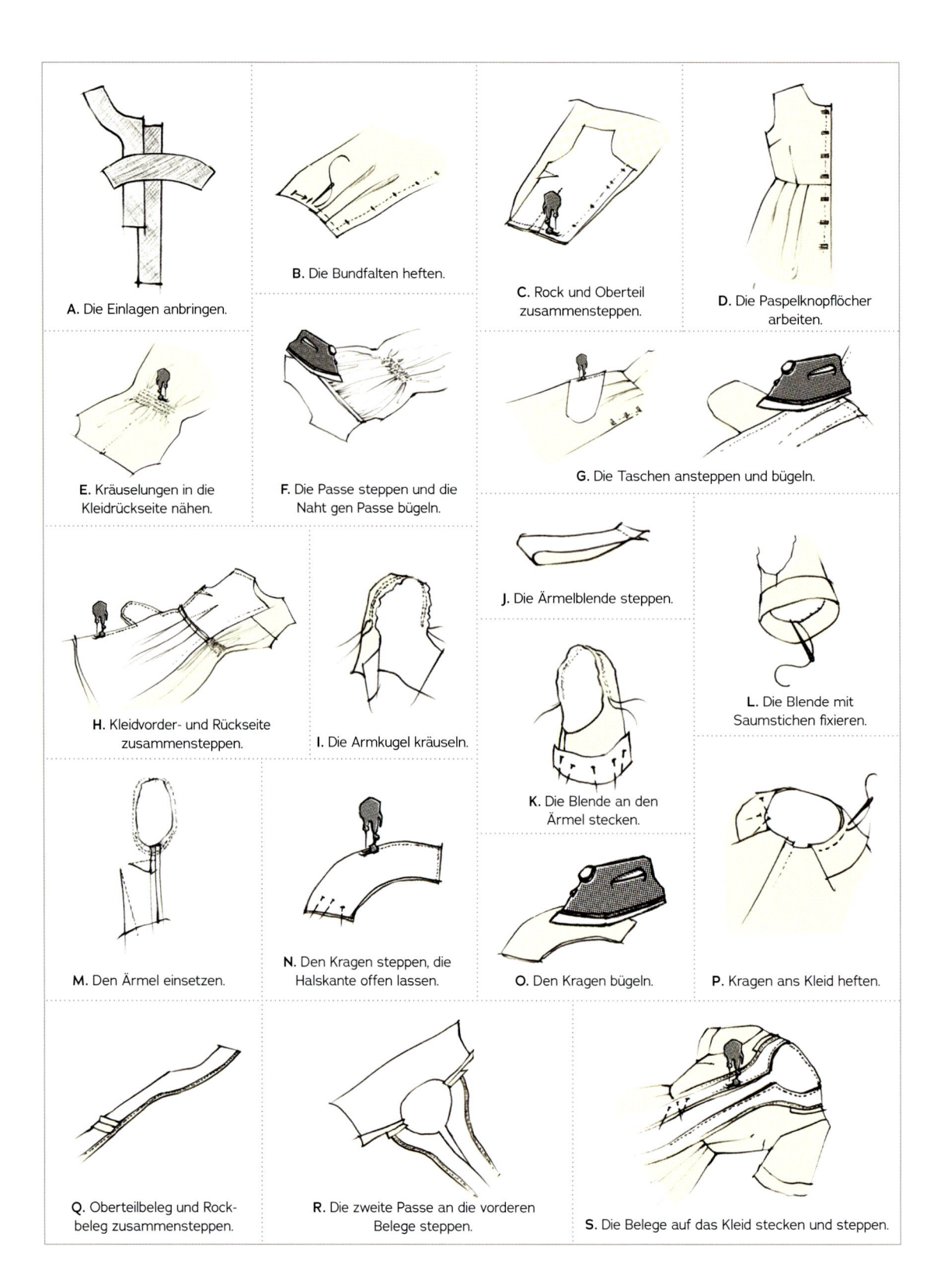

B. Die Bundfalten heften.

C. Rock und Oberteil zusammensteppen.

D. Die Paspelknopflöcher arbeiten.

E. Kräuselungen in die Kleidrückseite nähen.

F. Die Passe steppen und die Naht gen Passe bügeln.

G. Die Taschen ansteppen und bügeln.

H. Kleidvorder- und Rückseite zusammensteppen.

I. Die Armkugel kräuseln.

J. Die Ärmelblende steppen.

K. Die Blende an den Ärmel stecken.

L. Die Blende mit Saumstichen fixieren.

M. Den Ärmel einsetzen.

N. Den Kragen steppen, die Halskante offen lassen.

O. Den Kragen bügeln.

P. Kragen ans Kleid heften.

Q. Oberteilbeleg und Rockbeleg zusammensteppen.

R. Die zweite Passe an die vorderen Belege steppen.

S. Die Belege auf das Kleid stecken und steppen.

10. Kleidvorder- und Rückseite an Schulter- und Seitennähten schließen, dabei die Außenkanten der Taschen mit zusteppen (Abb. H).

11. Die Armkugeln der Ärmel wie folgt kräuseln: Zwei Reihen Heftstiche nähen und die Unterfäden straff ziehen (Abb. I). Dann die Ärmel an den Ärmelnähten rechts auf rechts schließen.

12. Nun die Ärmelblende anbringen: Die Blende an den kurzen Kanten zusammensteppen (Abb. J). Die Naht auseinander bügeln. An einer Schnittkante der Blende die Nahtzugabe umbügeln. Die andere Schnittkante rechts auf rechts an den Ärmel stecken (Abb. K). Aufsteppen. Die Blende nach unten bügeln und zur Hälfte ins Ärmelinnere einschlagen. Von innen mit Saumstichen am Ärmel befestigen (Abb. L).

13. Die Ärmel, ausgerichtet an den T-Markierungen an den Achselnähten und Schulterpunkten einsetzen. Die Kräusel an der Armkugel gleichmäßig verteilen. Den Ärmel am Oberteil feststecken und steppen. Die Achselnaht mit einer zweiten Stepplinie etwa 3 mm von der ersten entfernt stabilisieren (Abb. M). Die Nahtzugabe knapp an der zweiten Stepplinie einkürzen.

14. Das verstärkte Kragenteil rechts auf rechts auf das unverstärkte legen und bis auf die obere Halskante zusammensteppen (Abb. N). Die Ecken einknipsen und die Nahtzugabe einkürzen. Den Kragen auf rechts wenden und bügeln (Abb. O). (Nach Belieben den Kragen auf einem Bügelei in Form dämpfen und trocknen lassen, siehe Seite 81). Den Kragen am Halsausschnitt an das Kleid heften (Abb. P).

15. Die Belege des Oberteils und die Belege des Rocks an der Taille zusammensteppen (Abb. Q). Die lange Belegkante einschlagen und versäubern. Das zweite Passeteil an die Schulternähte der vorderen Belegteile steppen (Abb. R). Die Belege rechts auf rechts auf das Kleid stecken und ansteppen (Abb. S). Die vorderen Belege bis zum Revers niedersteppen (Abb. T).

16. Im Kleidinneren die Nahtzugabe der Passe an der Unterkante und den Armausschnitten einschlagen und mit Saumstichen unsichtbar fixieren (Abb. U).

17. Nach Belieben für die Knöpfe Schlitze oder Paspelknopflöcher in die Belege arbeiten.

18. Den unteren Kleidrand mit einem Schmalsaum versäubern (Abb. V). Die vorderen Belege an der Kleidunterkante feststeppen.

19. Mit der Nähmaschine die Knopflöcher auf die rechte Kleidhälfte nähen, wenn nötig.

20. Die Knöpfe auf der linken Kleidhälfte befestigen (Abb. W).

T. Belege bis zum Revers niedersteppen.

U. Die Unterkante der Passe mit Saumstichen fixieren.

V. Einen Schmalsaum nähen.

W. Die Knöpfe annähen.

VARIATION

40er-Jahre Kleid

Mit Vintage-Charme: Tulpenärmel und verführerische Crêpe de Chine. Der Saum aus Chantilly-Spitze fügt dem Kleid einen Hauch Glamour hinzu, aber wenn man es in einem normalen Stoff und ohne Spitze näht, wirkt es im Handumdrehen alltagstauglich.

SO GEHT'S

Folgende Änderungen müssen vorgenommen werden:

1. Die Abnäher mit der Schwenkmethode Richtung Schulter verlegen (siehe Seite 95), dort werden sie jedoch nicht abgenäht, sondern in Falten gelegt.

2. Für die Tulpenärmel neue Designlinien auf dem Ärmelschnittmuster entwerfen (Abb. A). Dann das neue Ärmelschnittteil gemäß der Linien einmal für vorne und einmal für hinten auf Schnittmusterpapier abpausen und die Teile jeweils zweimal im Kleidstoff zuschneiden. Alle Schnittmarkierungen auf die Teile übertragen.

3. Die Tulpenärmel nähen: Die Unterkanten aller Ärmelteile mit Schmalsaum versäubern (siehe Seite 64). Jeweils ein Vorder- und ein Rückteil dort zusammenheften, wo sie überlappen. Die Achselnaht schließen und auseinander bügeln. Die Ärmelspitze in Falten legen und den Ärmel ins Oberteil einsetzen, wie auf Seite 185 beschrieben.

4. Statt Kragen und Revers für das Kleid einen einfachen V-Ausschnitt entwerfen. (Die Schnittkanten vor dem Nähen mit Verstärkungsstichen stabilisieren, siehe Seite 77)

5. Am Rockvorderteil keine Bundfalten legen, sondern die Taillenlinie an den Seitennähten kräuseln.

6. Statt Knopfleiste vorne einen Reißverschluss einnähen, dabei darauf achten, dass die Taillennaht auf beiden Seiten exakt auf gleicher Höhe liegt.

SCHNITTMUSTER TULPENÄRMEL

A. Die Ärmellinien neu entwerfen und auf dem Schnittteil anzeichnen, dann jedes Teil auf Schnittmusterpapier übertragen.
B. Jedes Teil extra ausschneiden.

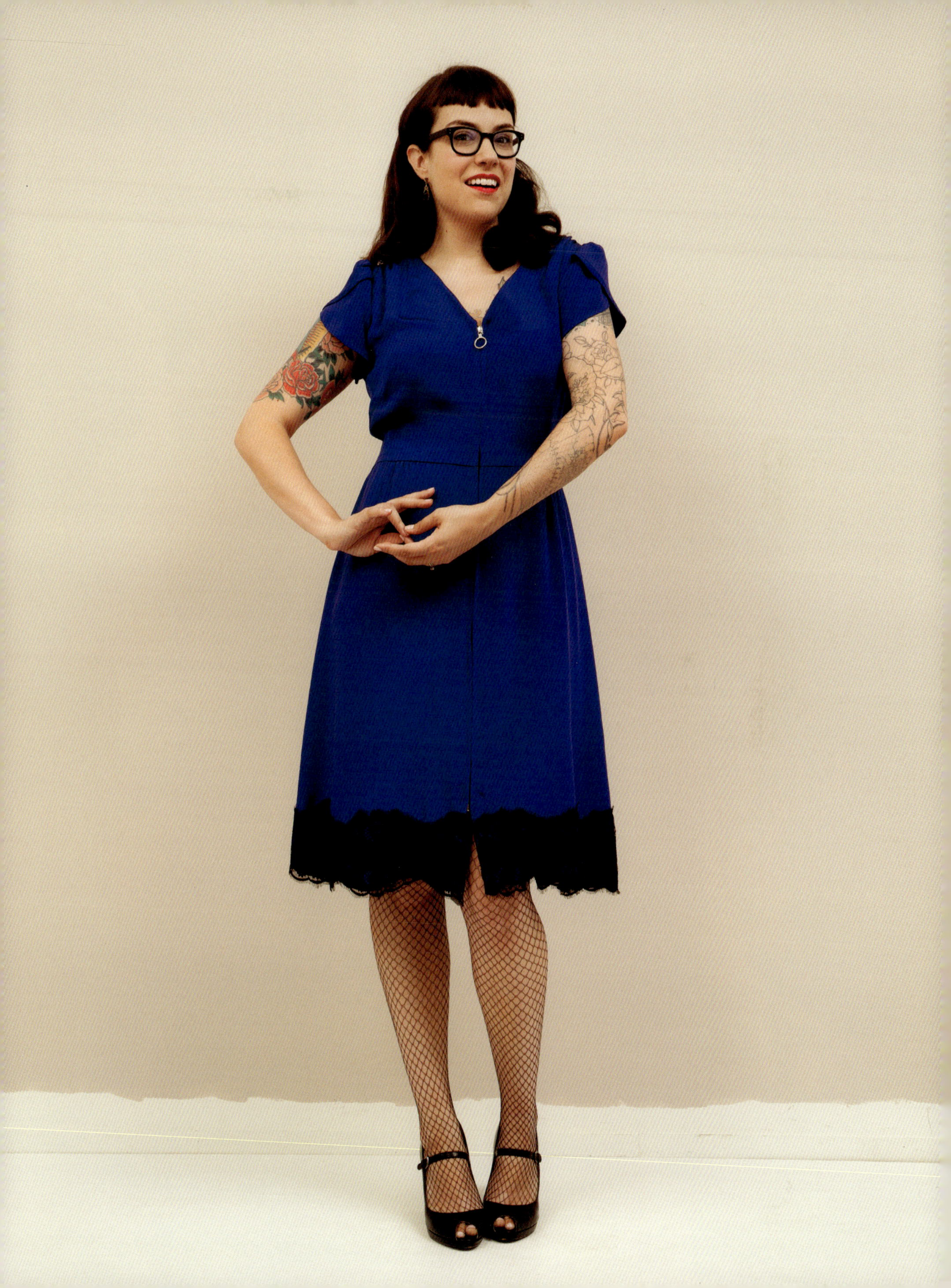

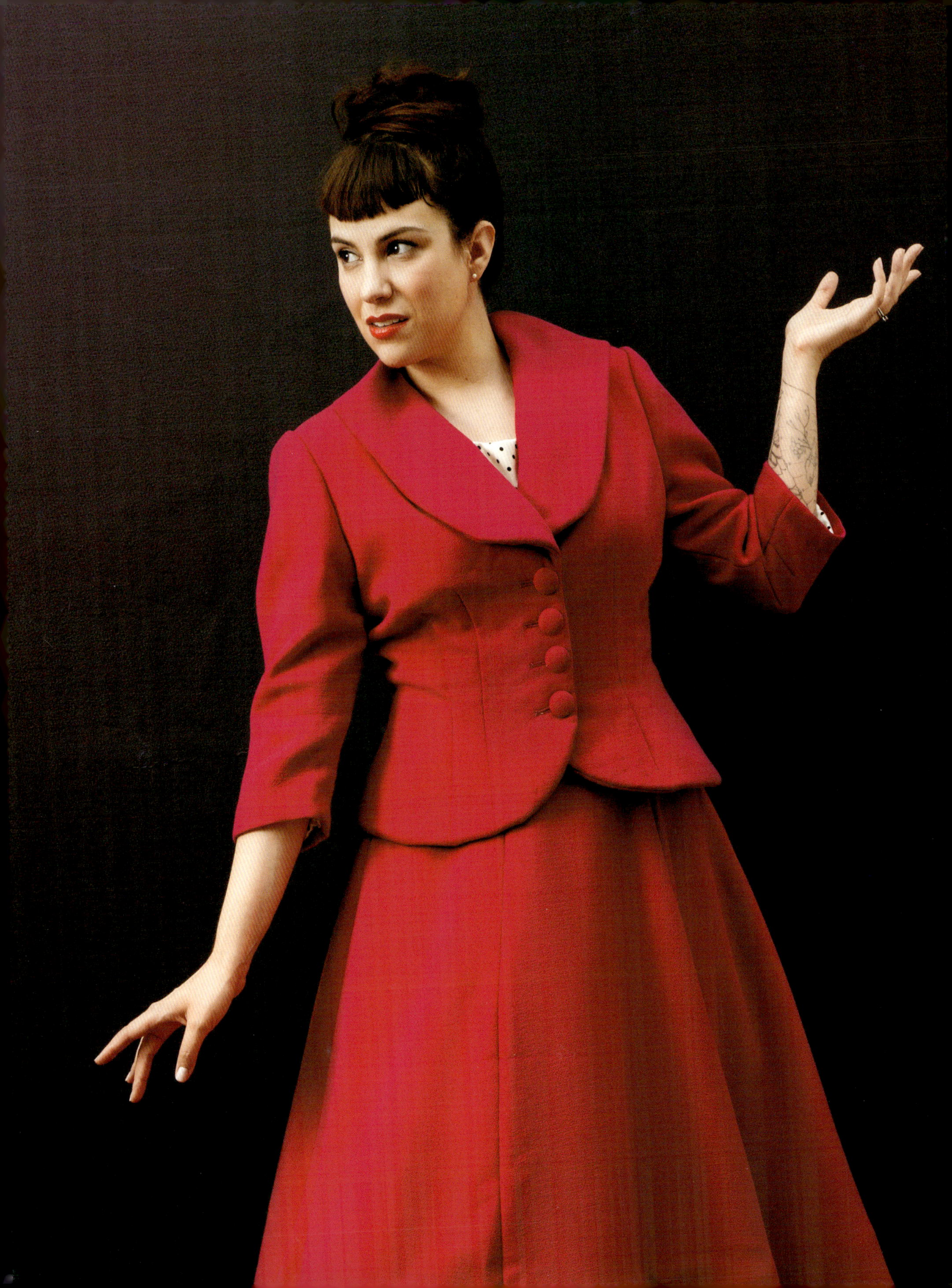

Kostümjacke

Meine Begeisterung für Vintage-Mode hat vor allem Diors New Look entfacht, dessen legendäre Designs ab 1947 das Licht der Welt erblickten. Links stelle ich mit der Kostümjacke die Fotografiepose eines Modells nach, das einen der ersten Entwürfe der Glockenblumen-Linie trägt. Die femininen Kleider sind für mich Inspiration pur. Wundervoll sieht das Jäckchen in Kombination mit einem weit ausgestellten Glockenrock aus.

SO GEHT'S

1. Vorderteil, Rückteil und Ärmel der Jacke jeweils aus Jackenstoff und Verstärkungsstoff zuschneiden und die Teile unterlegen (Abb. A). Aus Rosshaareinlage nur das Revers (unter dem Reversbruch) zuschneiden und im Zickzackstich auf die entsprechende Verstärkungsstoffseite nähen (siehe Seite 79).

2. Die Brustabnäher von oben nach unten von Spitze zu Spitze durchsteppen und Richtung vordere Mitte bügeln (Abb. B). (Die Abnäherstellen am Verstärkungsstoff kann man herausschneiden, wenn die Lagen zu dick werden.)

3. Paspelknopflöcher arbeiten (Abb. C, siehe Seite 60). Wer die Knopflöcher mit der Maschine näht, hebt sich diesen Schritt für den Schluss auf.

4. Den Reversbruch verstärken (Abb. D, siehe Seite 80).

5. Das Revers pikieren und gleichzeitig mit der Hand in Form bringen (siehe Seite 80).

6. Die vorderen Schößchenteile wattieren (siehe Seite 195).

7. Die Jackenrückteile an der hinteren Mittelnaht schließen.

8. Die rückwärtigen Abnäher steppen und Richtung hintere Mitte bügeln (Abb. E).

9. Jackenvorder- und Rückteile an den Schulter- und Seitennähten zusammennähen.

10. Die Ärmelabnäher steppen (Abb. F) und die Ärmelnähte schließen (Abb. G).

11. Die Ärmel in die Jacke einsetzen (Abb. H, mit der auf Seite 82 beschriebenen Methode inklusive Rosshaareinlage).

TECHNIKEN

- Maßschneidern einer Jackettvorderfront (siehe Seite 79)
- Revers pikieren (siehe Seite 80)
- Reversbruch verstärken (siehe Seite 79)
- Schößchen wattieren (siehe Seite 195, optional)
- Jackett füttern (siehe Seite 82)
- Einsetzen eines maßgeschneiderten Ärmels (siehe Seite 82)
- Verstärkungsstoff (siehe Seite 74)

DAS WIRD GEBRAUCHT

- Schnittmuster „Kostümjacke" (auf Schnittbogen 6 und 7, siehe Zuschneideplan Seite 201)
- Jackenstoff: 2,70 m (115 cm breit) oder 2 m (150 cm breit)
- Futterstoff: 1,10 m
- Verstärkungsstoff: 1,80 m (Für die Jackenteile habe ich Nessel benutzt; außerdem für die Ärmel Seidenorganza)
- Bügeleinlage: 90 cm (150 cm breit)
- Rosshaareinlage: 30 cm
- Schulterpolster
- 4 Knöpfe

STOFFEMPFEHLUNG

Die Kostümjacke wurde aus einem schweren Wollkrepp geschneidert, wie schon das Bleistiftkleid von Seite 175. Dieser vielseitige Stoff hat mehr Struktur und wirkt fester, wenn er zum Maßschneidern verarbeitet wird. Das Jackenfutter, genäht aus starker Seiden-Charmeuse, ist eine extravagante Wahl.

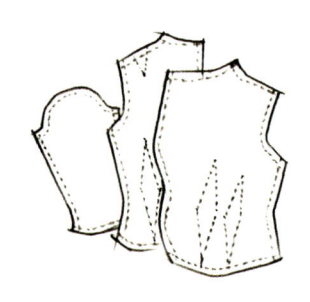

A. Die Teile mit Verstärkungsstoff unterlegen.

B. Die Abnäher steppen.

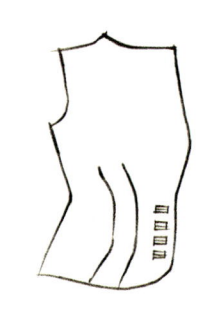

C. Die Paspelknopflöcher arbeiten.

D. Den Reversbruch verstärken.

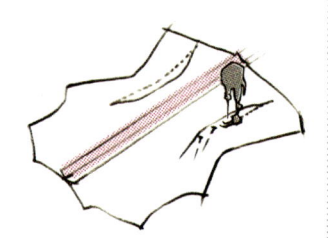

E. Die Abnäher auf dem Rückteil steppen..

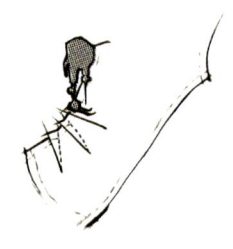

F. Die Ärmelabnäher steppen.

G. Die Ärmelnähte schließen.

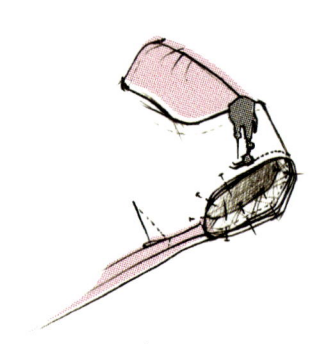

H. Die Ärmel einsetzen.

I. Die Belege mit Bügeleinlage verstärken.

J. Die Belege zusammensteppen.

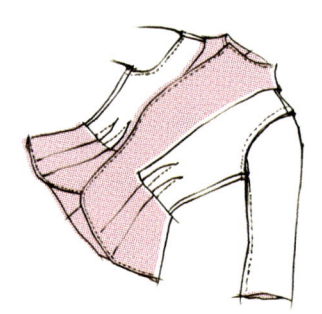

K. Die Belege an die Jacke steppen und niedersteppen.

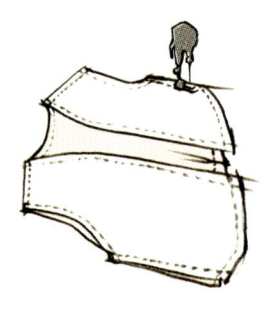

L. Futterfalte in das Futterrückteil arbeiten und die Lagen zusammensteppen.

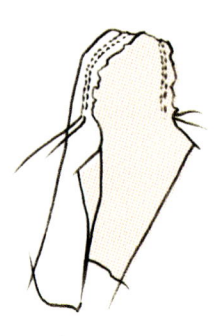

M. Das Ärmelfutter einsetzen.

N. Das Futter von Hand festnähen.

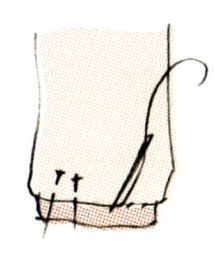

O. Die Ärmelfuttersäume versäubern und fixieren.

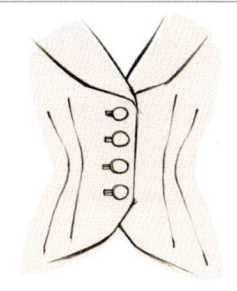

P. Auf der linken Jackenhälfte die Knöpfe annähen.

SCHÖSSCHEN WATTIEREN

1. Eine Lage Volumenvlies in der Form des Schößchens zuschneiden (Ohne Nahtzugabe!). Das untere Seite des Belegteils als Vorlage nutzen (Abb. A). Die Abnäher ausschneiden und die Abnäherbeinchen mit Zickzackstich zusammensteppen (Abb. B).

2. Schritt 1 mit einem Stück Rosshaareinlage wiederholen und über die Volumenvlieslage legen. Die obere Lage rundherum etwas schmaler zuschneiden, so drückt später zur Jackenaußenseite nichts durch.

3. Die beiden Lagen mit senkrechten Stichreihen pikieren, am unteren Rand aber etwa 2,5 cm frei lassen (Abb. C).

4. Für den unteren Rand die Stichrichtung wechseln und kürzere Stiche arbeiten, so rundet sich das Schößchen Richtung Körper (Abb. D). Beim Pikieren die Lagen auch mit der Hand modellieren und formen. Beide Lagen können durchstochen werden, da sie von außen nicht zu sehen sind.

5. Das Polster an den Jackenverstärkungsstoff stecken und mit Hexenstichen fixieren (Abb. E).

6. Den gesamten Bereich über einem Bügelei zusammendämpfen und trocknen lassen (Abb. F).

A. Das Schößchen aus Volumenvlies zuschneiden.

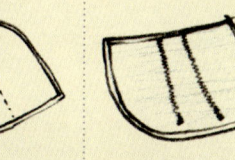

B. Die Abnäher herausschneiden und die Beinchen zusammensteppen.

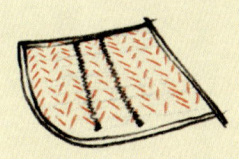

C. Pikieren, bis auf 2,5 cm am unteren Rand.

D. Die Stichrichtung am unteren Rand ändern.

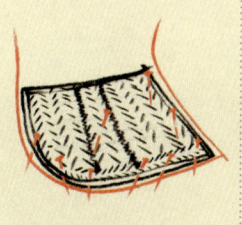

E. Das Polster auf die Jacke stecken.

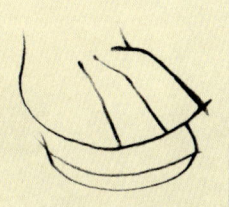

F. Das Schößchen über dem Bügelei dämpfen.

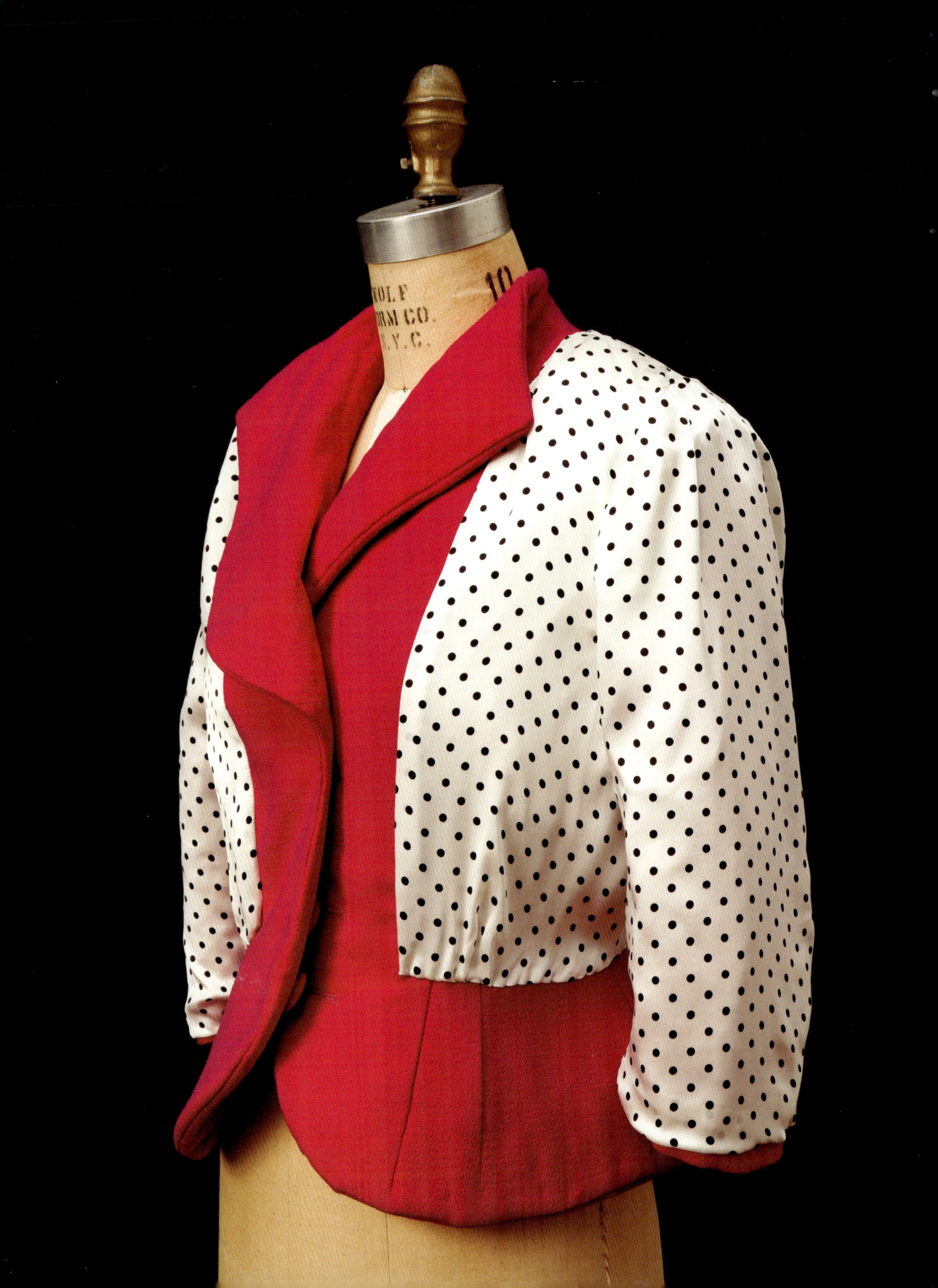
10
WOLF
ORM CO.
Y.C.

12. Die Ärmel säumen: Ärmelsaumzugabe einmal umschlagen und im Inneren mit Hexenstichen am Verstärkungsstoff festnähen.

13. Die vorderen Belegteile, Schößchenbelege und rückwärtigen Halsbelege mit Bügeleinlage verstärken (Abb. I).

14. Die rückwärtigen Halsbelege an der hinteren Mittelnaht zusammensteppen.

15. Die Abnäher in die vorderen Belege steppen und in Richtung vordere Mitte bügeln.

16. Die rückwärtigen Schößchenbelege an der hinteren Mittelnaht schließen, die Abnäher steppen und gen hintere Mitte bügeln.

17. Die vorderen Belegteile und die Schößchenbelege an den Seitennähten zusammensteppen und den rückwärtigen Halsbeleg und die vorderen Belegteile an den Schultern (Abb. J).

18. Die Belege rechts auf rechts auf die Kanten der Jacke stecken und an den Außenkanten rundherum absteppen. Die Nahtzugaben einkürzen und unterschiedlich breit zurückschneiden, dann die Belege nach innen einschlagen. Bügeln und niedersteppen (Abb. K). Öffnungen für die Knöpfe in die Belege arbeiten (optional, mit der Organza-„Fenster"-Methode siehe Seite 62).

19. Die rückwärtigen Futterteile zusammennähen, die Naht flach bügeln und eine Futterfalte entlang der Nahtlinie legen. Die Falte bügeln und in der Nahtzugabe heften. Futterrückteile und Vorderteile an den Schulter- und Seitennähten schließen (Abb. L).

20. Die Futterärmel nähen: Zwei Reihen Kräuselstiche in der Nahtzugabe der Armkugel nähen, die Unterfäden straff ziehen. (So bekommt die Armkugel Bewegungsfreiheit.) Die Futterärmel in das Jackenfutter einsetzen (Abb. M).

21. Die Nahtzugabe des Futters umschlagen und von Hand mit Staffierstichen (siehe Seite 51) in die Jacke einnähen (Abb. N). Bei den Futterärmeln die Saumzugaben einschlagen und innen an den Jackenärmeln feststecken (Abb. O); am besten 6 mm von der Ärmelkante entfernt. Den Saum zwischen Saumbruchkante des Futters und dem Ärmel mit Saumstichen fixieren, sodass eine leichte Falte an der Ärmelkante entsteht.

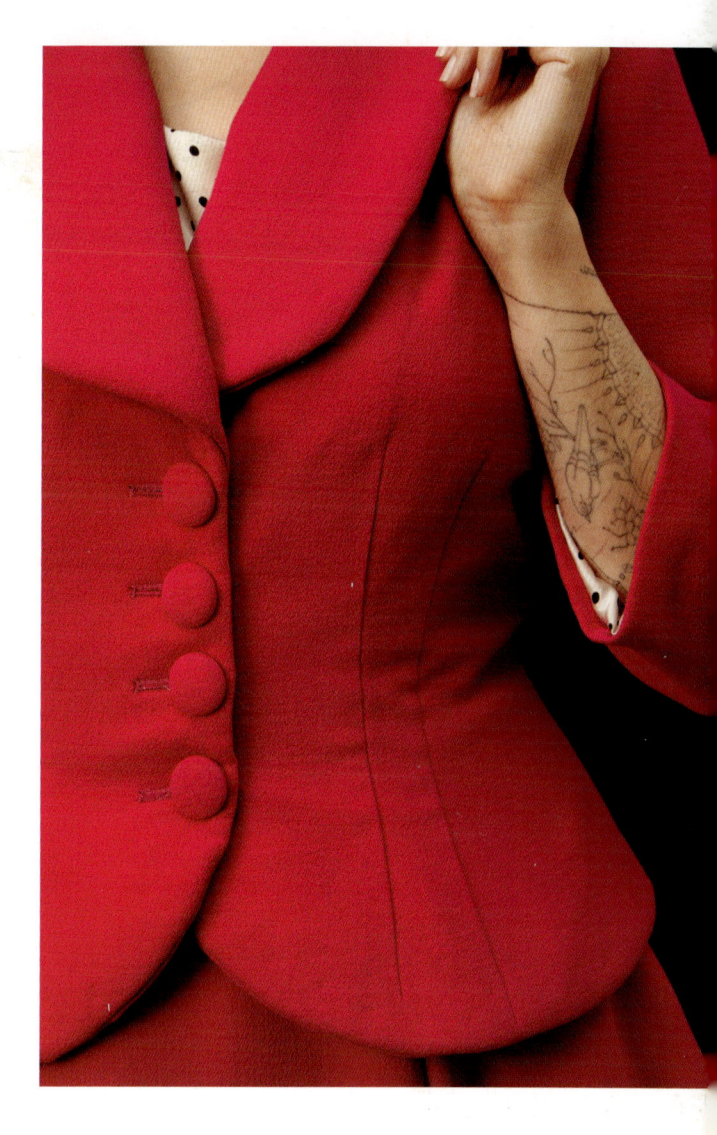

22. Auf der rechten vorderen Jackenhälfte Knopflöcher mit der Nähmaschine arbeiten, wenn nötig.

23. Links die Knöpfe aufnähen (Abb. P).

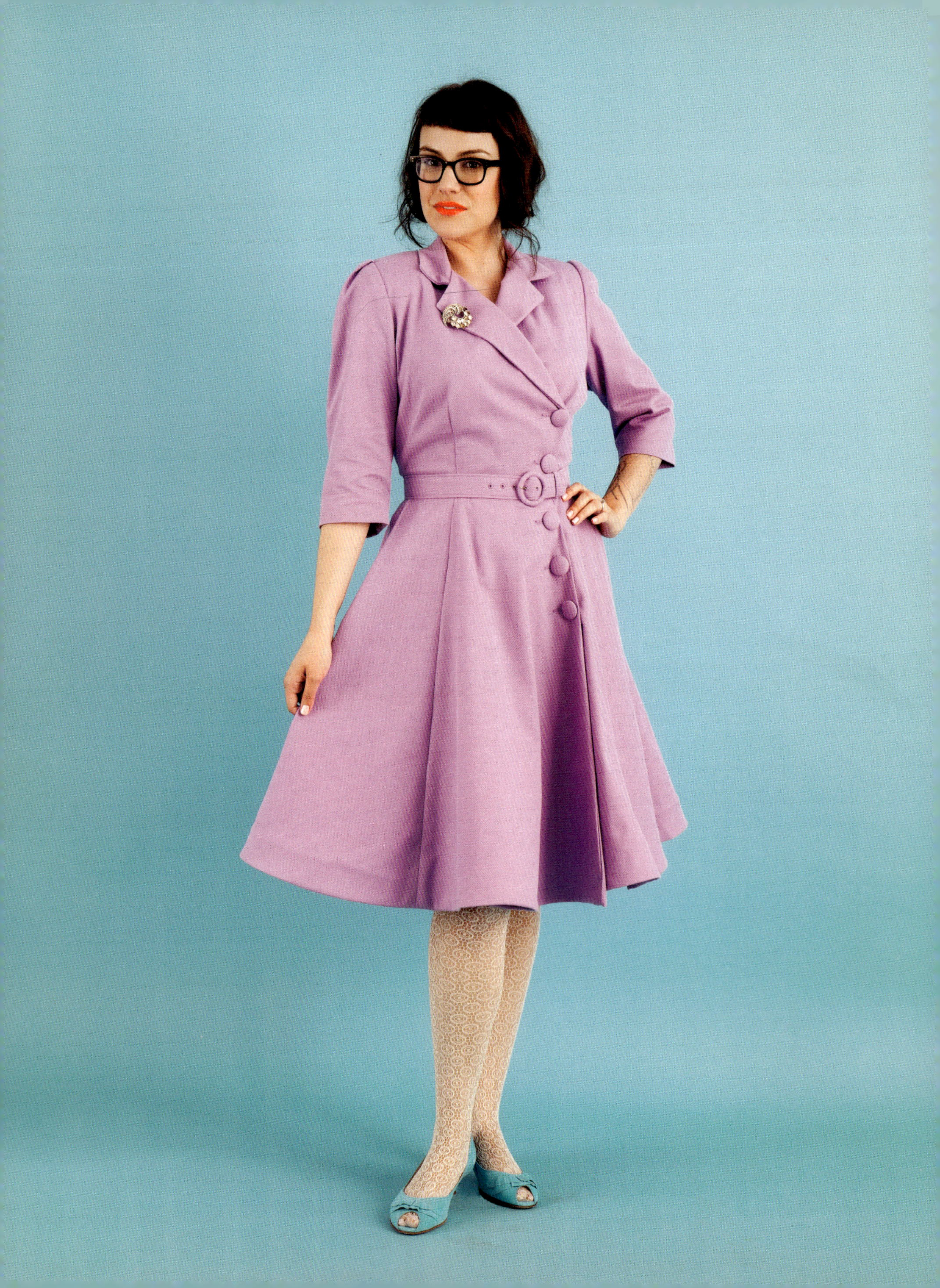

Retro-Mantelkleid

Ich hege eine etwas exzentrische Leidenschaft für Mäntel. Sie wecken den Schneiderei-Freak in mir und ich habe gern mehr Designs zur Auswahl, als das, was man in Geschäften kaufen kann. Mein Entwurf lässt sich entweder als normaler Mantel tragen oder auch, aus einem leichten Stoff gemacht, als Mantelkleid. Das Outfit links ist nicht gefüttert – eine wunderbare Gelegenheit, um das Innere mit Hong-Kong-Nähten zu versäubern.

SO GEHT'S

1. Die Vorderteile des Oberteils mit Verstärkungsstoff unterlegen (Abb. A). Nessel ist dafür eine gute Wahl.

2. Die vorderen Abnäher des Oberteils steppen (Abb. B) und gen vordere Mitte bügeln.

3. In die rechte Vorderseite von Oberteil und Rockteil Paspelknopflöcher arbeiten (Abb. C, siehe Seite 60). Werden die Knopflöcher mit der Nähmaschine gemacht, geschieht das erst am Ende. Die Rosshaareinlage mit Hexenstichen am Reversbereich aufnähen.

4. Den Reversbruch verstärken (Abb. D, siehe Seite 79).

5. Das Revers pikieren und währenddessen mit der Hand formen. Danach über einem zusammengefalteten Handtuch dämpfen (siehe Seite 80).

6. Die Abnäher im Rückteil des Oberteils steppen (Abb. E) und gen hintere Mitte bügeln.

7. Vorder- und Rückseite des Oberteils an Schulter- und Seitennähten schließen (Abb. F).

8. Auf der rechten Stoffseite am Ellbogen Falten in die Ärmel nähen; dazu gemäß Schnittmuster die Faltenlinien zusammenbringen und mit Heftstichen fixieren. Die Ärmelnähte schließen (Abb. G).

9. Falten in die Armkugel legen. Die Ärmel in das Oberteil einsetzen und, wenn für die Bewegungsfreiheit nötig, an der Armkugel ausgleichend korrigieren (Abb. H).

10. Die Ärmelsaumzugaben einschlagen und mit Saumstichen fixieren.

11. Rockvorder- und Seitenteile zusammennähen (Abb. I). Ebenso die Rockrückteile.

12. Oberteil und Rockteil stecken und, an Seitennähten und Abnähern ausgerichtet, zusammennähen (Abb. J).

TECHNIKEN

- Paspelknopflöcher arbeiten (optional, siehe Seite 60)
- Mantelfront maßschneidern (siehe Seite 79)
- Revers und Kragen pikieren (siehe Seite 80-81)
- Verstärkungsstoff (siehe Seite 74)
- Einsetzen eines maßgeschneiderten Ärmels (siehe Seite 82)

DAS WIRD GEBRAUCHT

- Schnittmuster „Retro-Mantelkleid" (auf Schnittbogen 9 und 10, siehe Zuschneideplan Seite 201)
- Mantelkleid-Stoff: 4,10 m (115 cm breit) oder 4,10 m (150 cm breit)
- Verstärkungsstoff (Nessel): 90 cm
- Rosshaareinlage für das Revers: 30 cm
- 5 Knöpfe
- breite Crinolborte (optional)
- Schulterpolster
- Bügeleinlage für die Belege: 1,40 m
- mit Stoff überzogener Gürtel (optional)
- großer Druckknopf

STOFFEMPFEHLUNG

Meine Version ist aus einem lavendelfarbenen, frischen Baumwoll-Piqué mit Stretchanteil geschneidert, damit es bequem sitzt. Ein etwas steiferer Baumwollstoff eignet sich ebenfalls perfekt für dieses Kleid und auch in einem leichten Wollstoff sieht es großartig aus.

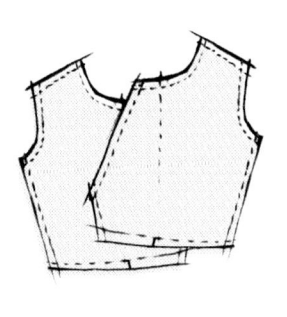

A. Vordere Oberteile mit Verstärkungsstoff unterlegen.

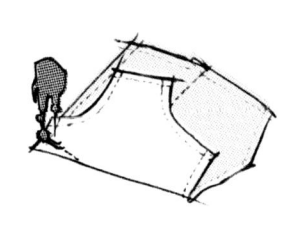

B. Die Abnäher steppen.

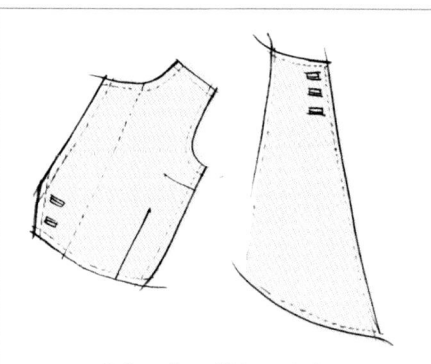

C. Paspelknopflöcher arbeiten.

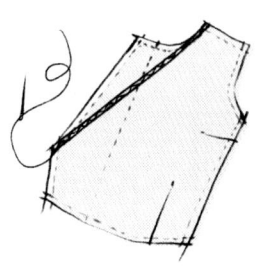

D. Reversbruch verstärken.

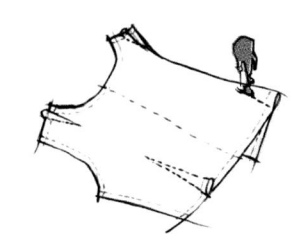

E. Die Abnäher des Rückteils steppen.

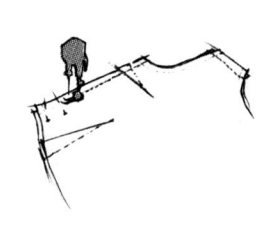

F. Die Seitennähte schließen.

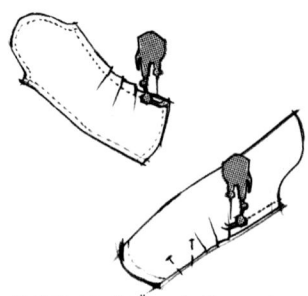

G. Falten in die Ärmel nähen und nach unten bügeln.

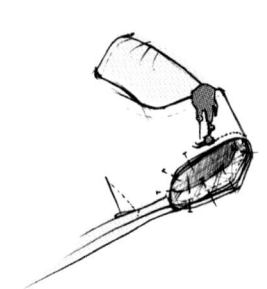

H. Die Ärmel einsetzen.

I. Die Rockteile zusammennähen.

J. Rock und Oberteil zusammennähen.

K. Die hintere Mittelnaht des Unterkragens steppen und auseinander bügeln.

L. Den Kragen an den Halsausschnitt heften.

13. Die Rosshaareinlage auf die Unterkragenteile nähen und die Schnittmarkierungen darauf übertragen. Die Teile an der hinteren Mittelnaht zusammensteppen (Abb. K). Den Unterkragen pikieren und über einem Bügelei dämpfen (siehe Seite 80).

14. Den Oberkragen mit Bügeleinlage verstärken. Oberkragen und Unterkragen aufeinander stecken und zusammensteppen. Die Nahtzugaben einkürzen, unterschiedlich breit zurückschneiden und einkerben. Den Kragen auf rechts wenden und bügeln. Anschließend an den Halsausschnitt des Oberteils heften (Abb. L).

15. Die vorderen Oberteilbelege und die Rockbelege mit Bügeleinlage verstärken. Die Belege an der Taillenbundnaht zusammensteppen (Abb. M).

16. Die Belegteile rechts auf rechts auf die Kanten des Mantelkleids stecken (Abb. N) und entlang der Außenkanten ansteppen. Die Nahtzugaben einkürzen, unterschiedlich breit zurückschneiden und die Belege nach innen umschlagen. Bügeln und niedersteppen. Belegöffnungen für die Paspelknopflöcher arbeiten, wenn nötig (Abb. O).

17. Das Mantelkleid mit Crinolborte säumen (Abb. P, siehe Seite 66).

18. Auf der rechten Seite des Mantelkleides die Knopflöcher mit der Nähmaschine nähen, wenn nötig.

19. Links die Knöpfe befestigen. Nach Belieben einen großen Druckkopf am Taillenbund anbringen, damit die Mantelteile vorn nicht abstehen (oder stattdessen das Kleid mit einem Gürtel tragen).

20. Einen passenden Gürtel herstellen (siehe Kasten Seite 148).

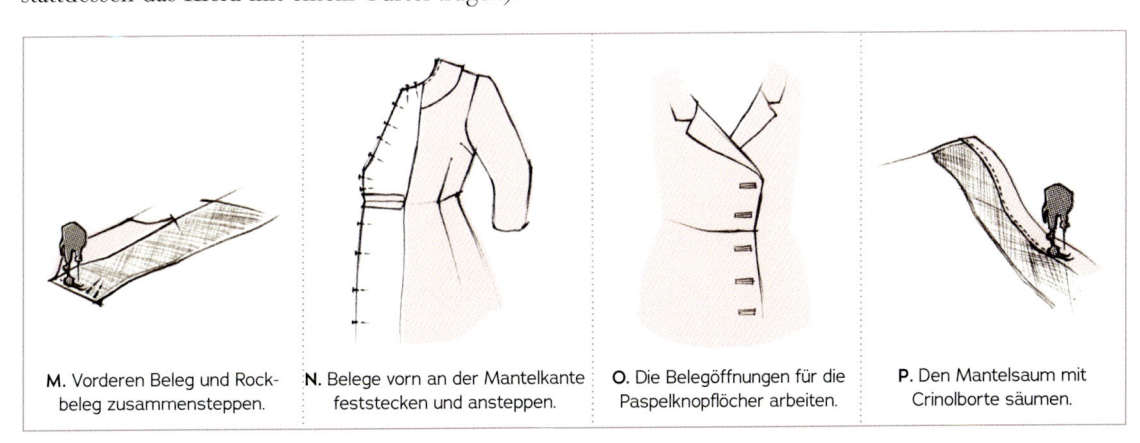

Auf der Innenseite des Mantelkleids werden Hong-Kong-Nähte und Rosshaareinlage sichtbar.

M. Vorderen Beleg und Rockbeleg zusammensteppen.

N. Belege vorn an der Mantelkante feststecken und ansteppen.

O. Die Belegöffnungen für die Paspelknopflöcher arbeiten.

P. Den Mantelsaum mit Crinolborte säumen.

Schnittmusterpläne

BLEISTIFTROCK (SEITE 127)

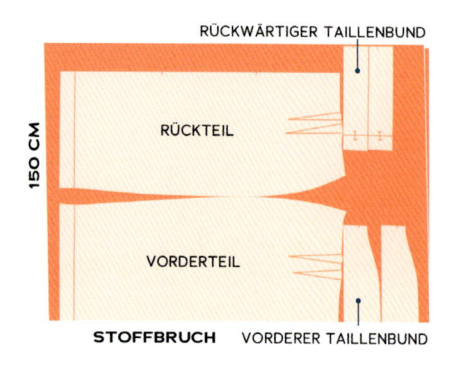

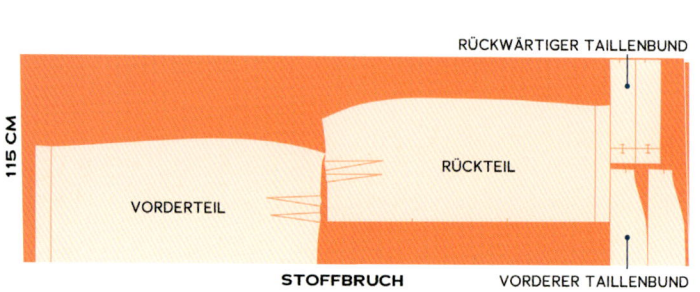

SHIRTBLUSE (SEITE 137)

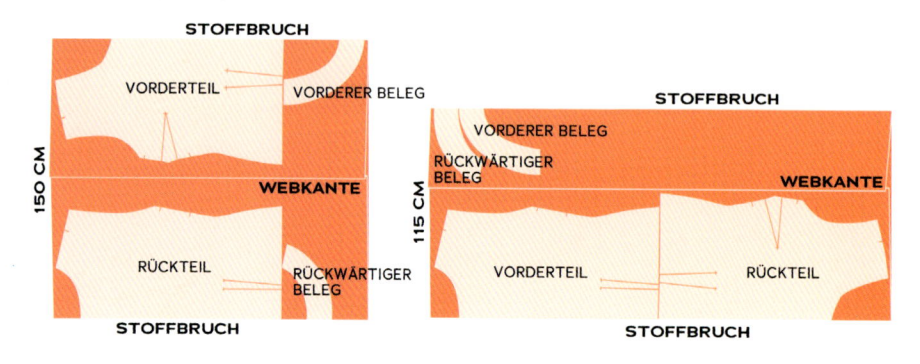

TEMPERAMENTVOLLES ETUIKLEID (SEITE 143)

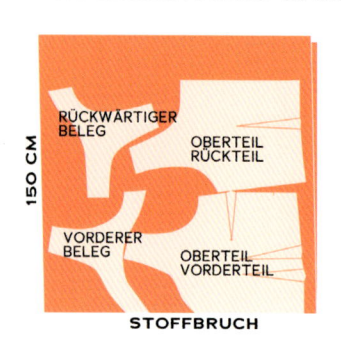

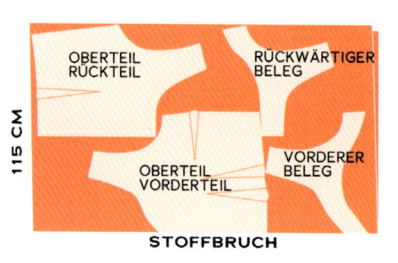

GLOCKENROCK MIT MUSCHELSAUM-TAILLE (SEITE 151)

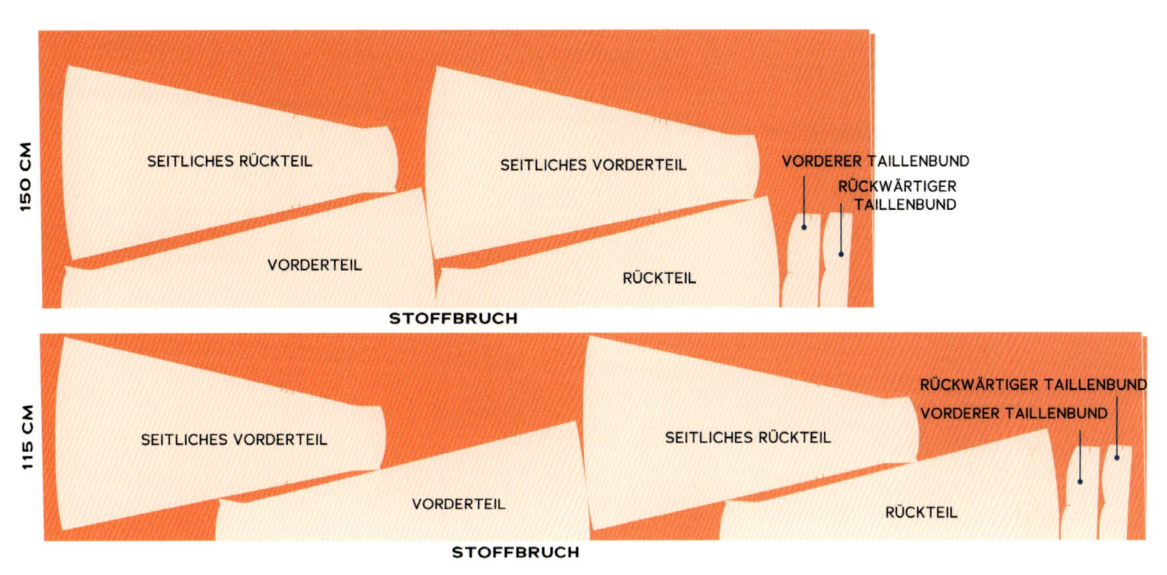

150 CM
- SEITLICHES RÜCKTEIL
- VORDERTEIL
- SEITLICHES VORDERTEIL
- RÜCKTEIL
- VORDERER TAILLENBUND
- RÜCKWÄRTIGER TAILLENBUND
- STOFFBRUCH

115 CM
- SEITLICHES VORDERTEIL
- VORDERTEIL
- SEITLICHES RÜCKTEIL
- RÜCKTEIL
- RÜCKWÄRTIGER TAILLENBUND
- VORDERER TAILLENBUND
- STOFFBRUCH

SCHLUPPENBLUSE (SEITE 157)

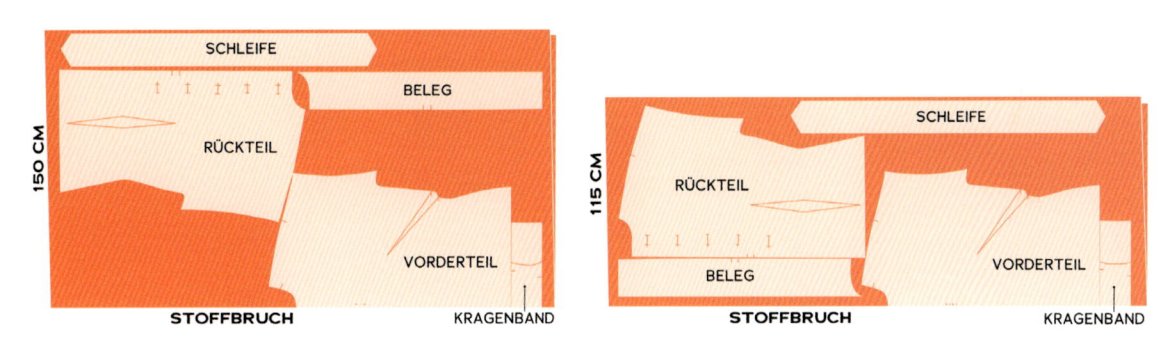

150 CM
- SCHLEIFE
- BELEG
- RÜCKTEIL
- VORDERTEIL
- STOFFBRUCH
- KRAGENBAND

115 CM
- SCHLEIFE
- RÜCKTEIL
- BELEG
- VORDERTEIL
- STOFFBRUCH
- KRAGENBAND

SWEETHEART SOMMERKLEID (SEITE 165)

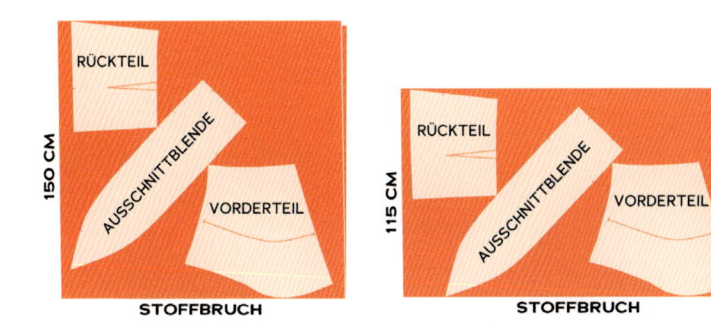

150 CM
- RÜCKTEIL
- AUSSCHNITTBLENDE
- VORDERTEIL
- STOFFBRUCH

115 CM
- RÜCKTEIL
- AUSSCHNITTBLENDE
- VORDERTEIL
- STOFFBRUCH

SCHNITTMUSTERPLÄNE | 199

BLEISTIFTKLEID (SEITE 175)

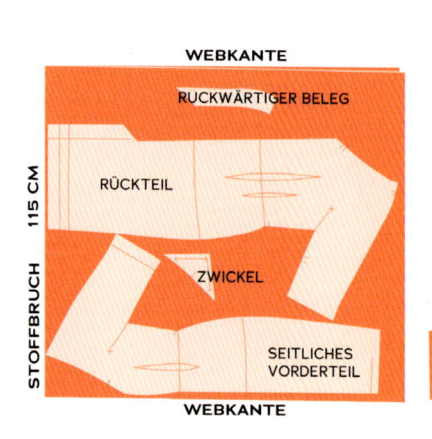

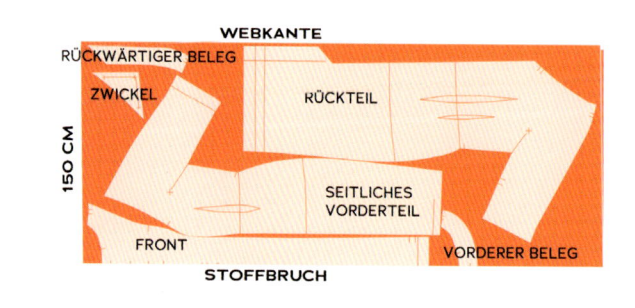

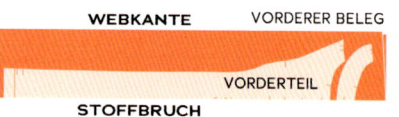

HEMDBLUSENKLEID (SEITE 183)

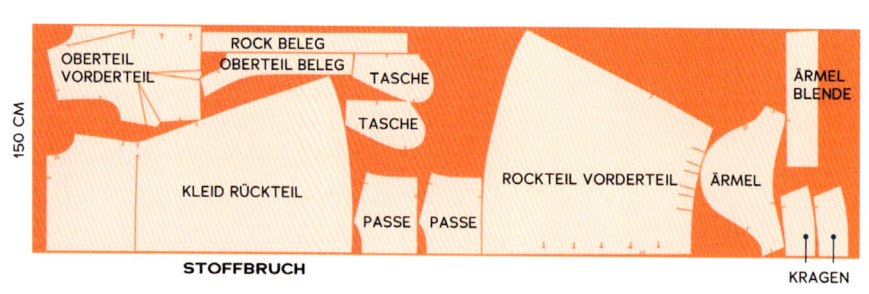

KOSTÜMJACKE (SEITE 189)

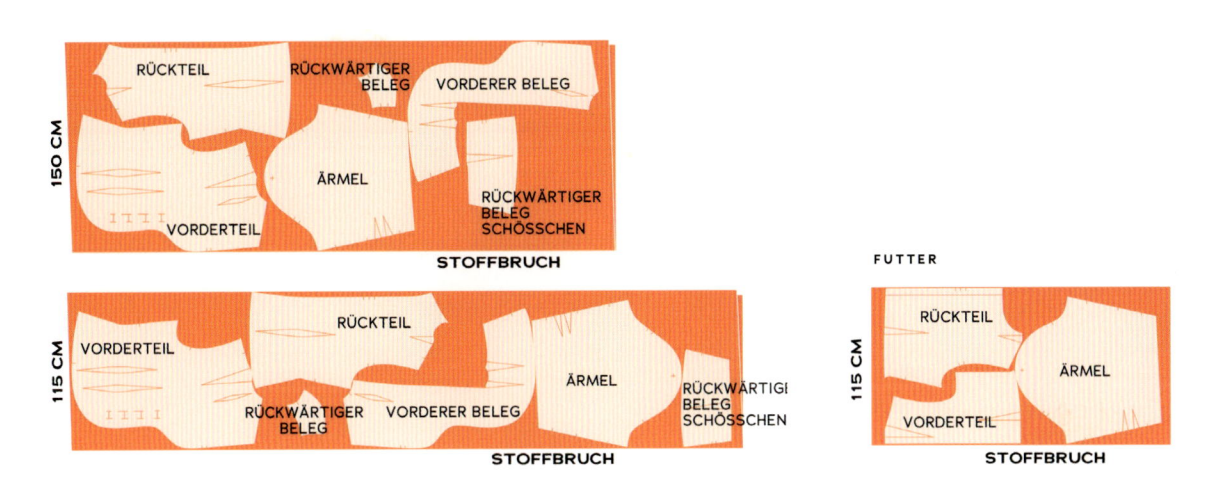

RETRO-MANTELKLEID (SEITE 195)

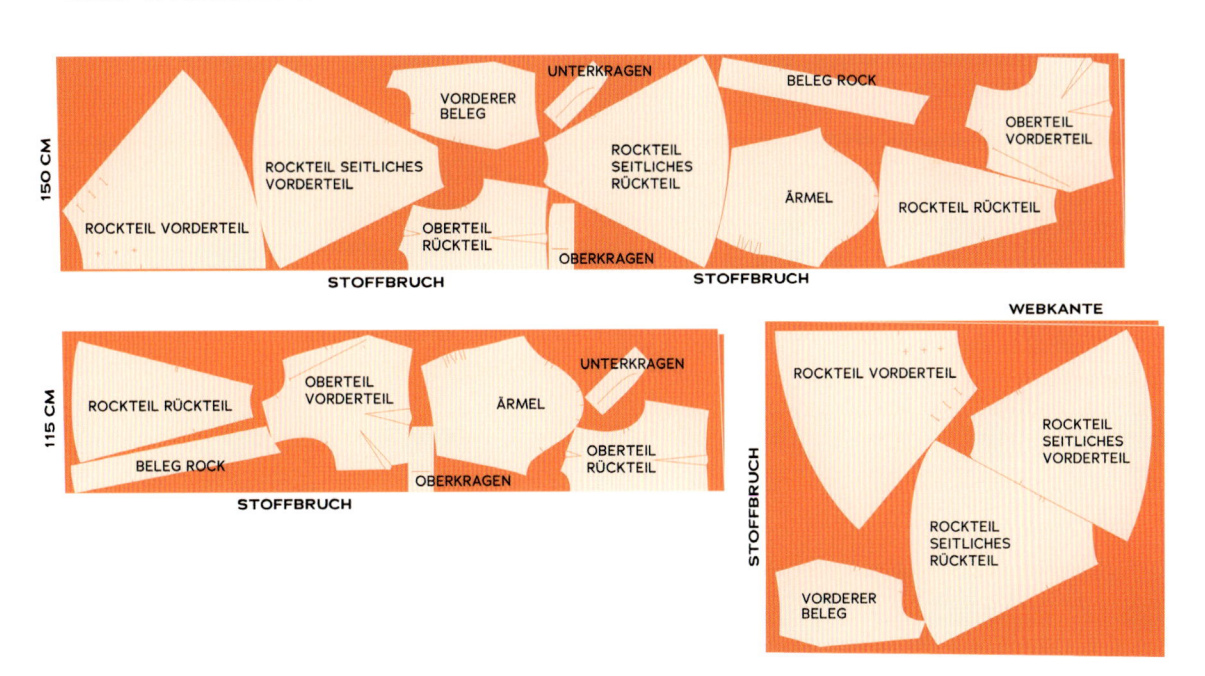

Bezugsquellen

STOFFE

Alle Projekte aus diesem Buch wurden mit Stoffen genäht, die die Firma B&J Fabrics zur Verfügung gestellt hat. Das Geschäft befindet sich in der 525 Seventh. Ave., New York, NY 10018; 2nd floor.

Wenn der Stoffladen um die Ecke nicht das Gesuchte im Angebot hat, kann man online zum Beispiel auch hier fündig werden:

STOFFE ONLINE KAUFEN

B&J Fabrics www.bandjfabrics.com
Stoffekontor Leipzig www.stoffekontor.de
Frau Tulpe www.frautulpe.de

KURZWAREN UND ZUBEHÖR

Susan Khalje www.susankhalje.com. Susan verkauft den allerbesten Seidenorganza, aber auch Stecknadeln, Nähnadeln und Scheren.

Stoffmeile www.stoffmeile.de
Guten und günstigen Nesselstoff gibt es hier.

Buttinette www.buttinette.de
Auf dieser Seite findet man alles, was man zum Nähen braucht, auch Stoffe.

Pat's Custom Buttons and Belts. Pat stellt qualitativ hochwertige stoffüberzogene Gürtel und Knöpfe her. Bestellung ist nur per Mail möglich. Unter 001-(209) 369-5410 kann man ihren Katalog bestellen.

A Fashionable Stitch. www.afashionablestitch.com
Sunni verkauft Kurzwaren, an die man heutzutage nur schwer herankommt, zum Beispiel breite Crinolborte, Bügelambosse und Bastelsets zum Stoffüberziehen von Gürteln.

RETRO LINGERIE

Unbedingt nach Rago-Produkten Ausschau halten. Die Longline BHs, Strumpfbandgürtel und Taillenmieder dieses Herstellers gibt es beispielsweise hier: www.alina-shapewear.de

VINTAGE-SCHNITTMUSTER

Etsy www.etsy.com
Ebay www.ebay.com
Schnittmuster Online www.schnittmuster-online.com/modepatronen/vintage-retro-patronen.html

WEBSEITEN

Vintage Pattern Wiki
vintagepatterns.wikia.com/wiki/Main_Seite
Victoria and Albert Museum archives
Viele Fotografien von Vintage-Couture-Mode.

Danksagung

Ich möchte allen danken, die dieses Projekt unterstützt haben und beginne bei den großartigen Frauen, die das Buch mit mir zusammen entwickelten. Zuallererst gebührt mein Dank meiner Agentin Caroline Greeven, die das alles initiierte. Dann meiner Lektorin Melanie Falick (deren Arbeit ich schon lange aus der Ferne bewundert habe), die mir dabei half groß zu denken, meine Freundin wurde, die mich bekochte und mir ihre handgestrickten Socken auslieh, als ich bei ihr zu Hause arbeitete. Sun Young Park ist die geniale Illustratorin dieses Buchs; ihre Arbeit ist unglaublich inspirierend und sie ließ sich von einer katzenverrückten Gertie sogar überreden, deren über alles geliebten Kater Henry in ihre Zeichenentwürfe zu integrieren (siehe unten). Die Grafikdesignerin Susi Oberhelman verhalf dem Buch zu seinem jetzigen wunderschönen Aussehen und hat die Geduld eines Engels. Danke auch an meine technischen Hersteller Amber Eden und Chris Timmons. Und Danke an Liana Allday, Ivy McFadden und das ganze Verlagsteam von Stewart, Tabori and Chang Craft.

Bedanken möchte ich mich auch bei meinem Fotoshooting-Team, der Stylistin Karen Schaupeter und der Fotografin Jody Rogac, die im wahrsten Sinne des Wortes allen Stürmen und Erdbeben trotzte, um diese Fotos machen zu können.

Sehr zu Dank verpflichtet bin ich B&J Fabrics (www.bandjfabrics.com), die alle Stoffe in diesem Buch zur Verfügung gestellt haben, speziell Yshai, die die Erlaubnis gab, und Brenda Phelbs, die mir jeden einzelnen Meter abschnitt und dabei zu einer guten Freundin wurde.

Ich hätte dieses Buch niemals ohne die Unterstützung von Lesern und Freunden machen können, die die Schnittmuster testeten und mir beim Feinschliff halfen. Emily Buckingham nähte mit mir viele der Projekte aus dem Buch. Und Fleure Hoare verbrachte unzählige Stunden damit, mich davon abzuhalten, den Verstand zu verlieren. Ein besonderes Dankeschön an Ashlee Rudert fürs Nähen und die moralische Unterstützung.

Vielen Dank an alle, die netterweise ihr Schneiderei-Wissen mit mir teilten: Ann Steeves, Susan Khalje, Kenneth D. King, Sharon Butler, James Livingston und meine bewundernswert gut informierten Blogleserinnen und Kommentatoren. Und danke an The Sewing Studio, BurdaStyle, Butterick, Coats & Clark, It's Sew Easy und Craftsy für ihre Unterstützung.

Ich bedanke mich auch bei meinen Eltern David und Patsy Sauer und bei meinem Bruder Bryan Sauer dafür, dass sie es schon so lange mit einem exzentrischen Wesen wie mir aushalten. Ein besonderer Dank an Mom für die handgenähten Halloween-Kostüme.

Dankeschön an Pip und Henry (ja, an dieser Stelle wird es Zeit meinen Katzen zu danken). An Pip, weil er dafür sorgt, dass ich auf dem Teppich bleibe. An Henry, weil er mein Augapfel ist, und für die unzähligen Knuddelstunden.

Zum Schluss Danke an Jeff, der wichtigsten Person in meinem Leben.

Register

Die kursiven Seitenzahlen verweisen auf Illustrationen.

A

Abnäher, 18, 19, 30, 95-96, 129
    Französischer Abnäher, 95-96
Absteckfalten, 113-16, 121
Achselpads, 40
Achselzwickel, 11, 85
    Bleistiftkleid. 174, 175-77
A-Linie, Rock mit Biesen, 134, 135
Adams, Mary, 46
Armausschnitte, 91, 115-16
    Ärmel einsetzen 82-83, 193
Ärmel, 12, 13
    Sitz der Armkugel, 115
    Kimono-Ärmel, siehe dort
    Tulpenärmel, 186
Ärmelbrett, 30, 83
ausgestellte Röcke:
    Rock in A-Linie mit Biesen, 134, 135
    Rock mit gerader Taille, 154, 155
    Rock mit Muschelsaum-Taille, 150, 151-53, 161, 199
auszacken, 54

B

Background Dress, 31-32
Balenciaga, Cristóbal, 70, 82
Baumwollstoffe, 36, 38, 183, 195
    Baumwollvoile, 36, 139, 165
Belege, 51, 52, 91, 106-7
    an maßgeschneidertem Jackett, 82
    aus einem Stück 91, 143-45
    niedersteppen, 52, 106
    Schrägstreifen für, 46, 72, 106, 140
    und Paspelknopflöcher, 60, 62-63
BH, longline, 120
Bienenwachs, 50, 78
Biesen, 134, 135
Bleistiftkleid, 174, 175-77, 200
    Variationen, 178-81
Bleistiftröcke, 12, 127
    Bleistiftrock-Projekt und Variationen, 126-35
    siehe auch Bleistiftkleid, Etuikleid, Tiki-Kleid, Winterkleid
Blusen 12, 13, 157
    aus Chantilly-Spitze, 133, 140, 141
    mit Bubikragen, 150, 160, 161
    mit Tropfenausschnitt, 162, 163
    Shirtbluse, 136, 137-39, 198
    Schluppenbluse, 126, 156, 157-59, 199
Brokat, 37
    Brokatkleid, 178, 179
Brustanpassungen, 17, 95-96, 117-119
    viel Busen, 119
    wenig Busen, 118
Bubikragen, 12, 13, 104-7
Bügelamboss, 30
Bügelei, 30, 79, 81-82
Bügeleinlage, siehe Einlagen
Bügeleisen, 28
Bügelkissen, 30
Bügeltuch, 28, 50
Bundfalten
    Hemdblusenkleid mit, 182, 183-85
Butterick-Schnittmuster, 21
Buttonhole twist, 84

C

Chantilly-Spitze, 37
    Bluse aus Chantilly-Spitze, 133, 140, 141
    Saum aus Chantilly-Spitze, 186
Chapman, Ceil, 14, 97
Charmeuse, 34, 137, 139
Cocktailkleid, 180, 181
Couture-Techniken, 44
Crinolborte, 66
    Saumabschluss, 66-67, 98, 152, 153, 154, 197

D

Designer, 97
Desses, Jean, 97
Diagonalschnitt 45, 47, 50
Dior, Christian, 97, 189
Doubleface-Stoffe, 27, 35, 36, 38, 54, 127, 157
Durchschlagschlaufen, 7, 27, 44, 49

E

eBay 15
Einlagen, 41, 53, 71, 72-74, 139
    Einlage für Paspelknopflöcher, 59, 60-63
    Einlage zum Aufbügeln, 71, 73, 82
    Einlage zum Einnähen, 71-73, 79
    Rascheleinlage, 73
    Rosshaareinlage, siehe dort
    Trikoteinlage, 73
elastisches Garn, 99, 171
Etsy 15
Etuikleid, 13, 142, 143-45
Eucalan, 40

F

Fadenabschneider, 26, 27
Fadenknoten, 50
Fadenlauf, 45, 47-49, 72-73, 85, 118
Faltenleger, 28
Falzbein, 30
Feminismus, 16, 120
Fingerhut, 50
Französische Naht, 55, 140
Futterstoffe, 38, 41
Futter, 51, 82
    Etuikleid, 145
    Kostümjacke, 188, 189-93
    mit Krinoline-Effekt, 167, 180

G

Gardenia Sheath Dress, 97
Garn, 27-28, 49, 50, 84, 99
Garnspulen, 28
Gertie's New Blog for Better Sewing, 6
Glockenblumen-Linie, 97, 189
Glockenröcke, 12
    ausgestellter Rock mit gerader Taille, 154, 155
    Rock mit Muschelsaum-Taille, 150, 151-53, 199
Grundschnitt, 88
Gürtel
    Gürtel mit Stoff überziehen, 84, 85, 148-49

H

Half-Size Pattern, 84
Halsausschnitte:
    Abstehen verhindern, 113-14, 116, 119
    Beleg entwerfen, 91
    Belege mit Schrägstreifen einfassen, 46, 72, 106, 140, 160
    variieren, 90, 94
    verstärken, 77
Halsschleifen, 13, 126, 156
Handstiche, 50-53
Heftanprobe, 111, 112
Heftstiche 27, 52-53
Hemdblusenkleid, 182, 183-85, 200
Hexenstich, 51-52
    für Säume, 64, 65, 66, 67
    für Nahtzugaben, 74, 75
Hong-Kong-Naht, 54, 56, 197
Hosen, 12, 13

J

Jackett, 13, 56, 78
James, Charles, 70, 97
Jersey, 27, 35-36, 38, 137, 139
Johnson, Betsey, 97

K

Kimono-Ärmel, 12, 13, 84, 175
Kleider:
    40er-Jahre Kleid, 186, 187
    Bleistiftkleid, 174, 175-77, 200

Brokatkleid, 178, 179
Cocktailkleid, *180*, 181
Etuikleid, *142*, 143-45, 198
Hemdblusenkleid, *182*, 183-85, 200
Retro-Mantelkleid, *194*, 195-7, 201
Schulterfrei, 71, 75
Seersucker Sommerkleid, 147
Sweetheart Sommerkleid, 7, *164*, 165-67
Tiki-Kleid, 168-71, *169*
Winterkleid, 146
Knopflöcher, 59-63
Bleistiftrock, *126*, 127-31
Retro-Mantelkleid, *194*, 195-97
Schluppenbluse, *126, 156*, 157-59
Schnittmustermarkierungen, 19
Knöpfe, mit Stoff überziehen, 63
Köperband, 25, 77, 78, 79
Kopierpapier, 18, 27, 49
Kopierrädchen, 27, 89
Körperbewusstsein, 16
Kors, Michael, 97
Kostümjacke, *154*, 188, 189-93, 201
Kragen, 12, 13, 19, 46, 105
bügeln, 30
Bubikragen entwerfen, 104-07
maßschneidern, 53, 78, 79, 80-82
pikieren, 53, 78, 80-81, 197
Kräuseln
mit Schnur und Zickzackstich, 99-100
Kräuselröcke, 98-101
Cocktailkleid, 180, *181*
Seersucker Sommerkleid, 147
Sweetheart Sommerkleid, 7, *164*, 165-67
Kreidestift, 27
Krinoline, 21, 37, 154, 167
Krinolinenrüschen, 167, 180
Kurvenlineal, 18, 19, 89
Kurzwaren, 11, 202

L
Leinen, 37
Lepore, Nanette, 97
Liberty Stoffe, 36, 183
Lingerie, 120, 202
Longline BH, 120

M
Mad Men, 97
Mäntel, 13, 71
maßnehmen, 17, 110, 121
Größentabelle, 125
Zubehör, 25
maßschneidern, *siehe Nähtechniken professionell*
McCardell, Claire, 97
Mehrgrößenschnitt, 17, 20, 112
Monroe, Marilyn, 97

N
Nadelkissen, 26
Nähen mit Nähmaschine

Abnäher sichern, 129
Knopflöcher, 59
kräuseln, 99, 100
Nähmaschinenkunde, 27-28, 29, 50
Probestück, *siehe dort*
Reißverschluss einnähen, 57-58, 99#
smoken, *siehe dort*
Nähen von Hand, 26, 27, 50-53
pikieren, *siehe dort*
Reißverschlüsse, 52, 56-57, 139
Nähfüße, 27, 28, 59, 64, 134
Nähnadeln, 27, 50
Nähtechniken, Grundlagen 44-67
Handstiche, *siehe dort*
Nähte, *siehe dort*
Paspelknopflöcher, *siehe dort*
Reißverschlüsse, *siehe dort*
Säume, *siehe dort*
Nähtechniken, professionell, 33, 70, 78-83
Ärmel einsetzen, *siehe dort*
Kostümjacke, *siehe dort*
pikieren, *siehe dort*
Retro-Mantelkleid, *siehe dort*
Nähzubehör, 24-30, 202
Nahtabschlüsse, 7, 28, 46, 54-56, 64, 72
Nahtband, 77
Nahtreißverschluss
Nahtschatten, 62
Nahtzugaben
bügeln, 125
versäubern 125
Neck-type Zipper, 84-85
Nessel, 38, 73
New Look, 97, 189

O
Oberteile
auf Röcke ausrichten, 101, 112
Größenkorrektur bei Vintage-Schnitten, 121
Probestück anfertigen, 112
Schnittkorrektur, 95-96, 111, 114-19
versteifen, 75-77, 172
Obertransportfuß, 28

P
Paspelknopflöcher, 59-63
„Patch"-Technik, 60
Retro-Mantelkleid, 194, 195-97
Schluppenbluse, 156, 157-59
Paspelnaht, 56
Patchworklineal, 18, 19, 25, 89
pikieren, 53, 78, 80-81, 191, 197
Kragen Retro-Mantelkleid, 197
Schößchen Kostümjacke, 191
Prinzessnähte, *siehe Wiener Nähte*
Probestück, 8, 111,112
Korrekturen vornehmen am, 111-13
Schnittmusteränderungen testen am, 18, 90-91
Project Runway, 12

Q
quer zum Fadenlauf, 45

R
Reißverschlüsse, 56-58, 166, 167, 186
einseitig verdeckt, 56-57
nahtverdeckt, 28, 58, 151
seitlich, 13, 20, 84, 99, 139, 172
von Hand eingenäht, 56-57
Retro-Design-Details, 12,13, 157, 171
Retro-Farben,39
Retro-Mantelkleid, *194*, 195-97, 201
Ripsband, 71, 84, 172
Rockabrunder, *siehe Saumabrunder*
Revers, pikieren, 53, 78, 80
siehe auch maßschneidern
Reversbruch, 79, 80
Rigeline, *siehe versteifen*
Rock entwerfen:
Kräuselrock, 98-101
Tellerrock, 102-3
Rock in A-Linie, 134, 135
Rock mit Muschelsaumtaille, ausgestellt, *150*, 151-53, 161, 199
Variation, 154-55
Rocklänge, 13, 98, 127
Rockschlitz, verdeckter, *176*, 177
Rollsaumfuß, 28
Rollschneider, 26, 137
Rosshaareinlage, 53, 72-73
Rückstich, 52, 56-57, 139
Rykiel, Sonia, 97

S
Satin, 34, 35, 132, 137, 143
Saturday Morning Dress, 21
Säume, 28, 51-52, 64-67, 153, 177
gerader Saum, 64
Futter säumen, 130
Kräusel-Methode, 64
markieren, 67
mit Crinolborte, 66
mit Saumspitze, 64, 65
Rundsaum, 64
Saumabrunder, 25, 67
Schmalsaum, 64
Weite dazugeben, 92-94
Saumstich, 51
Scheren, 26
Schluppenbluse, *126*, 156, 157-59, 199
Variationen, 160-63
Schmalsäumerfuß, 28
Schneiderkreide, 27
Schneiderpuppe, 25, 67
Schneiderwinkel, 89
Schnitte anpassen, 110-21
Checkliste, 119
Größenanpassung Vintage-Schnitte, 18, 121
Methoden, 111-13
Schneeball-Effekt, 114
Schnittkorrekturen, 114-19, 121
Schnittmusterproportionen wahren 113

Schnittmuster
    entwerfen, 88-107
    moderne 10, 11, 12-13, 20, 21
    Vintage, *siehe Vintage-Schnittmuster*
Schnittmustermarkierungen
    Fadenlauf, 9, 45, 49,
    übertragen, 7, 19, 27, 49, 89, 112
Schnittmusterpapier, 89
Schößchen, 13, 191
Schrägband und Schrägstreifen 46, 56, 77, 82-83
    für Belege, 46, 72, 106, 140, 178
    für Tropfenausschnitt, 162
Schrägbandformer, 46
Schräg zum Fadenlauf 45, 47, 50
    siehe auch Tellerrock
Schulterabnäher, 95
Schulterpolster, 85
Seam Binding, 85
Seersucker Sommerkleid, 147
Seidengarn, 84
Seidenorganza, 28, 34, 38, 50
    als Einlage, 72-73
    als Verstärkungsstoff, 74
    für Papelknopflöcher, 62-63
Seidenstoffe, 34-35, 38, 41
    Charmeuse, 34, 137, 139
    Crêpe de Chine, 34, 186
    Seiden Crêpe 6, 31, 34, 74
Shaheen, Alfred, 168
Shirtbluse, 136, 137-39, 198
    Variation, 140, 141
Sitz, bequemer, 17, 20, 82-83, 101, 110
    für die Armkugel, 115, 119, 121
Slide Fastener, 85
Smoken, 171
    Hemdblusenkleid, *siehe dort*
    Tiki-Kleid, siehe dort
Spadea American designers, 14
Spiralfeder, siehe Versteifen
Spitze, 37
    Chantilly-Spitze, *siehe dort*
    für Rockborte, 186, *187*
    Saumspitze, 64, 65
Sprühflasche, 30
Staffierstich, 51, 82
Stecknadeln und stecken, 26, 27, 74-75
Stoff, 31-41
    Bezugsquellen, 31-32, 202
    durchscheinender, 46, 72, 165
    einlaufvorbehandeln, 38, 40-41
    fließend vs. steif, 32
    projektbezogen auswählen, 31-33
    Retro-Farben, 39
    rutschiger, 137
    Schnittmarkierungen übertragen, 45-49
    verzogener, 47
    zuschneiden, 19, 45-49, 74-75, 111, 112
    Zuschneidegewichte, 18, 26, 27, 137, 143
Stoffkunde, 34-38

T
Taft, 34, 72, 73, 137, 151
Taille anpassen, 17, 92, 95, 111, 113, 114, 121
Taillenabnäher, 95-96, 101, 118, 129
Taillenbund
    entwerfen, 99, 100, 101
    versteifen, 75-77, 130, 151-53
Tana Lawn, *siehe Liberty Stoffe*
Taschen, 19
    In der Seitennaht, *184*, 185
Tellerrock,
    entwerfen, 102-03
    Schulterfreies Kleid, 172, *173*
Threads Magazine, 6
Tiki-Kleid, 168-71, *169*
Tulpenrock, 93
Tüll, 37, 167

U
U-Boot-Ausschnitt, 90, 96
    Bleistiftkleid und Variationen, 174, 175-81
Underarm gussets, 85
Unterwäsche, figurformende, 120

V
Verstärkungsstich, 77, 82, 102
Verstärkungsstoff, 51, 52, 74-75
    Bleistiftrock, *siehe dort*
    Bluse aus Chantilly-Spitze, *siehe dort*
    Etuikleid, *siehe dort*
    Rock mit Muschelsaum-Taille, *siehe dort*
versteifen, 75-77, 130, 151-53, 172
    Rigeline Stäbchenband, 76
    Spiralfedern, 76
    Stahlfedern, 75
Vintagemode, 10, 16, 97
Vintage-Schnittmuster, 10, 14-21, 85
    Aufbewahrung, 20
    Bezugsquellen, 15, 202
    Größenkorrektur, 18, 121
    moderne Neuauflagen, 20, 21
    Näh-Begriffe, 84-85
    Passform, 17-18, 110
    Stoffempfehlungen, 31
    Übertragen, 18-19
Vintage-Stoffe, 32
Vintage Patterns Wiki, 15, 202
Vionnet, Madeleine, 45
Viskose, 37, 38, 41
Viskose-Saumband, 64, 65, 85
Vogue's New Book for Better Sewing, 6, 7, 21, 31, 55, 60, 157
Volantsaum, 92, 93
    Bleistiftrock mit Volantsaum, 132, 133
Volumenvlies, 191
Von Fürstenberg, Diane, 21
Vorstich, 52

W
Wadding, 85
Walk-Away-Dress, 21
Waschen, 38, 40-41
    Sachen, 40
    Stoff, 40-41, 175
    Vintage-Stoff, 38
Wattieren 85, 191
Weite
    dazugeben, 17, 92-94, 121
    wegnehmen 17, 95
Wespentaille, 120
Wickelkleider, 21
Wiener Nähte:
    Bleistiftkleid und Variationen, 174, 175-81
Winterkleid, 146
Wirkwaren, 38, 54, 73-74, 110
    Doubleface-Stoffe, 27, 35, 36, 38, 54, 127, 157
    Wollstoffe, siehe dort
Wollstoffe, 35-36, 38, 137, 139
    Einlagen für, 73
    einlaufvorbehandeln, *siehe Waschen*
Wollkrepp, 35, 127, 154, 177, 189

Z
Zackenschere, 26, 27
Zickzacknaht, 54-55, 99, 100
zuschneiden, 45-49
Zuschneidepläne, 198-201
Zwickel, *siehe Achselzwickel*